당신, 연암

● 11인의 시선으로 연암 박지원을 읽다 ●

당신, 연암

11인의 시선으로 연암 박지원을 읽다

• 간호윤 지음 •

푸른역사

들어가는 글

20대, 애송이 국문학도 시절 연암을 만났다. 그리고 200여 년 저 너머, 잔뜩 낀 조선 후기의 해무를 헤치며 성성하게 걸어간 당신, 연암의 뒤를 발맘발맘 좇았다. 그동안 강산은 세 번 바뀌었고 연암에 관한 두어 권의 애벌글을 내며 나는 인간 연암에게서 네 개의 단어를 더 찾았다. 문장, 성정, 학문, 그리고 미래다. 인간다운 세상을 꿈꾼 연암을 조명하고픈 4부작의 '연암평전'은 이렇게 기획되었다. 문제는 천학비재인 내가 조선 최고의 문호인 연암의 평전을 어떻게 감당하느냐다.

평전評傳(critical biography)이란, 입전인물의 일생에 대해 비평을 곁들인 전기傳記다. 따라서 평전은 본인이 아닌 그 누군가에 의해서만 입전된다는 필연성을 갖추어야만 한다. 평전은 사마천의 《사기》 〈열전〉에 근원을 둔다. 우리나라에서는 김부식의 《삼국사기》 〈열전〉이 평전의 시발이다. 보통 열전列傳은 서문 격인 자서自序와 가계·출생, 성장·학업, 활동·업적, 죽음·후손의 순으로 기술하는 본찬本贊, 그리고 입전인물에 대해 포폄한 논찬論贊 등 3단 형식으로 되어 있다.

열전은 정사正史에 속하기에 문인 또는 학사들이 지은 외사外史는 사전私傳이라 부른다. 우리가 말하는 평전은 이 사전에 속한다. 문헌으로 확인된 우리나라 최초의 사전은 원효의 〈자장전慈藏傳〉이다. 〈자장전〉은 신라 승려 자장의 전인데 현재 전하지 않아 그 전모를 알 수 없다.

필자가 아는 지식으로 우리나라에 평전이란 말이 처음 보이는 문헌은 《동아일보》 1921년 12월 4일자, 〈판화전람회는 금일, 회장에서는 태서회화조각작가평전을 배부, 청년남녀의 참고가 될 런람회〉다. 기사에 다르면 '태서회화조각작가평전'이란, "유명한 예술가의 일평생 내력을 간단명료하게 쓴" 글이라고 되어 있다. 이후 1938년에 《아타츄르크 케말 파쏴 대통령 평전》, 1948년에 김종열이 《신천지》에서 쓴 〈역대 인물평 곽재우 평전〉 등을 거치며, 1970년대 평전이 대중화되면서부터 현재와 같은 평전문화가 정착되었다.

문제는 현재 우리의 평전 형식이 천편일률적으로 출생에서 사망까지 입전인물의 일대기나 주례사적 찬가로 박제화되었다는 혐의가 너무 짙다는 점이다. 진리의 절대성이 없듯 글쓰기의 차꼬도 없거늘, 어느 평전을 보아도 모양새가 옴니암니 따질 필요조차 없이 도 긴 개 긴이다. 이 말은 '누군가가 입전 대상의 삶을 비평'하려, 입전 대상에 대한 입체적인 시각을 포기하였다는 패러독스다. 이러한 박제화된 평전문화를 연암은 어떻게 받아들일까?

연암은 〈소단적치인〉에서 결연히 밝혔듯이 전쟁하는 마음으로 글쓰기에 임하였다. 당대 글쓰기의 통전通典인 '문장은 도道를 싣는 그릇'이라는 '문이재도文以載道'에서 벗어난 법고창신法古創新의 글쓰기다. 법고창신의 글쓰기란, 옛글만 답습하는 데 인이 박혀 버린 상투에서 벗어나 옛것을 본받으면서도 새로운 글을 지어야 한다는 자생적 글쓰기에 대한 역설이다. 연암의 글 곳곳에 보이는 형식 실험과 파격적인 글쓰기는 바로 여기에서 연유한다.

이제 인간은 신의 피조물이기에 생득적 결함을 지닌 존재라는 한 줄을 첨부할 차례다. 이 결함이 상대에 따라 상황에 따라 선과 악, 호와 불호라는 극단적인 양가성兩價性을 만든다. 연암은 이 생득적 결함을 척결하는 데 매우 유용한 단서로 '틈'을 든다. 연암이 〈마장전〉에서 '천지사물이 제 각각이기에 반드시 틈이 있게 마련'이라며 우도友道를 논한 글은 양가성을 이해하는 활연관통豁然貫通한 해법 제시다. 이른바 모든 인정물태에 내재한 틈의 역학이다.

평전은 마땅히 연암이 말한 이 '틈의 역학'을 읽어야 한다. 이 틈의 역학이 누구에게 연암은 전염병을 옮기는 문둥이요 오랑캐며 삼류선비였고, 누구에겐 천하의 명문장가요 청렴한 벼슬아치이며 조선의 미래를 이끌 이요, 누구에겐 한없이 자상한 아비요 남편이며 선생을 만들었다.

연암과 동시대를 산 인물과 그의 후손을 포함한 11인의 필자를 내세워 '연암평전'을 쓰는 이유가 여기에 있다. 11인 중, 어떤 이는 연암에게 한없는 신뢰감을 보여 그 틈조차 찾지 못하지만 어떤 이는 극단의 틈을 벌리고는 연암을 이죽거리며 백안시한다. 평전을 쓰는 자로서 평전 대상에게 애당초부터 품고 있는 내밀한 경애의 감정도 이 과정에서 적절한 틈을 확보하게 되었다. 평전이 누군가에 의해서만 입전된다는 필연성에 비평의 객관성이라는 충분조건도 여기서 갖추어진다.

더하여 평전 또한 전기로서 입전인물의 영혼을 다루는 연금술이란 점과 '연암평전'이기에 연암의 법고창신 글쓰기 정신을 한껏 고려하였다. 연암 삶의 궤적에 9할을 근거하되, 문헌과 사실이란 문자가 건네는 9할의 압박에서 벗어나고자 저자 몫으로 넣은 1할이 바로 앞 문장에 대한 필자의 고심처다. 굳이 필자의 이름 앞에 고전독작가란 생경한 명칭을 붙인 이유도 딴은 여기에 있다.

'연암평전' 4부작의 얼개는 저렇게 갖추게 되었고 그 대략은 이렇다.

1부 문장이다. "종로를 메운 게 모조리 황충蝗蟲(벼를 갉아먹는 메뚜기)이야!" 황충은 백성을 숙주로 삼아 기생하는 양반을 기생충으로 통매하는 풍유다. 〈민옹전〉에서 연암은 문벌을 밑천 삼고 뼈다귀를 매매하며 무위도식하는 양반에게 입찬소리를 해댔다. 문장은 곧 그 사람이라 한다. 그 시절 연암 박지원은 문장으로 빛났고 문장으로 인해 버거운 삶을 살아냈고, 이 시절 조선 최고의 문장가로 남았다. 연암과 평생 등 돌린 유한준, 문체반정으로 각을 세운 정조, 《연암집》을 간행하려다 끝내 실패한 박규수를 통해 연암의 문장을 따라잡았다.

2부 성정이다. "개를 키우지 마라." 연암의 성정을 단적으로 보여주는 말이다. 연암이 이승을 하직한 다음날 조용히 눈을 감은 청지기 오복, 연암이 평생 사랑한 이씨 부인, 둘째 아들 박종채의 눈에 비친 연암의 성정은 어떠하였을까?

3부 학문이다. "기와조각과 똥거름, 이거야말로 장관일세!" 실학자 연암은 청나라 여행 중, 끝없이 펼쳐진 요동벌에서 '한바탕 울고 싶다!' 라 하였고, 기와조각과 똥거름을 보곤 '이거야말로 장관!' 이라고 외쳤다. 연암은 정쟁으로 날을 새는 소국 조선의 선비였다. 그래 저 거대한 조선의 옛 땅 요동벌에서 한바탕 울음 울었고, 기와조각과 똥거름에서 조선의 미래를 찾았다. 이것이 학문을 하는 조선 선비 연암이 울고 감탄한 이유다. 연암의 학문은 실학이었다. 그 학문의 길을 연암의 처남인 이재성과 호협한 제자인 무사 백동수, 그리고 평생지기 유언호에게 들었다.

4부 미래다. "《연암집》이 갑신정변을 일으켰지." 연암의 글과 갑신 정변을 연결하는 박영효의 말을 추리자면 저렇다. 조선은 유학의 나라였다. 유학은 사람이 사는 아름다운 나라를 공동선共同善으로 지향하지만, 저 시절 아름다운 조선은 조선에 없었다. 연암은 유학자로서 조선의 아름다운 미래를 꿈꾸었고, 이 시절 우리가 찾는 세상도 다를 바 없다. 연암 자신과 이 책을 쓰는 저자가 필자로 나서, 왜 이 시절 우리가 연암에게 불확실한 미래를 물어야만 하는지를 찾았다.

이 책은 4부로 인간다운 세상을 꿈꾼 연암을 좇는다고 하였다. 문둥이 삼류선비 연암이 뿌린 '인간' 이란 역병이 우리 조선의 후예들에게 강하게 전염되기를 바란다. 그날이 《연암집》의 먹물들이 글발마다 살아나 열을 지어 행진하는 '인간다운 세상' 이다.

글쓰기가 산통이다. 글에 세상 볕을 쐬어 준 도서출판 푸른역사, 그리고 언제나 나에게 무한한 신뢰를 주는 분들께 어찌 고맙다는 말을 잊으랴. 첨언으로 우리나라 평전 글쓰기 풍토의 일신을 기원하며 한 줄 더 넣는다. 책을 출간한 이라면 누구나 자신의 글이 출판사를 거치며 여과, 정제됨이 어떠한지 굳이 말할 필요조차 없다. 이 책을 내며 푸른역사 박혜숙 사장님께 큰 도움을 받았다. 특히 평전의 형식이나 연암의 인간적인 면모 부분은 더욱 그렇다. 이 과정에서 원고의 체계가 뒤바뀌고 내용 또한 들고남이 많았음을 적바림해 둔다.

2012년 8월 휴휴헌에서.

휴헌 삼가 씀.

차례

I.

문장, 종로를 메운 게 모조리 황충蝗蟲

(벼를 갉아먹는 메뚜기)이야!

1.
'나는 연암이 밉다'
... 유한준

연암을 몹시 미워한 유한준은 문학에 대하여 독특한 관점을 보이는데, 바로 '각도기도론各道其道論'이다. 각도기도론은 '각자는 모두 자신의 도道를 도道로 삼아 그것을 끝까지 추구해 나가면 훌륭한 문학에 이를 수 있다'는 이론으로 기존의 문이재도와는 다른 관점이다. 비록 유한준이 각도기도론을 작품과 연결짓지는 못하였지만, 조선 후기 유자들과 확실히 다르다는 점은 분명하다. 이 장에서 유한준은 연암과 대등한 문재文才를 지닌 문장가요 유자儒者로서, 못자리를 놓고 싸우게 된 연유와 연암의 문체와 사고 등을 조목조목 따진다.

俞漢雋, 1732~1811

본관은 기계杞溪, 초명은 한경漢炅, 자는 만
청曼倩·여성汝成, 호는 저암著菴·창애蒼厓다. 16세에 부친을 여의고 17세에 하나밖에 없는 형마저 사망
하자 누이의 집에 의탁하나 자형姊兄 김여행金礪行마저 그해 이승을 달리한다. 19세에 안취범安取範의
딸 순흥 안씨順興安氏와 일가를 이루나 불행은 이어져 장인, 누이, 모친상을 겪더니 아들 면주가 6세로,
손자인 구환이 15세로, 차남인 만주가 34세로, 손자 돈환이 20세로 모두 요절하고 만다. 대가 끊긴 유한준
은 치홍을 돈환의 양자로 들여 대를 이어야 했다. 창애의 불우한 삶을 지켜 준 것은 문재文才였지만 이 또
한 37세에 겨우 진사시 합격으로 그친다. 그는 음보로 벼슬길에 나아가 정조 18년(1794) 김포·부평·삼척
군수 등 외직으로 돌다 만년에 형조참의를 지냈다. 중년 이후 연암과는 문장에서 인간관계까지 척을 두
고 지냈다.

남유용南有容의 문인으로 송시열宋時烈을 추모하여《송자대전宋子大全》을 임종 때까지 손에서 놓지 않
았다고 한다. 당대에 뛰어난 문장가라는 격찬을 받았으며 그림에도 재능이 있었다고 하나 작품은 남아
있지 않고 단지 당시 그림에 그가 쓴 제발문題跋文이 간혹 보인다. 저서로는《자저自著》,《저암집著菴集》,
《속자저續自著》가 있다. 그의 나이 52세 때 자신의 시문을 처음 정리하여《자저》라 하니 이로 인해 저암著
菴이라 부르게 되었다. 당대의 깨끗한 선비요 아들 만주의 벗으로 문장이 높았던 영서潁西 임노任魯
(1755~1828)는 "저암의 글, 향후 백 년간 이런 작품은 없으리"라고 하였고, 남유용의 아들이며 역시 당대
의 문장가인 남공철은《저암집》 서문에서 "공은 문장에 능하고 탁월하여 일가를 이루었다"라고 하면서도
"공의 문집을 보건대 초년과 만년의 구별을 알지 못한다면 공을 아는 것이 아니다"라고 하였다. 유한준의
문장이 당대에 어떠한 평가를 받았는지 짐작되며, 또한 초년과 만년에 큰 변화가 있음을 알 수 있다.

철학적인 내용을 담은〈창하종국기蒼下種菊記〉,〈망해忘解〉는 저암의 대표작이라 여길 만하며,〈강홍립전姜
弘立傳〉은 꽤 긴 글로 강홍립을 새로운 관점에서 조명하였다. 특히〈송원왕구宋元王龜〉는 거북이에 관한 이
야기로 매우 흥미로우며,〈문결文訣〉이란 문예창작론도 있다. 그가 성리학을 달갑게 여기지 않았다거나 전
傳을 여러 편 짓고, 여기에 아들 유만주의 풍부한 소설 독서 경험에 연암의 족형族兄으로 홍대용과 동문수학
한 박윤원朴胤源(1734~1799)은 유한준과 평생지기였으며, 연암의 벗 유언호와도 같은 집안으로 평생 글벗
으로 지냈다. 이렇듯 문필이나 인간관계로 보면 연암과 딱히 등질 이유는 없어 보인다.《연암집》에는 연암이
유한준에게 준 글이 9편이나 있는데, 유한준의《저암집》에는 단 한 통의 편지도 보이지 않는다. 13년간 일
기 형식으로 자신의 독서편력과 삶을 담담히 담아낸《흠영欽英》의 저자 유만주俞晩柱(1755~1788)가 그의
아들이다. 만주는 아버지와 달리 연암의 글을 인정하였고, 폭넓은 고소설 독서 경험을 지녔다.

유만주의 5대손이《서유견문》의 저자인 유길준俞吉濬(1856~1914)이다. 개화혁명가요, 친일파이기도 한
유길준은 연암의 손자인 박규수의 제자이다. 그는 한일합방을 거부하고 일제가 준 남작도 거절했지만 은
사금은 받았다. 친일과 반일의 줄타기를 한 그와는 달리 동생인 성준, 만겸, 억겸은 모두 친일파가 되었
다. 유억겸俞億兼(1895~1947)은 연세대의 전신인 연희전문학교 5대 교장을 지냈다. 지금 연세대 교정에
자리 잡은 '유억겸 기념관'은 이 이를 기념한다. 기계 유씨 집안의 개화와 친일은 우리 조선 역사에 큰 족
적을 저렇게 남겼다. 안타깝게도 유길준에게 개화사상을 심어 준 스승이 연암의 손자인 박규수였으니 인
간사란 참 알 수 없다.

나무를 지고 다니면서 소금을 사라고 외친다

……그대의 문장은 몹시 기이하오. 하지만 사물의 명칭이 빌려온 것이 많고 인용한 전거가 적절치 못하니 이 점이 옥의 티라 하겠기에 노형께 말씀드립니다. 문장을 짓는 데에는 법도가 있으니, 이는 마치 송사하는 자가 증거를 지니고 있고 장사치가 물건을 들고 사라고 외치는 것과 같습니다. 아무리 사리가 분명하고 올바르다 하더라도 다른 증거가 없다면 어찌 이길 수가 있겠는지요. ……나무를 지고 다니면서 소금을 사라고 외친다면 하루 종일 길에 다녀도 장작 한 다발 팔지 못합니다(《답창애》).

이런 요망한 문둥이를 봤나! 뭐, '나무를 지고 다니면서 소금을 사라고 외쳐', 그것도 모자라 '하루 종일 길에 다녀도 장작 한 다발 팔지 못해'. 연암이 내게 보낸 저 편지를 생각하면 지금도 분을 삭일 수 없다. 내 나이 마흔 즈음쯤 일이다.

글을 쓰는 사람들은 모름지기 자기야말로 제일인자라고 자부하는 문인상경文人相輕이란 말이 없지 않지만 내 도저히 이 일만은 묵과할 수 없다. 내 글의 전거가 적절치 못하다는 것도 이해할 수 없거니와, 문장의 법도를 송사하는 자의 증거와 장사치가 물건 파는 일에 비유하는 것도 모자라, 나무꾼에 소금까지 끌어온 데는 경악을 금치 못한다. 그래 내 글을, 아니 나를 이토록 업신여긴단 말인가. 내 글을 어디로 보아 장사치에 비유하는가? 장사치 운운으로 따지자면, 남의 눈이나 현혹시키려고 비유 나부랭이나 남발하며 갉죽갉죽 양반네만 꼬집는 제깟 글이 더 흡사하지 않은가. 이런 제가 나에게 감히 '문장의 법도'를 가르치려는가. 도대체 겸양과 예의를 모르는 자다. 나는 이 편지를 받고부터 연암을 달리 생각하였다.

나는 병자호란 당시 대표적 척화파였던 유황俞榥의 후손으로, 우리 기계 유씨 집안은 대대로 존명배청주의尊明排淸主義를 지지하며, 의고주의擬古主義를 가학으로 여긴다. 의고주의라 함은 사마천司馬遷과 반고班固로 대표되는 진한고문秦漢古文을 문장의 모범으로 삼는다는 뜻이다. 내가 처음 글을 좋아한 것도 이 진한의 고문이다.

연암과 나는 같으면서도 다른 점이 많다. 연암은 사마천의 《사기》〈열전〉의 영향을 받았고 〈마장전〉, 〈양반전〉, 〈허생전〉 등 전傳을 썼으며 노론이다. 나 역시도 사마천의 《사기》〈열전〉의 영향을 받았고 〈검객모소전劍客某小傳〉, 〈예의홍익만전病醫洪翼曼傳〉, 〈강홍립전姜弘立傳〉, 〈번장군어기전樊將軍於期傳〉, 〈유형원전柳馨遠傳〉 등 22편에 달하는 전傳을 썼으며 노론이다. 연암은 정통적인 문이재도론을 배척하였고 나역시 그렇다. 다만 나는 문이재도文以載道(유학의 전통적 문학관으로 송대의 유학자 주돈이周敦頤(1017~1073)가 《통서通書》〈문사文辭〉에서 "문은 도를 싣는 방법이다"라고 한 데서 유래한다)를 버려야할 것만은 아니라고 생각한다. '문은 도를 실어야 한다'는 문이재도는 문文(문학)과 도道(도학)를 일치시킨다. 그러나 나는 이 도문일치道文一致가 선진先秦 시대 이전에나 가능하였지, 지금은 도문분리道文分離라는 견해다. 아마 여기까지는 연암도 나와 동일한 견해이리라. 따라서 나도 연암처럼 문장을 닦는 데 공을 들였으니, 내 글에서 수사修辭와 공교工巧함을 찾는다면 그 이유 때문이다.

더욱이 점차 나이 들며 도와 문을 딱히 분리시켜야만 할까, 하는 생각이 드는 것도 사실이다. 사장詞章(문장을 중시)보다는 경술經術(육경과 사서를 중시)을 중심에 놓아야 하지 않을까 한다. 우리 조선의 현실을 볼 때, 천주학이라는 이단을 배척하고 강상綱常의 윤리를 강화하려면 도와 문은 겸비해야 하지 않을까 해서다. 그렇다면 도를 싣는 문이재도를 중국과 우리 조선 글쓰기의 창작 규범으로 길이 지켜야 할 소중한 항구적인 글쓰기 법문으로 인정해도 무방치 않을까 한다. 더욱이 선왕先王(정조)께서도 고문의 문체를 추종하여 인간의 성정性情에 대한 교화를 지향하는 순정문학醇正文學을 하교하시지 않았던가. 마땅히 이 땅의 유자라 불리는 자로써 문이재도라는 조선의 지성知性을 지성至誠으로 섬겨야 한다. 그렇게 되면 '문'의 기능은 '훈육'이요, '문필진한 文必秦漢, 시필성당詩必盛唐'을 몸받아야 함도 당연지사다.

또 우리 조선의 유자라면 마땅히 《시詩》·《서書》·《예禮》·《악樂》·《역易》·《춘추春秋》 등 육경을 섬겨야 한다. 나는 〈육경六經〉이란 글을 그래서 썼다. 그러나 연암은 〈증좌소산인贈左蘇山人〉에서 "육경의 글자로만 점철하는 건, 비유하자면 사당에 의탁한 쥐와 꼭 같다"라고까지 힐

난했다. 따라서 내 문학론은 연암의 핵심 문학론인 고문만 답습하는 상투에서 벗어나 옛것을 본받으면서도 새로움을 중시하자는 법고창신法古創新과는 대척점에 설 수밖에 없다.

이렇듯 연암과 나는 나이 들며 서서히 문학관의 견해 차이로 멀어져 갔다. 연암은 지나치게 문文에만 몰두하고 과거를 부정하며 모욕을 주었으나 나는 문과 도를 적절히 타협하는 쪽으로 가닥을 잡았고 열네 살부터 과거 공부를 시작해 멈추지 않았다. 연암과 나는 저렇게 같고 또한 이렇게 다르다.

연암과 나는 인척과 사제간으로도 매우 가까운 사이다. 우선 내 벗인 박윤원의 어머니가 우리 집안인데, 연암의 족친이다. 내 누이의 아들인 김이중金履中(1736~1793)은 연암과 벗이요, 또 박윤원의 스승인 김원행 어른은 연암의 벗인 홍대용의 스승이시다. 더욱이 내 스승이신 남유용南有容(1698~1773) 어른과 연암의 장인 이보천 어른은 이종형제간이며 연암의 제자인 남공철이 바로 내 스승의 아들이다. 연암과 절친한 유언호俞彦鎬 어른은 나에게 재종숙이 된다. 또 연암이 그렇게 존경하는 순암醇菴 오재순吳載純(1727~1792) 어른과 나는 사돈간이다. 내 아들 만주가 바로 순암 어른의 사촌 아우 되시는 재륜載綸 어른의 사위이기 때문이다.

연암과 아들 만주와 더불어 동산에 올라 시문을 주고받고 학문을 논한 나날은 헤아릴 수도 없다. 내가 가난한 그에게 술, 종이, 먹, 붓, 심지어 땔나무를 보내 준 적도 있다. 이런 연암과 나의 관계를 깨뜨린 것은 연암의 저 위 편지 한 장에서 시작하였다.

《맹자》 한 장을 읽게 하면 반드시 구두도 떼지 못 할 게야

사실 연암의 글을 싫어한 양반이 어디 나뿐이랴. 홍의호洪義浩(1758~1826)는 〈도강록〉의 호곡장을 몹시 비웃었고, 조선의 내로라하는 문장가로 꽃을 피우는 김조순金祖淳(1765~1832) 대감도 연암의 글을 꽤 싫어한다. 들리는 말에 의하면 "박아무개(연암을 지칭)는 《맹자》 한 장을 읽게 하면 반드시 구두도 떼지 못 할 게야"라고 연암을 혹독하게 비하하였단다. 그래 이 말을 들은 연암의 제자 서유구徐有榘(1764~1845)가 발끈해 "《맹자》 한 장을 지을 수도 있다"라고 해, 결국 대판 싸움을 벌였다고 한다. 김조순은 그때 얼마나 화가 났는지 서유구에게 "그대가 문장을 몰라도 이 지경일 줄이야. 내가 있는 한 그대는 문원文苑(홍문관과 예문관)의 관직은 다 맡았소!"라고 가시 돋힌 말을 서슴없이 퍼부었다고 하니 참으로 시원하고 통쾌한 일이다. 김조순의 호통처럼 지금까지 서유구는 정말 대제학에 오르지 못하고 있다. 서얼로 연암과 교류했던 성대중成大中(1732~1812)조차도 〈송연암지관양양서送燕巖之官襄陽序〉에서 "연암의 문장은 괴이하고 묘하여 따로 학문의 길을 열었으니 근세에 없던 거였다"라고 하였다. 연암의 벗조차도 그의 글을 저렇게 낯설다고 한다. 또 김노겸金魯謙(1781~1853)은 어린 시절부터 연암을 따른 자이나 《열하일기》의 〈상기〉, 〈상방기〉, 〈황금대기〉, 〈야출고북구기〉 같은 글은 모두 '장난 삼아 쓴 글에 지나지 않는다'고 자신의 글 〈예술藝述〉에서 혹평을 하였다.

언급한 바, 연암과 나는 처음부터 악연은 아니었다. 그와 내가 주고받은 편지글만도 여러 번이었다. 그중 한 편지글을 옮기면 이렇다.

그대께서는 여장을 풀고 말안장을 내리시지요. 내일은 비가 오려나 봅니다. 샘이 울고 물비린내가 나며 섬돌까지 개미떼가 밀려듭니다. 황새는 울면서 북쪽으로 들어가고 안개는 서리어 땅 위를 달립니다. 별똥별은 화살같이 서쪽으로 흐르고 점치는 바람은 동쪽에서 부는군요(〈답창애지칠〉).

나는 문장을 음식이라 생각한다. 입에 맞으면 어느 것인들 음식이 아니겠는가마는 유독 좋아하는 음식이 있듯이 글도 그렇다. 마음으로 숭상하는 사람의 글이라면 어느 글인들 문장이 아니겠는가마는 유독 좋아하는 사람의 글이 있잖은가. 사마천이나 반고를 좋아하든, 한유韓愈나 구양수歐陽修, 혹은 소식蘇軾을 좋아한들 상관할 바 아니다. 그러므로 "좋아하면 배우고 배우면 비슷해지고, 고인의 글과 비슷해진다면 이 또한 고문이다"라는 것이 내 문체관이다.

나는 이러한 견해를 〈태호집서太湖集序〉에서 피력하였다. 개개인의 문체와 문장이 다름을 두고 왈가왈부할 이유가 없다. 문체는 입맛처럼 기호의 문제이기 때문이다. 그러나 연암의 문체는 이와는 다르다. 사물의 모습을 지나치게 그려내는 것은 기호와는 다른 별난 문제이기 때문이다.

위의 글은, 다음날 길 떠날 차비를 서두르는 나를 만류하는 연암의 편지다. 물비린내, 개미떼, 황새 등 비 올 조짐만 잔뜩 늘어놓는다. 연암의 글은 대개 문체가 이렇다. 연암은 패관소품체稗官小品體를 가까이하여 자질구레한 말단까지 저토록 세세히 핍진逼眞하게 그려내니 영 천하고 잡박하기 그지없다. 그러니 연암의 글에는 늘 불미한 풍문이 돌밖에 없다.

쉰이 넘어 지은 〈열녀함양박씨전병서〉는 더욱 가관이다. 표면적으로는 함양 박씨를 열녀라 하지만, 실상은 과부의 성욕을 써 놓음으로써 '열녀제도'의 모순을 드러낸 발칙한 글이다.

그 문장이 참으로 낯뜨겁기 이를 데 없다.

혈기가 때로 왕성해지면 과부라 하여서 어찌 정욕이 없겠느냐? 가물가물한 등잔불이 내 그림자를 조문이라도 하듯, 고독한 밤에는 새벽도 더디 오더구나. 처마 끝에 빗방울이 똑똑 떨어질 때, 창가에 비치는 달이 흰빛을 흘리는 밤 나뭇잎 하나가 뜰에 흩날릴 때나, 외기러기가 먼 하늘에서 우는 밤, 멀리서 닭 우는 소리도 없고 어린 종년은 코를 깊이 골고, 가물가물 졸음도 오지 않는 그런 깊은 밤에 내가 누구에게 이 괴로운 심정을 하소연하겠느냐?

세밀화로 그려낸 과부의 방안 정경이 참 고약하다. 빗방울 소리, 나뭇잎 소리, 외기러기 소리, 종년의 코 고는 소리에 치마끈을 동여매는 과부의 정욕이 수작을 붙이고 들어 앉았다. 여인으로서 정욕을 참음은 당연한 것이거늘, 과부가 새벽녘에 드러낸 정욕을 인고로 위장해 놓은 연암의 심사는 대체 뭐란 말인가. 사내를 찾는 과부의 망측한 행동을 부추기는 소리와 다를 바 없잖은가.

연암이 후처를 얻었다면 만년에 저러한 글을 쓰지는 않았으리라. 나 역시 상처를 하였지만 늙은 나이에 후처를 들였다. 후처를 들이는 것은 본처에게 미안한 일이지만, 그렇다고 늙은이 혼자 궁색맞은 살림을 꾸릴 수는 없는 일이다. 연암은 첩조차 두지 않은 것을 자랑할지 모르나 남에게 궁색한 모습을 보이기보다는 낫지 않겠는가.

이 편지는 또 어떤가.

마을의 꼬마 녀석이 천자문을 배우는데 읽기를 싫어하여 꾸짖었답니다. 그랬더니 요 녀석이 말하기를, "하늘을 보니 파랗기만 한데 '하늘 천天' 자는 푸르지가 않아요. 이 때문에 읽기 싫어요!'라고 하였습니다. 이 아이의 총명함이 창힐을 주려 죽일 만합니다〈답창애지삼〉.

웃고 넘어갈 문제가 아니다. 《천자문》은 예로부터 동몽童蒙들의 학습서다. 저 아이가 총명하여 한자를 만든 창힐을 굶주려 죽일 만하다니, 도통 모를 소리요, 예전 같으면 손도損徒(도덕적으로 잘못한 사람을 그 지역에서 내쫓음)를 맞을 일이다.

양반에게 칼날을 겨누는 의도된 꼼수

연암의 글은 우리 조선 사대부의 글이 아니다. 〈자소집서自笑集序〉를 보니 연암은 "사대부가 태어나 어렸을 적에는 제법 글을 읽지만, 자라서는 공령功令(과거 시험 문장)을 배워 화려하게 꾸미는 변려체騈儷體의 문장이나 익숙하니 짓는다. 과거에 합격하고 나면 이마저 쓸데없다 여기고, 합격하지 못하면 머리가 허옇게 되도록 거기에 매달린다. 그러니 어찌 이른바 옛날의 문장이 있다는 것을 알겠는가"라고 하며 "나는 실로 미천한 역관들에게 부끄러울 지경이다"라고 고백까지 한다. 역관의 글이 그래, 조선 사대부들의 글보다 낫다는 말인가? 제 글은 모조리 격식을 파괴한 변체變體뿐 아니던가.

김조순의 말처럼 그는 《맹자》한 장은커녕, 구두도 떼지 못 할 위인이다. 연암이 열여덟 살 즈음에 쓴 〈마장전〉에서부터 오십대에 쓴 〈열녀함양박씨전병서〉 그리고 《열하일기》까지 동선動線을 이루는 작품들은 모두 반의고주의反擬古主義 글들이다.

연암의 글을 볼작시면 '양반들에게서 부조리를 찾고 낮은 백성들의 절박한 삶에 시선을 두고서 바른 삶 법을 제시'한다는 점에서 내면적 통일성이 보인다. 이것은 연암소설 모두 가담항설, 곧 길거리나 항간에 떠도는 소문이 소설의 생성공간이란 점을 그대로 드러낸다. 연암은 자기검열을 하듯, 조선 후기의 그들이 살아가는 이야기를 천착하여 세상이 되어 가는 형편인 인정물태를 그려냈다. 그리고 삶의 참다운 모습과 인생의 진실을 추구하였으니 이 시절로서는 좀 지나치지 않은가.

더욱이 소설이라는 천박한 장르로 양반의 신성함을 해체하였으니 그 참혹함은 이루 말로 형언치 못한다. 소설의 효용성을 중시하여 세상을 교화해 보려는 세교론世教論과 잘못을 교훈 삼아 경계의 도리를 삼는 감계론鑑戒論을 품었다는 소설적 특성을 잔뜩 넣은 것은 또 어떠한가. 아마도 이것은 연암이 상사람들과 부조리한 양반의 괴리를 응시한 고뇌를 담은 듯하지만 양반된 자로서 이러한 후안무치한 행동이 어디 있단 말인가. 여기에 '재미'를 곁들인 글투와 독자의 몫으로 남겨 둔 결말을 허구성 옆에 놓아 두는 것도 마뜩치 못한 수다.

따져 보자. 연암의 이러한 글쓰기는 문학적 심미성의 부족에 기인한다. 연암의 글 도처에 보이는 역설과 풍자, 기지 따위의 문체적 수사는 문학의 심미성 부족을 문체로 메꿔 보려는 속내를 단적으로 보여 준다. 이덕무, 박제가 따위 서얼들이 그림자처럼 좇아 선생으로 섬기며 얻었다는 연암 글의 '언어의 맛' 운운은 모두 연암의 교묘한 글쓰기 때문이다.

또한 연암소설 열두 편이 다루고 있는 우리 조선의 현실을 왜 각다분한 삶을 사는 낮은 백성들의 삶에서 포착했느냐는 의미도 따져 볼 문제다. 나 역시 조선 사대부들이 마땅치 않기에 〈송김가회귀은홍주서送金嘉會歸隱洪州序〉, 〈우려문수右閭問數〉 등 여러 글에서 이러한 생각을 조목조

목 밝혔다. 하지만 연암은 〈마장전〉·〈예덕선생전〉·〈민옹전〉·〈양반전〉·
〈광문자전〉·〈우상전〉·〈역학대도전〉·〈봉산학자전〉·〈열녀함양박씨전
병서〉 등 소설 형식을 차용하여 낮은 백성과 높은 양반, 선과 악, 계층적
질서를 뒤집는 인간상, 정의와 위선, 속악한 관습 등의 부조리한 삶의 세
계를 상대적으로 드러낸다. 아무리 들을 이 짐작이라지만 양반에게 칼날
을 겨누는 의도된 꼼수로 소설이란 천한 양식을 끌어온 것 아닌가.

연암은 언젠가 자신의 문장이 左丘明《《좌씨전左氏傳》의 저자),
공양고公羊高(《공양전公羊傳》의 저자), 사마천(《사기》의 저자), 반고(《한서》
의 저자), 한유(당송팔대가의 한 사람), 유종원柳宗元(당송팔대가의 한 사
람), 원굉도袁宏道(명나라 말기 문인으로 복고적인 문학에 도전했던 공안파
의 영수), 김성탄金聖嘆(청나라의 소설 비평가. 〈수호전〉, 〈서상기〉 등을 평
론한《성탄재자서》의 저자) 등을 어루만졌다면서 사람들이 자신의 글을
다만 원굉도와 김성탄의 소품小品으로만 보는 것을 못내 애석해했다.

연암이 애석해 할 이유가 없다. 누가 보아도 연암의 글은 대부분 이지
李贄(1527~1602. 호 탁오卓吾. 혁신적인 자유사상가)와 제자 원굉도, 그리고
김성탄 무리로 관화지문貫華之文(화려함만을 꿰뚫는 글)을 썼기 때문이다.

내 아들 만주와 의논해 보건대, 명대의 평점이 흘러 김성탄의 문장이
되었고 조선에 이르러 연암의 문장이 되었다. 대개 김성탄의 무리가 사
용한 문장은 한번은 장자의《남화경》을 본받고 한번은 불경을 본받았다.
당연히 순정한 고문과는 거리가 멀다. 연암도 중년 이후 연행을 다녀와
장자와 불경의 문체를 구사하였음은 누구나 인정한다. 연암의 글에 보
이는 화려한 꾸밈인 문채文采를 두고 만주는《흠영》에 이렇게 써 두었다.

문채가 극에 달하면 사치로 들어가고 만다. 사치란 문채의 폐단으로 중인

이하 부류들이 즐기고 사모함을 면치 못한다. 지祗(박지원)의 무리가 북쪽 오랑캐로 기울어짐도 전혀 이상할 게 없다. 들자하니 문예의 사이에서 노니는 즐거움이 북쪽 오랑캐들이 여간 심하지 않다던데, 지(박지원)의 무리가 이를 즐기게 된 까닭이다. 문장이란 응당 먼저 경전에 힘써야 하니 법도法度, 질간質簡, 정대正大다. 이러한 후에야 바야흐로 대작이 되고 대가가 된다. 연암은 기괴하고 사치스러운 데 치우쳐 잡가가 되었으니 글들이 스스로 소품小品으로 귀결된다(《흠영》6, 1785. 12. 23.).

만주는 연암과 그를 따르는 무리들의 글이 당연한 소품이며, 연암이 망령된 글이나 써대는 잡가雜家일 수밖에 없는 이유를 기괴하고 잡스러운 문채로 들었다. 문채는 글의 꾸밈을 말함이니, 연암의 글에 보이는 우언과 해학, 유희가 두루 섞인 문체가 바로 잡스러운 문채라는 말이다. 북쪽 오랑캐들에 비유한 만주의 견해도 나와 다를 바 없다.

연암의 글에서 뜻은 어린애와 같고 모습은 처녀와 같다는 '영처론嬰處論'도 이지의 '동심설動心說'과 제자 원굉도의 '동자지취童子之趣'와 맥을 잇댄다. 이지가 누구인가. 전통적인 권위에 반대하여 자아중심의 혁신사상을 제창한 왕양명의 분파 중에서도 급진적인 태주학파泰州學派의 수장 아니던가. 그는 금욕주의·신분차별을 강요하는 예교禮敎를 부정했으며, 반反유교를 외쳐 저 중국 황실에서도 박해를 받아 옥중에서 자살로 생을 마친 자다.

원굉도의 〈서문장전徐文長傳〉, 〈졸효전拙效傳〉이나 연암의 〈김신선전〉, 〈민옹전〉과 〈광문자전〉은 뜻을 얻지 못한 이를 입전한 것으로 저 전이 이 전이요, 이 전이 저 전이라.

연암의 문채로 말하자면 저들의 패관소설체를 본뜬 것임을 꼬집어 말할 필요조차 없으나 심히 역설逆說, 반어反語, 우의寓意, 장면의 극대화 등이 사치스러운 것으로 보면 저들보다도 되우 심하다. 더욱이 연암은 소설에 거간꾼, 분뇨수거인, 걸인, 역관, 과부 등을 개성적이고 새로운 인간상으로 등장시켜 '조선의 바람직한 대안적 인간형'을 모색한다. 우리 조선을 이끄는 유자들에 대한 지나친 폭언이요, 연암소설을 결코 읽지 말아야 할 이유가 여기에 있음을 지적치 않을 수 없다.

구체적으로 보자면 〈민옹전〉·〈김신선전〉에는 비록 삶의 외곽에 살지라도 세속을 초월하지 못한다는 우의가 깔렸다. 연암이 필묵을 가장 두두룩하게 놓았다는 〈호질〉·〈허생전〉은 우리 조선 지배층의 도덕불감증과 부끄러운 경제와 국방이라는 치부를 노출시켰으니 그야말로 조선의 총체적 부실을 비판하는 셈이요, 임금을 능멸하는 방자한 행동이다.

연암의 이러한 각다귀 같은 글들은 시비꾼의 저열한 몽니에 불과하다. 양반에서 낮은 백성까지 공생하는 가능성의 지평과 만인이 공유하는 화창한 질서를 꿈꾸게 하는 희망의 지렛대를 꼭 저렇게 그려야만 하는가. 한 가지 더 지적할 것은 저 위에서 언급했듯이 자신의 문장이 사마천, 반고 등을 어루만졌다고 한 점이다. 그렇다면 〈증좌소산인贈左蘇山人〉에서 "반고나 사마천이 다시 태어나도 반고나 사마천을 결단코 배우지 아니할걸"이란 말은 무엇인가? 고인의 글을 배우지 않겠다는 뜻 아닌가. 반고나 사마천을 능가하려면 일단은 배워야 하거늘 어찌 배우지 않는다는 말인가. 또 〈공작관문고자서孔雀館文稿自序〉 첫 줄에 "글이란 뜻을 그려내는 데 그칠 따름"이라 해 놓고는 이와 반대로 그의 글은 현란하고 잡박하기 이를 데 없다. 그런데도 연암은 종종 오 땅 사람들이 간드러진 말투를 구사하여 비웃음을 당하는 오농연어吳儂軟語니 오농세타吳儂細唾니 하는 말들을 들어 남의 글을 비하

해 댄다. 연암의 이러한 모순적인 행동을 도저히 이해할 수 없다.

연암이 말하는 실학사상과 옛것을 본받아 새로움을 창조한다는 '법고창신' 또한 이러저러한 이유로 마땅치 못하다. 연암이 말하는 실학實學이란, 실천을 중시하는 참학문이요, 법고창신이란 옛것을 바탕으로 새로움을 수용하자는 문학론이자 사상이라 한다. 단언컨대 아니 될 말이다! 학문은 심성수양이기에 실생활에 활용하기 위한 수단으로만 여겨서는 안 된다. 여기에 더하여 연암이 글로 현실의 시시비비를 가리려는 수작도 마땅치 못하다. 글은 글로만 끝나야지 세상사에 지나치게 매달리니 남의 입줄에 이름이 늘 붙어 있는 것이다.

연암은 청괴淸魁들의 우두머리인 문둥이

아정 이덕무, 영재 유득공, 초정 박제가, 척재 이서구 등은 연암 주위로 모여든 염치없는 자들이다. 이들은 하나같이 오랑캐 청의 문물을 배우자는 북학론北學論자들로, 우리 조선의 국시인 숭명배청崇明排淸과는 어긋장을 놓고 글쓰기 또한 연암체다. 이들이야말로 우리 조선의 4백 년 왕업을 송두리째 버리고 청나라 문물을 수용하려는 청괴淸魁들이요, 우두머리는 '문둥이' 연암이다. 연암 제 스스로도 〈답이중존서〉에서 문둥이라 부르라 했다는 것은 이를 인정한다는 소리다. 연암체는 지금 역병 걸린 문둥이처럼 전염된다.

사실 연암은 행실거지 또한 비난받아 마땅한 위인이다. 내 금상今上(정조)께 이 작자의 잘못을 주청한 호복임민胡服臨民만 하여도 그렇다. 가외, 한 고을의 수령된 자로서 오랑캐 복장을 하고서 백성들 앞에 선다는 게 말이 되는가. 이 호복임민 문제에 대해서는 함양군수 윤광석尹光碩(1747~1799)도 나와 같은 생각이다. 연암이 안의현감으로 부임했을 때, 먼저 함양군수로 와 있던 윤광석의 도움을 많이 받았다. 그런데 윤광석이 자기 조상 충헌공忠憲公 윤전尹烇(1575~1636)의 실기를 간행함에, 연암의 조상인 금계군錦溪君 박동량朴東亮(1569~1635)이 윤전의 요직 진출을 방해했다고 좀 나쁘게 묘사하였나 보다.

그러자 속좁은 이 연암은 불문곡직하고 윤광석에게 〈여윤함양광석〉이라는 편지를 주고서는 아예 관계를 단절해 버린다. 더구나 이 책은 함양의 학사루에서 간행할 때, 연암 제 스스로 각수승刻手僧까지 보내어 지원했고, 그 현장을 방문하면서까지 격려했다고 한다. 그때는 보지 못해 놓고 책이 발간된 뒤 발끈해서는 윤광석에게 발칙한 편지 한 통으로 아예 관계를 단절해 버릴 수 있단 말인가. 그러니 윤광석 또한 좋지 않은 감정을 드러낼 수밖에 더 있겠는가. 내 금상께 주청을 올린 '노호지고虜號之藁'도 같은 경우다. 왜 청나라 오랑캐의 연호를 원고에 쓰느냐 말이다. 그러니 의식 있는 사대부들이 연암을 가까이 하지 않으려 하고 문둥이라고 부르는 것이다.

연암이 아이들의 변발辮髮(남자의 머리를 뒷부분만 남기고 나머지 부분을 깎아 뒤로 길게 땋아 늘어뜨리는 머리) 풍습을 막은 것은 또 어떤가. 연암은 안의安義(경상남도 함양군 안의면 일대 고을)의 원으로 가자 잔심부름을 하던 아이들에게 땋은 머리를 풀고 머리를 양쪽으로 가르고 뿔처럼 동여맨 쌍상투를 틀게 하였다. 또 연암 자신도 옛날의 제도에 따라 학창의鶴氅衣를 평상복으로 만들어 입고는 관아에서 일을 보았다고 들었다. 이 모든 게 오랑캐의 풍습 아니고 뭐란 말인가. 더욱이 벽돌까지 청나라를 모방하여 건물을 수축하였다니 연암의 하는 짓이야말로 꼭 오랑캐짓이다.

연암의 글 중 26편이나 되는 《열하일기》는 더욱 흉하다. 《열하일기》가 연행을 가는 자들에게는 필수품이 되었고 그 내용을 인용하는 것을 모르는 바 아니다. 《열하일기》가 연행 이전과 이후를 가른 것만큼은 나도 인정할 수밖에 없다. 그러나 선왕先王(정조)께서도 이 책을 경멸하여 자송문을 요구하셨고, 문체반정의 핵심으로 지목하신 것도 분명한 사실이다. 오죽했으면 연암의 일가붙이인 박남수가 "선생의 문장이 비록 잘되었지마는, 패관기서稗官奇書를 좋아하셨으니 이제부터 고문이 진흥되지 않을까 두렵습니다"라고 하며 《열하일기》를 태우려까지 하였겠는가. 남공철이 지은 〈박산여묘지명〉을 읽어 보니 이 상황이 잘 드러나 있어 어찌나 통쾌한지. 아마도 "산여는 이 정도의 글들은 오징어 먹물(오징어 먹물로 글씨를 써 놓을 경우, 오래지 않아서 묵즙이 흔적도 없이 지워져 버린다)로 기록하면 그만"이라고 여겼는지도 모른다.

　특히 나는 《열하일기》〈심세편審勢編〉에 보이는 '오망론五妄論'을 읽다가 도대체 이 작자가 왜 우리 양반사대부들에게 이토록 적대감을 드러내는지 울분을 감추지 못했다. 오망론이란 말 그대로 다섯 가지 망령된 행동이란 뜻이다.

　연암은 "자신의 지체와 문벌을 과시하는 것이 일망이요, 조선과 다른 문물이나 풍속을 비웃는 것이 이망이며, 멸망한 명나라에게 굽실거리면서 청에게 거만한 것이 삼망이요, 문자[漢文]깨나 좀 안다 하여 상대편을 얕보는 것이 사망이고, 중국의 선비들이 청나라를 섬긴다고 탄식하고는 고고한 체하는 것이 오망이다"라고 하였다. 아예 우리 양반사대부에 대한 험담들로 가득 차 있으니, 흉언이 따로 없다. 저 또한 양반이니 제 얼굴에 침 뱉기다. 더욱이 제 나라를 멸망시킨 오랑캐 청을 섬기는 것이 어디 사대부가 할 짓인가.

북경을 네 번씩이나 다녀온 연암의 제자 박제가가 《북학의北學議》에서 사기삼폐四欺三弊(네 가지 기만과 세 가지 폐단)를 이야기하니 오망론과 다름없다. 인재와 재용과 가난을 해결할 생각을 못 하니 국가의 자기自欺(자기를 기만함)요, 관리로서 업무는 등한시하며 아랫사람에게 위임하고 제 체면만 챙기니 사대부의 자기요, 과거 시험에만 골독하니 매달리고 천하에 책을 읽지 않으니 과거 시험의 자기요, 아비를 아비라 부르지 못하는 서얼과 윤리를 파괴하는데도 청나라를 업신여기며 예의의 나라라고 뽐내는 습속의 자기가 사기다. 삼폐는 나라의 법이 사대부에게는 시행되지 않는 것이 하나요, 과거가 인재 등용을 막으니 이폐요, 서원이 군대 회피와 술이나 빚는 곳으로 전락했으니 삼폐라고 한다. 내 모르는 바 아니나 제가 서얼로서 감내해야 할 일들이다. 박제가는 연암의 글을 한유韓愈와 소식蘇軾에게 비기며 줄곧 따라다니더니 연암과 같은 해 쉰다섯이란 나이로 일찌감치 세상을 떴다.

〈원사原士〉를 보니 더욱 가관이다. 연암은 "선비가 아래로 농사꾼이나 공장이와 같은 부류이고 위로는 왕과 공의 벗"이라고까지 한다. 나에게 준 편지 〈답창애答蒼厓〉에서도 "천자로부터 서인에 이르기까지 모두 다 선비입니다. 저들이 스스로 이름난 관리가 될 만하다고 자부하면서도 지치고 굶주린 선비라고 불리는 것은, 평생 과거 시험장에서 요행수를 노리다가 스스로 증오하고 스스로 업신여긴 때문이지요"라고 하였다. 선비, 천자와 왕공王公이 서민, 농사꾼과 공장이와 같다니, 선비는 물론 임금까지도 욕되게 하는 저러한 흉언凶言을 우리 양반들은 결코 좌시하지 말아야 한다. 나라고 왜 장자莊子의 만물제동萬物齊同의 세계관이 없겠는가. 나는 남인 유형원의 개혁을 지지하여 〈유형원전〉을 짓기도 하였다. 따라서 나 역시 모든 존재에 대한 부당

한 차별은 단호히 거부하지마는 연암은 그 정도가 너무 지나치다.

그렇다면 여기서 연암에게 묻고 싶은 것이 있다. 사농공상이 모두 선비라면서 '왜 신분제의 철폐는 주장하지 않느냐?' 다. 제가 지은 〈의청소통소〉에서 서얼의 차별과 연원, 폐해를 상세히 운운하며 서얼 허통을 주장하면서도 농·공·상들에 대해서는 이렇다할 언급이 없다. 굳이 찾자면 공노비公奴婢제도 운용의 문제점과 혁파를 주장하지만, 이 또한 노비제의 근본에 대해서는 일절 언급하지 않고 있다. 이야말로 저로 보자면 가장 옳은 소리하는 선비이나, 나로 보자면 모순이요, 농·공·상으로 보자면 명명백백한 불평등 아닌가. 제가 사이비 향원을 싫어하였다지만, 이 말이 저에게 차꼬임을 알아야 한다.

연암의 천주학 문제도 짚어야 한다. 아마 무오년戊午(1798) 경인년인 듯 싶다. 당시 연암은 성은을 입어 면천군수를 하였는데, 범천면泛川面(지금의 당진군 우강면)에 사는 천주교도 김필군金必軍을 제 마음대로 선처하였다. 비록 김필군이 자수하여 불경한 책자를 바쳤다고는 하나 이 일은 천주교도 일이기에 엄히 다스려야 한다. 결국 병영兵營의 하리下吏가 이를 알고는 김가를 잡아 가두고 책자를 감춘 이유를 캐고 조서를 꾸몄다. 그런데 연암은 관장으로서 제 임무는 생각하지 않고 충청감사 이태영李泰永에게 병영의 처사를 항의하며 군수직 사의를 표명한 편지를 보냈다고 한다. 그때 연암은 김필군을 두둔하며 "만일 백성들의 죄상을 찾아냈다면 불쌍히 여겨야지 기뻐하지 말라"는 《논어》〈자장〉편 구절을 인용했다니 참 딱한 자다. 그래 지금 천주교로 인해 나라가 뒤숭숭하거늘, 한 고을의 관장으로서 일벌백계 하지는 못할망정 죄를 덮어 준단 말인가.

임술년(1802) 포천 못자리 문제도 언급치 않을 수 없는 터. 그때가 내 나이 일흔하나요, 연암이 예순여섯이었다. 사람들은 내가 일족을 시켜 고의로 연암의 조부 장간공의 묏자리를 파내어 산송山訟(묏자리로 말미암아 생기는 송사)을 일으켰다고 하지만, 여기엔 다 그럴 만한 곡절이 있다. 장간공의 묏자리는 내 선조가 상중喪中에 거처하시던 곳이기에 당연히 우리 집안 묏자리다. 그러한 곳에 묏자리를 쓴 연암의 행동이야말로 지탄받을 일이다. 우리 집안은 나를 제외하고 명이 짧다. 아버지부터, 형님, 아들, 며느리 손자까지 모두가 요절夭折이란 두 글자에서 벗어나지 못한다. 자연히 산소 문제는 나에게 큰 짐이 되었고 묏자리에 관한 한 좋은 땅을 양보할 수 없었다. 선친 이하 여러 가족들의 묘를 지관의 말을 좇아 여러 해에 걸쳐 차례로 다시 이장까지 한 나다.

따라서 송사를 걸어오는 저들에게 "나는 법은 모른다. 다만 파낼 굴掘 자만 알 뿐이지"라고 강력하게 맞섰다. 그리고는 내 손자 계환의 무덤을 장간공의 묘 뒤 한 자 남짓한 곳으로 이장케 하였다. 이 일로 두 집안 간에 돌이킬 수 없는 심각한 대립을 빚었지만 결국 장간공의 묘를 옮긴 것을 보면 정녕 내가 옳았음이 분명하다.

묏자리 이야기가 나왔으니, 이상지李商芝(1729~1799)와 연암 집안 다툼도 언급치 않을 수 없다. 이 해가 정해년(1767)으로 산송의 당사자는 연암의 형 희원이었다. 희원이 양주楊州의 해등촌海等村 마산리馬山里에 장지를 마련하였는데, 이상지가 그 집의 정자와 가깝다고 사람을 동원해 무덤을 깨버렸다는 상소를 올렸다. 그때 희원은 포의의 선비이고 이상지는 승지를 지낸 세도가였기에, 영조대왕께서는 몹시 노하여 법관法官도 세력 있는 가문은 두려워한다며 친히 처결을 하셨다.

이때 마침 이상지가 병으로 누워 있자 그의 아비 이시중李時中이 대신 심문을 받았는데, 이랬다저랬다 말을 바꾸었던 듯하다. 급기야 영조대왕께서는 18도度의 형벌을 주고 면위서인免爲庶人하였다. 면위서인이란, 양반의 지위를 박탈하여 서민으로 만드는 것이니 그 형이 자못 혹독한 것이다. 더욱이 그 당시 입직했던 병조의 당상當上 서명신徐命臣은 박희원을 저지했다는 이유로 남해로 유배까지 시키셨다. 그리고 두 해 뒤, 영조대왕께서는 화를 푸시고 이상지에게 몇 차례 벼슬을 내리셨지만 이상지는 번번이 사양하였다. 그 이유는 자신의 병으로 아비에게 죄를 전가한 불효와 불충을 범해서라고 한다. 일이 이렇게 되자 영조대왕께서는 임진년(1772)에 이상지의 출사出仕하지 않는 행위를 가상히 여겨 그에게 예조참판을 내리셨다.

　이 일은 당시 장안에 파다했기에 나도 잘 알고 있다. 들리는 말에 의하면 연암이 과거를 보지 않는 이유도 이상지의 앞길을 결과적으로 가로막은 때문이라 하니, 만약 그렇다면 제 잘못을 스스로 인정하는 게 아니겠는가.

종로를 메운 게 모조리 황충蝗蟲

연암의 글은 다 싫지만 그중 〈민옹전閔翁傳〉, 〈양반전兩班傳〉과 〈호질虎叱〉은 더욱 그렇다. 〈민옹전〉에서 '종로를 메운 것은 모조리 황충蝗蟲(벼를 갉아먹는 해충인 벼메뚜기로 누리라고도 하며 백성을 해치는 양반을 비유한 말이다. 당태종이 신하들 앞에서 "백성은 곡식을 생명으로 하는데 네 놈이 곡식을 갉아먹으니 차라리 내 폐와 장을 파먹어라!"라고 외치며 황충을 날로 씹어 먹었다는 데서 유래한다. 연암은 〈민옹전〉에서 종로거리를 무위도식 활보하는 양반을 7척의 황충이라고 통매하였다)이야!' 라고 양반을 벼메뚜기에 비유하여 인충人으로 여긴 것이나 〈양반전〉의 '쯧쯧! 양반,

양반은커녕 일 전어치도 안 되는구랴 라는 입찬소리는 우리 양반에게 독을 품은 말이니, 마치 우리 양반들이 이 나라에 기생寄生하는 악의 숙주宿主처럼 여기는 발언이다.

《열하일기》에 실려 있는 〈호질〉은 더욱 괴탄하니 참으로 난장 맞을 일이다. 선왕先王(정조)께서도 순정醇正치 못한 글이라고 하시지 않았던가. 여하간 내가 〈호질〉을 읽어 보니 진리를 말하는 동물과 위선적 존재인 학자와 열녀를 묘하게 뒤틀어 내세워 놓고는 이야기를 진행시킨다. 〈호질후지虎叱後識〉엔 이렇게 적혀 있다.

연암씨燕巖氏는 말한다. 이 글은 비록 작자의 성명이 없으나, 근세 중국인이 슬프고도 분하여 지은 작품이리라. 세상의 운수가 암흑시대에 들어 오랑캐와 도적의 화가 맹수보다도 더 심하다. 지금 몰염치한 선비들이 하찮은 글귀를 주어 모아 세상에 아양을 떨며 호리고 있으니, 이 어찌 남의 묘혈이나 뒤지는 속유俗儒로 승냥이나 이리의 먹이조차 못 될 것들이 아닐까. 이제 이 글을 읽어 보니 말이 이치에 어그러진 점이 많은 것이, 《장자》의 〈거협편〉, 〈도척편〉과 뜻을 같이한다고 보겠다.

연암이 시치미를 떼고 딴전을 두두룩이 두었다지만 거기에 속을 내가 아니다. 우언寓言이란 기법을 사용한 발상에 동음어를 교묘하게 활용하고 여기에 우리의 민담과 전설을 적절하게 버무려 생략과 압축으로 만들어 놓은 연암의 글이다.

범을 등장시켜 사람을 꾸짖거나, 의원의 의醫를 '의심이 많다' 의 '의疑' 로, 무당의 무巫를 '남을 속이다' 는 '무誣' 로 푸는 등의 동음어를 활용한 언어 놀음은 연암 특유의 글쓰기다. 이 나라 조선 사대부의 위선을 다루는 무거운 주제를 희극적이면서도 냉소적으로 만들어 놓기 위한 우회적 수법일 뿐이다. 큰 범이 배가 고파 청렴한 선비의 고기를 먹기로 하고 부유腐儒의 은유인 북곽선생을 찾는다는 설정부터가 맘에 들지 않는다.

내용을 보자면 더욱 눈 주고 맘 줄 곳이 없다. 정나라 어느 고을에 도학으로 이름이 있는 북곽선생이라는 선비가 정려문을 하사받은 동리자라는 열녀와 정을 통한다. 열녀에게는 각성바지(어머니는 같으나 아버지가 달라서 성이 각각 다른 형제) 다섯 아들이 있었는데, 이 아들들이 과부인 어머니의 방에서 나는 소리를 듣고는 여우로 오인하여 방을 에워싸고 들이친다. 사실 저러한 사대부들은 이 조선에 널렸다. 오늘도 어느 집 후원에서는 저런 모양이 펼쳐진다. 나 역시 모르지 않기에 저러한 자들을 경계하고 미워하지만, 그렇다고 드러내 놓고 책망하지는 않는다. 어느 시절이든 저러한 이는 있게 마련이다.

다급해진 북곽선생은 어마지두에 혼겁해서 도망쳐 달아나다가 분뇨구덩이에 빠진다. 겨우 머리만 내놓고 발버둥치다가 기어나오니 이번에는 사람을 잡아먹으려던 큰 범이 앞에 기다리고 있다. 범은 유학자의 위선과, 아첨, 이중인격 따위를 신랄하게 비판할 뿐, '더러운 선비'라며 잡아먹지 않는다. 범도 시장하면 가재를 잡아먹는 법이거늘, 범도 연암을 빼닮았다.

연암은 범의 입을 빌어 '선비 유는 아첨 儒者諛也'라 하고, 선비의 고깃덩어리는 '잡스럽다', '그 맛이 순수하지 못하다', '딱딱하고 질겨 체하니 소화되지 않는다'라고 모욕을 준 것도 모자라 '도적盜賊', '잔학殘虐', '돈을 형님으로 부름' …… 따위의 양반을 사갈시하는 독설을 마냥 휘두른다. 조선의 우리 양반들에게는 더없이 가학적인 어휘들이다. 조선의 양반들 중, 많은 이들이 허위에 굴복하고 그 굴복의 대가로 안락한 삶을 향유한다. 연암은 과거를 포기하여 이를 마다하였지만, 그것은 제 탓이지 저들의 탓은 아니다.

희붐한 새벽녘, 북곽선생은 정신없이 머리를 조아리고 목숨만 집어내려 빌다가 머리를 든다. 범은 보이지 않고 아침에 농사일을 하러 가던 농부만이 저를 쳐다보고 있잖은가. 부끄러운 북곽선생 '고추 따면서 똥 싸는 척', 의뭉스럽게 자기는 지금 '하늘을 공경하고 땅을 조심하는 중'이라고 변명해 댄다. 엉너리치는 폼새를 가증스럽게 표현했다. 명예와 체면을 형편없이 잃어버린 북곽선생은 그야말로 '모양새가 개잘량'이요, '똥감태기'와 다를 바 없다.

〈호질〉을 읽은 양반들 중, 눈을 질끈 감고 위선적인 사대부들에게 퍼붓는 연암의 불편한 심기를 글줄마다 동행할 작자들은 없다고 단언한다.

연암은 이 소설의 제목을 '호질(범의 꾸짖음)'이라고 하면서 '중국의 산하가 맑아질 날을 기다려 보겠다'라는 말로 글을 마친다. 참으로 언구럭스런 글이 가증스럽다. 표면적으로야 중국의 혼탁한 정세를 겨냥하여 쓴 중국인의 작품이라는 뜻이지만, 형상화된 범은 바로 연암의 분신이요, 중국은 조선임을 모를 리 없기 때문이다.

글깨나 하는 이들이 이따금 쓰는 수법이다. 달을 그릴 때, 직접 달을 그리지 않고 구름을 그려서 달을 드러내는 방법인 '홍운탁월법烘雲托月法'이요, 뜻은 안에 있으면서 잠시 속여 두는 것이 '츤탁법儭托法'이다. 모두 객체를 묘사함으로써 주체를 더욱 드러내는 수법이니, 범이 꾸짖는 인물도 중국 산하가 맑아질 날을 기다리겠다는 것도 조선의 양반이요, 우리 조선임을 가리킨다. 구두점이나 떼면 누구나 다 읽어낼 수 있다. 결국 〈호질〉은 우리 조선 양반네들이 못 됐다는 귀결이다.

나는 내 문예창작론인 〈문결文訣〉에다 글에서 피해야 할 여섯 가지금기六忌를 적어 놓았다. 첫째가 통일성이 없는 글, 둘째가 속된 글, 셋째가 진부한 글, 넷째가 흐르는 글(물이 아래로만 흐르듯 한 쪽으로만 흐르는 글), 다섯째가 거친 글, 여섯째가 죽은 글이다. 〈호질〉도 그렇지만 연암의 글들은 거의 둘째 '속된 글'의 범주를 벗어나지 못한다. "속된 글이란 비속한 말이다." 연암의 문장이 비록 신묘神妙하고, 연암의 기재奇才를 하늘이 내렸다손쳐도, 속된 글은 천할 뿐이다. 나 역시 〈자저自著〉에 적어 놓았듯이 법식에 얽매이는 글쓰기는 싫다. "기력을 숭상하여 말을 거침없이 몰듯", "기로 주장을 삼아 얽힌 사리를 뚫어 통하게 하는" 글쓰기를 하였지만 속된 어휘만은 꺼리고 삼갔다.

오죽했으면 소품小品과 소설을 긍정한 만주도 《흠영》에서 연암의 글을 "명주옷을 차려 입고 향기로운 분으로 치장을 한 농염한 관기" 같은 글이라 했겠는가. 연암의 글 대부분이 비속어 따위로 묘하게 치장한 것은 우리 조선 유자라면 모두 인정하는 바다. 더욱이 연암의 글은 현실의 시비를 가리고자 덤벼든다. 이 역시 글을 대하는 유자의 자세가 아니다. 아! 몇 해 전 이동직李東稷이 《열하일기》의 문체가 저속하다고 논박하는 상소를 올렸을 때 일은 지금 생각해도 안타깝다. 지공무사하신 선왕先王(정조)께서 왜 이때 이를 처결하시지 않았는지 애석할 따름이다.

문장은 뛰어나지만 사람이 너무 잡스럽다

아들 만주가 글쓰기에 대해 물은 것만 해도 그렇다. 만주가 어렵게 찾아가 물었거늘 연암의 편지 내용은 다만 이러할 뿐이었다.

어제 자제분이 찾아와서는 글 짓는 법을 묻기에 내가 일러주었지요. '예禮가 아니면 보지 말고, 예가 아니면 듣지 말고, 예가 아니면 움직이지 말고, 예가 아니면 말하지 말라' 라고. 그랬더니 자못 불쾌한 기색으로 가더군요. 아침저녁에 문안드릴 때 와서 혹 말하지 않던가요?(〈답창애지사〉).

만주도 꽤 불쾌했는지 그 착한 아이의 얼굴이 반쯤 일그러졌다. 내 그때를 생각하면 지금도 분이 솟구친다. 아니 글 짓는 법을 물었는데 그 방법은 일러주지 않고 '예禮가 아니면 보지 말고, 예가 아니면 듣지 말고, 예가 아니면 움직이지 말고, 예가 아니면 말하지 말라' 라는 《논어》〈안연〉 구절만 거들먹거린단 말인가. 아니 우리 부자가 그래 《논어》의 저 구절도 몰라서 알려 준다는 군수작인지 뭔지 모르겠다.

글을 써서 부귀영화나 명예를 누리려는 사욕을 아예 버리고, 저 '인' 과 '극기복례' 의 마음으로 글을 쓰라는 주문 아닌가. 그렇다면 우리 유가에서 종지宗志로 여기는 '입신양명하여 부모님의 이름을 드날리는 것이 효의 마침' 이라는 말은 무엇인가. 저처럼 과거를 보지 말아야 진정 글을 쓸 수 있다는 말인가? 아니면, 아들에게 아비처럼 과거 공부를 하지 말라는 뜻인가?

연암의 언문諺文(한글)도 짚지 않을 수 없다. 연암은 언문을 모른다고 하였으나 거짓이다. 내가 《과농소초》〈제곡명품諸穀名品〉을 보니, '어름색기, 에우지, 쇠노되오려, 쇠되오려, 백白검부기, 흑黑검부기, 동솟가리, 영산靈山되오려, 크새눈거미, 다다기, 구렁찰, 쇠소찰, 다다기찰, 보리山稻, 오해파지콩, 온되콩, 불콩, 잘외콩, 왁대콩……' 등 새의 이름과 곡식의 이름 따위를 모조리 언문으로 명기해 놓았다. 언문은 암클이요, 상놈이나 아전의 공문서에나 쓰는 글이다. 양반된 자로서

유한준의 초상

홍직필의 《매산선생문집》 권51 〈저암유공한준유사〉에는 "공의 이마와 눈썹 언저리는 시원스럽고 두 눈동자는 밝게 빛나는데 두 눈에서 나오는 맑은 기운이 사람을 쏘아본다"라고 유한준의 인물상을 평해 놓았다.

언문을 쓴다는 것은 진서眞書인 한자를 경시하는 행동이니 삼가야 한다. 요즘 죽은 아들 만주가 남겨 놓은 《흠영欽英》을 본다. 《흠영》은 아들 만주가 스물한 살 되던 을미년(1775)부터 죽기 한 해 전인 정미년(1787)까지 매일 써내려 간 일기다. 20년도 훨씬 지난 일이건만 을사년(1785) 동짓달 열사흘에 만주와 연암의 〈방경각외전〉을 보고 나눈 대화가 어제 일 같다. "문장은 뛰어나지만 사람이 너무 잡스럽다"라고 적혀 있다.

연암이 세상을 가벼이 여기는 파탈擺脫의 삶도 마음에 들지 않는다. 제 자신을 좀 검속檢束하고 잡도리한다면 뜻을 크게 이룰 수도 있었는데 안타깝다. 제 아무리 부대끼는 인생사라지만 만무방이요, 불한당 같은 삶은 피해야 한다. 그러니 사람들이 파락호擺落戶라 여기고 저 역시 그렇게 자처하는 것 아닌가. 하기야 저런 인생들이 이 조선에 어찌 연암뿐이랴. 내 몇 년 전만 해도 네미룸내미룸할 게 아니라 유자儒者들이 힘을 합해 금상께 상소를 올려 경을 쳐야 한다는 생각이었다. 하지만 이미 연암은 이 세상 사람이 아니고, 내 나이 올해로 꼭 여든이다.

생각해보니 '글을 쓰며 스스로 즐기려 한' 내 삶에 연암은 한 결절結節임에 틀림없다. 이제 연암과 화해하고 싶어도 연암은 없고, 연암과 다툼만 손끝에 박힌 가시처럼 손거스러미가 인다. 따지자면 연암의 운명도 이 시대와 어긋난 가엾은 일평생 아니었던가. 그래 문자로 그 마음을 풀어 냈기로서니 시비곡절을 따져 무엇하랴. 이제와 살펴 보니 내 글도 한갓 껍데기요, 대수롭지 않은 조충雕蟲에 불과하다. 그래 나는 얼마전에 쓴 〈박사능문집서朴士能文集序〉에 연암을 이렇게 평해 놓았다.

미중의 재주와 품격은 매우 높았고 그 문장은 저절로 한 경지를 이루었다. 부끄럽게 법규로 들어가 익살과 해학으로써 달아났으니 글로써 한 희롱이다. 아마도 유교의 바른 도리를 지닌 웅걸찬 사람이리라."

연암과 저때 일을 생각하니 만감이 서린다. 이제는 모두 잊어야겠다. 내가 누님의 아들 김이홍金履弘에게 준 글 중에 〈망해忘解〉라는 글이 있다. "천하의 걱정거리는 어디에서 나오겠느냐? 잊어도 좋을 것은 잊지 못하고 잊어서는 안 될 것은 잊는 데서 나온다"라고 적어 넣었다.

이제 연암을 잊어야겠다. 허나, 잊어도 좋은 것은 잊지 못하고 잊지 말아야 할 것만 잊는다.

正祖, 1752~1800

이름은 성祘(당시에는 '셩'으로 읽었다. 현재 '산'으로 읽는 것은 잘못이다). 폐세인으로 뒤주에서 죽은 사도세자의 아들이다. 사도세자는 소설 읽기를 꽤나 좋아했다. 궁궐에서 소설을 쉽게 접하였던 까닭은 영조가 소설을 즐겼기 때문이다. 정조는 공허한 소설이 아버지 사도세자의 정신에 부정적인 영향을 미쳤고 죽음까지 이어졌다고 생각했다. 정조가 세도世道를 변화시키는 것이 문이라며 문치를 주장하면서도 소설에 대해서만은 탄압을 멈추지 않은 데서도 추론이 가능하다.

《정조실록》에 보이는 소설 금지는 세도世道와 정치政治, 서학西學과 연결된다. 비교적 자유로웠던 영조 대 소설에 대한 규제는, 정조 이후 정치적 격동기를 거치며 비판적 견해가 점차 심각하게 논의되었다. 그리하여 《정조실록》 10년(1786), 11년, 15년, 16년, 18년에는 중국으로부터 소설을 수입 금지하는 방책이 구체적으로 거론되었다. 이 소설류 수입 금지는 순조까지 이어지며 적어도 '소설' 두 글자는 사용해서는 안 될 금기어가 되었다.

정조가 소설 수입 금지 이유로 든 것은 서학, 즉 천주학과도 연결이 된다. 정조는 소설의 문체가 세도에 영향을 줄 뿐만 아니라 서학에도 직접 관련이 있다고 여겼다. 정조가 문체반정과 함께 내세운 성리학적 질서를 수호하려는 위정학衛正學은 이에 연유한다. 여기서 정조가 노론의 공격을 받던 남인의 서학 신앙과 노론과 소론의 실속 없이 겉만 화려한 문체를 동시에 문제 삼으면서 자신의 주도로 위기의 탕평정국을 돌파하려는 노회한 정치가로서의 정조의 내심을 읽게 된다. 정조의 위정학은 후일 전통 사회 체제를 고수하려는 수구당의 위정척사로 이어지고, 연암의 글은 손자 박규수를 거쳐 개화당의 갑신정변으로 맞서게 된다.

그러나 정조의 문체반정은 실패하였다. 문체반정의 장본인인 연암과 정조가 아끼는 초계문신이며 연암의 애제자인 이서구는 자송문 제출을 아예 거부하였다. 여기에 이서구는 〈대책對策〉까지 올려 정조의 면전에서 문체반정을 비판하였고 역시 초계문신이며 연암의 제자 박제가는 자송문인 〈비옥희음송比屋希音頌〉을 올렸으나 이 역시 문체반정의 잘못을 꼬집는 글이었고, 이옥李鈺(1760~1816) 같은 이는 귀양을 가면서까지 자신의 문체를 고집하였다. 문체반정을 강압적으로 펴기에는 정조의 문치왕권이 턱없이 약하였고 애초부터 연암을 벌주고자 함이 아니어서였다. 정조는 오히려 연암에게 정유재란 때 명나라 장군인 양경리楊經理와 형상서刑尙書에 대한 제문을 짓게 하거나 정사년(1797)에는 직접 궁궐에 들어 〈서이방익사書李邦翼事〉를 주문하기까지 한다. 연암을 같은 해 면천군수로 보낸 것도 정조의 배려였다. 당시 충청남도 당진 면천에는 천주학이 널리 퍼져 있었기 때문이다. 안의에서 연암의 선정을 믿은 정조의 생각은 틀리지 않았다. 연암은 천주교 신자들과 토론하고 깨우치게 하기를 반복하였고 끝내 이들을 회유시켜 개종케 한다. 1801년 신유사옥 때 면천군이 무사한 연유는 그래서다. 이후에도 정조는 연암에게 〈과농소초課農小抄〉와 부록 격인 〈한민명전의限民名田議〉를 짓게 하는 등 지근거리를 유지한다.

연암은 정조 승하 후에 〈정종대왕진향문正宗大王進香文〉에서 "천 년에 성인 한 분, 동방에서 왕위를 받으셨네"라고 하였다. 이 한 구절로 정조에 대한 연암의 마음을 어림작할 수 있다.

2

'폐하! 문자전쟁이 일어났습니다'

... 정조

18세기, 조선의 문예부흥기를 이끈 정조는 문체반정이라는 서슬 퍼런 붓으로 소설에 대한 접근금지선을 명확히 베어 놓았다. 고문정전주의古文正典主義를 표방한 그의 유일한 문은 정통고문이요, 제1적은 소설이고 연암체를 그 영수로 지목하였다. 이 장은 정조가 남공철을 시켜 문체반정의 책임을 연암에게 물어 자송문을 받으려 했으나 실패한 뒤, 그 처결을 고심하는 하룻밤 이야기다.

이 따위를 자송문自訟文이라 올렸단 말이냐?

그러나 글방의 버려진 책이 위로 티끌 하나 없이 맑은 대궐을 더럽힐 줄 어찌 생각이나 하였겠소? ……더구나 나 같은 자는 중년 이래로 환경은 여의치 않고 노쇠하여 스스로를 중히 여기지 못하고 글로써 장난거리를 삼았지요. 때때로 곤궁한 시름과 무료한 심정을 드러냈으니 모두 조잡하고 실없는 말이요, 스스로 배우와 같이 굴면서 남에게 웃음가마리가 되었으니 참으로 천박하고 누추하구려.

"무어라! 내 문풍文風을 바로잡으라는 교지를 여러 번 내리고 비밀히 너에게 글을 써 안의에 있는 연암에게 보내라 하지 않았느냐. 그렇다면 네 편지가 어찰御札과 다름없거늘, 이 따위를 자송문自訟文이라 올렸단 말이냐? 답변이 고작 '중년 이래……' 운운으로 얼버무려.《열하일기》를 짓게 된 심회를 늙은 탓으로 돌려 얼버무리려는 군수작임에 위불없다."

"폐하. 망극하옵니다. 연전年前(1792)에 폐하께오서 하교가 계셨고, 성심껏 받들어 섣달 스무여드렛날 지원에게 서한을 띄워 오늘 저물녘에야 답장을 받았기에 바로 입궐하였사옵니다. 연암이 저에게 올린 글은 다만 그뿐이옵니다."

"허어! 연암이 정녕 이러하더란 말이지. 내가 신해년(1791)에 문체반정에 대해 신칙申飭한 후에 이덕무, 성대중, 이상황李相璜(1763~1841) …… 등이 이미 자송문을 올렸거나 견책을 받았다. 이 모두를 《열하일기》에서 비롯된 사단이라고까지 분명 짚었는데, 제 늙음을 탓하여 얼버무려. 내가 한 말은 제대로 썼는가?"

"망극하옵니다. 폐하! 폐하께오서 말씀하신 그대로 분명히 "신속히 순수하고 바른 글 한 편을 지어 급히 올려보내 《열하일기》의 죗값을 치르도록 하라. 그러면 비록 남행南行(조상의 공덕으로 과거를 거치지 않거나 자신의 높은 학행으로 조정에 천거되어 오르는 벼슬)으로 문임文任(홍문관이나 예문관의 종2품 벼슬인 제학提學을 말함)인들 주기를 어찌 아까워 하겠느냐? 그렇지 않다면 마땅히 중죄로 다스리겠다"라고 하였사옵니다."

"으흠, 괘씸한. 내 저를 자별히 여겨 자송문만 올리면 남행으로 문임을 준다고 했거늘. 과거를 보지 않은 저에게 문임이 어디 가당키나 한 벼슬인가. 자송문은커녕, 이런 고얀 작자를 보았나. 내 이 자를 그냥 두어서는 안 되겠다. 여봐라. 밖에 누구 없느냐! 승정원에 가 도승지都承旨를 들라 하라."

"폐하, 석강夕講(임금이 오후 5시쯤에 글을 강독하거나 강론함)이 끝난

지도 한 시각이 지났습니다. 이미…… 퇴궐한 듯……"

"어허. 웬 말이 이리 많은고. 사람을 보내면 되지 않느냐. 이런 발칙한 사람을 봤나. 남공! 자네는 어떻게 생각하는가? 요즈음 글깨나 하는 선비들은 명나라와 청나라의 괴이한 문체가 있는 줄만 아는 게 큰 문제다. 패관잡기稗官雜記에 이르기까지 온갖 책들을 정말 열심히들 읽더구나. 이른바 명나라와 청나라 이후의 문장은 작게는 사람을 속이고 물건을 취하는 거간꾼의 술수가 되는 것을 왜 모른단 말인가. 슬프고 낮으며 천박한 문장이란 고신얼자孤臣孽子(신임을 받지 못하는 신하와 어버이의 사랑을 받지 못하는 서자를 아울러 이르는 말)의 근심과 시름하는 소리일 뿐이다. 한 번 구르면 바른 학문이 어렵게 되며 두 번, 세 번 구르면 마침내 불순한 학설로 굴러떨어지고 만다. 그러니 요즈음 《정감록鄭鑑錄》과 같은 요망한 책까지 설쳐대고 이태 전에는 진산사건珍山事件(1791년 진산 선비 윤지충尹持忠이 천주교를 신봉하였는데, 어머니 상을 당하여 천주교 의식에 따라 혼백과 위패를 폐지하고 제사를 지내지 않은 사건. 최초의 천주교 박해 사건)까지 일어나게 된 것이다.

이 모든 것이 문체가 변해서다. 문변文變은 세변世變과 유기적이다. 따라서 문은 교화의 수단이어야만 한다. '말 타면 경마 잡히고 싶다'고 이를 그냥 둔다면 호흡지간呼吸之間에 문체는 조선의 세도를 망칠 것이다. 남공은 어떻게 생각하는가?"

"폐하의 말씀이 거룩하옵니다. 폐하께서 여러 차례 중국에서 소설류를 수입 금지하는 방책을 내리신 것도 이 때문임을 잘 알고 있습니다. 정치와 천주학 문제만도 감당하기 힘든데 저 명·청의 책들마저 들어와 세도까지 변화시키기에 큰 문제이옵니다. 더욱이 일부 신진학자들을 중심으로 불길처럼 거세지는 연암의 연암체燕巖體는 법고창

신을 내세우고 고古와 금今을 상대적이라고 주장하며 이 나라의 문풍
을 변화시키고 있습니다."

"그래, 그렇게 잘 알면서 그대는 왜 명·청의 패관기서를 가까이했
는가? 또한 문체반정은 임자년(1792) 그대의 책문에 보인 '고동서화古
董書畵' 넉 자에서 비롯된 것임을 알아야 한다."

"폐하, 황공하옵니다. 저는 폐하께 패관을 읽는다는 꾸지람을 받잡
고 〈사영거사자지思潁居士自誌〉에다 '힘써 패관소설을 배척하는 것을
제 임무로 삼는다'라고까지 써 놓았습니다. 또 폐하께 견책을 받은 뒤
로는 고동서화도 멀리하고 있습니다."

"그만하라. 문체반정이 어찌 남공 때문이겠는가마는 명말청초의 패
관소품과 고동서화의 경향이 광풍처럼 번지고 있는 것은 사실 아닌
가. 명말청초의 패관소품은 깊이가 없는 신변잡기요, 고동서화 같은
골동품과 서화를 모으는 취미 또한 글 하는 선비로서 잡스러운 짓이
다. 내 열성조께서 그러한 것처럼 나는 '숭유중도崇儒重道(유교를 존숭
하고 도를 중히 여김)'라는 네 글자로 이 나라를 다스린다. 유교는 이 나
라의 국시이며, 도道는 유교의 도리로 문文에 잘 드러나 있다. 따라서
유교 이외는 외도外道이기에 배척해야 하며 문은 마땅히 유도를 싣는
그릇인 문이재도文以載道여야 한다. 글에 마음을 얹어 시대를 희롱함
은 글 본연의 목적에 어긋난다. 우문右文(학문을 무예보다 높이 여김) 정
치를 지향하는 이 나라에서 '문'의 성쇠흥체盛衰興替는 곧 '정치'와 연
결되고 나아가 세도까지 변하게 한다. 한나라와 위나라 이후로 문체
가 계속 변해 오다가 당나라 한유韓愈(768~824)에 이르러서 크게 변하
였고 다음이 구양수歐陽脩(1007~1072)다. 구양수가 지공거가 되었는
데, 이 당시 선비의 자제들이 '태학체太學體'라는 험괴하고 기삽奇澀한

문체를 숭상하였다. 구양수가 이를 통절히 배척하고 이러한 문체로 글을 짓는 자들을 모두 내치니, 과장의 분위기가 변하지 않았는가. 지금도 글 하는 이들이 응당 한유의 글을 제일로 삼고, 구양수의 글을 그 다음으로 치는 것도 이러한 이유에서다.

그런데 근래에 문풍文風이 점차 변하더니 소위 글[文] 한다는 선비들이 육경六徑(《역경》, 《서경》, 《시경》, 《춘추》, 《악기》, 《예기》)의 문체를 본받으려 하지 않고 골독하니 애쓰는 것은 도리어 자잘한 패관소품뿐이다. 전체 길이가 비교적 짧고, 구어口語와 비속어를 많이 사용하며, 개인적이고 일상적인 정감을 표출하니, 그 글이 기백이 없고 활기가 없어지며 교묘한 것만 찾는다. 여기에 골동품과 서화를 모으는 것에 골몰한다면 심성은 언제 닦을 것인가? 지금 나이가 몇인고?"

"서른넷이옵니다. 폐하."

"나는 처음부터 문치文治를 강조하였다. 너무나 문체가 경박하게 흘러 명말청초의 문집 및 패관잡설 수입을 금한 것이 이미 일곱 해 전인 병오년(1786)이다. 이들 문집은 말이 대부분 처량하고 슬픈데, 요즘 사람들을 보면 모두가 이러한 문체를 모방해서 다 죽어 가는 자가 하는 듯한 말투를 쓰더구나. 이태 전(1791) 2월에는 결국 문체반정을 공표하기에 이르렀는데도 별 효과가 없다."

"폐하, 황공하옵니다. 숭유중도가 온 나라에 퍼지려면 순정한 고문古文으로 돌아가야만 합니다. 순정한 고문은 반드시 진나라와 한나라인 문필진한文必秦漢과 시는 반드시 성당 때인 시필성당詩必盛唐'을 몸받는 데서부터 시작해야 합니다."

"그렇다. 나는 주자학에 학문의 기반을 둔다. 당송팔대가의 글들은 마땅히 본받아야 할 고문이다."

"폐하, 신은 문체반정을 통하여 문풍을 정통고문으로 환원해야만 바른 세도가 행해진다고 생각하옵니다. 정통고문이란, 문이재도를 기본이념으로 하며 사상에 유교 정신을 고취하고, 내용에 성현의 의리와 도덕을 담고, 표현에 일체의 수식을 배제하여 전달의 효용을 극대화시키는 문풍이어야 합니다. 오늘날 이 나라의 문풍이 흔들리는 것은 모두 연암의 죄입니다."

"그래, 남공, 아니 남 직각. 그런데 자네는 연암의 문하에서 배우지 않았나?"

"예, 그러하오나. ……"

"시간이 늦었다. 그만 퇴청하라."

남공철南公轍(1760~1840)이 나가자 냉기가 문을 타고 넝큼 들어섰다. 정조는 몸을 으스스 떨었다. 계축년(1793) 정월 열엿새, 한겨울의 추위가 궁궐의 저물녘 하늘을 길고도 차게 얼렸다. 석양이 숨을 고르더니 이내 궁궐에는 짙은 그림자가 자리했다. 종각의 쇳소리가 그 차디찬 하늘을 가른 지도 꽤 지났다.

사도세자, 문체반정의 출발점

보위에 오른 지도 열일곱 해째, 나이도 이미 불혹을 넘긴 노회한 정치가 정조다. 그의 눈에 사람은 많지만 믿을 사람은 보이지 않았다. 남공철은 본래 소설을 좋아했으나 정조에게 견책을 받고 태도를 저렇게 일변하였다. 남공철은 시파時派였다. 연암을 가까이하려 한 심환지沈煥之(1730~1802), 정일환鄭日煥(1728~1805), 연암이 아예 척을 두고 지내며 미워한 김귀주金龜柱(1740~1786), 김관주金觀柱(1743~1806) 등은 모두 정순왕후가 뒤를 돌봐 주는 벽파였다. 정조 당시 정순왕후貞純王后(1745~1805)는 하나의 뚜렷한 정치세력이었다. 정순왕후는 영조의 계비繼妃로 경주 김씨 김한구金漢耉의 딸이다. 소생은 없고 사도세자와 틈이 생겨 참소가 심하였다. 나경언羅景彦이 사도세자의 부도덕과 비행을 상소하자 그를 뒤주에 가둬 죽게 하는 데도 힘을 보태었다.

그 뒤 정순왕후는 당쟁에서도 세자를 동정하는 노론 시파와 등지고, 반대하는 벽파를 항상 옹호하였다. 이외에도 정조 이후의 일이지만 현종비 명성왕후 김씨의 친정인 청풍 김씨의 권력 남용과 효장세자의 처가인 풍양 조씨 일문의 세력 또한 만만치 않았다.

정조는 붕당을 없애려는 영조의 탕평책蕩平策이 성공하지 못했음을 지켜보았다. 따라서 붕당을 그대로 두고 노론으로 소론을, 소론으로 남인을, 남인으로 노론을 서로 견제하는 이열치열 탕평정책을 썼다. 무신년(1788) 남인의 영수 채제공을 영의정으로 노·소·남 삼당의 영수를 삼정승으로 하는 삼당정책이 바로 그것이다. 정조의 정책은 성공하는 듯했으나 한 해 전(1792) 노론의 공격으로 영의정 채제공이 실각하고 노론 시파가 정권을 잡으며 탕평정국은 크게 흔들렸다. 더욱 정조를 고뇌에 빠뜨린 것은 자신이 왕권 강화를 위해 만든 각신閣臣(규장각의 관원)의 세력이 커지면서 귀근지폐貴近之弊(귀족화한 근신의 폐단)가 고개를 든다는 점이다. 이른바 정조의 총애를 받는 이들인 '천생오태사天生五太史(김조순, 심상규, 서영보, 이만수, 남공철)'와 이덕무, 박제가 등 규장각의 시파를 중심으로 한, 또 하나의 붕당인 '탕평당'이다.

자연 탕평책은 큰 위기에 봉착했고 정조는 돌파구가 필요했다. 정조는 올 6월, 임오의리를 강조하며 금등金縢(왕실의 비밀스런 문서를 간직해 두는 엄중하게 봉한 궤)까지 공개할 요량이다. 금등에는 영조가 간인의 모함에 빠져 사도세자를 죽이고 후회하는 뜻을 적었다는 "동혜동혜 혈삼혈삼桐兮桐兮 血衫血衫('오동이여! 피 묻은 적삼이여, 피 묻은 적삼이여!'라는 뜻으로 영조가 사도세자를 뒤주 속에 가두어 죽인 후, 자식을 죽인 아비의 뼈저린 심정을 적은 글이다. 내용은 영조의 첫 번째 왕비인 정성왕후 서씨가 사망하자 사도세자가 적삼에 피가 묻도록 슬피 울었다는 글이다)"이란 사詞가 있다. 임오년 사도세자의 죽음을 두고 노론은 당연하다고 주장하는 벽파와 잘못되었다고 보는 시파로 양분되었다. 정조가이 임오의리를 꺼내든 것은 노론 벽파에 대한 공격이지만, 이때 적극적으로 이를 막지 못한 시파에 대한 견제이기도 했다.

여기서 사도세자와 영조에 대해 한 가지 짚고 넘어가야 할 사료가 있다. 우리나라에서 고소설을 그림으로 그린 최초의 책인 완산 이씨의 《중국소설회모본中國小說繪模本》이다. 그림을 그린 이는 화원 김덕성金德成(1729~1797)이다. 판각은 누가 했는지 알 수 없고 서문은 둘이다. "임오년(1762) 윤閏 5월 9일 완산 이씨가 장춘각長春閣에서 쓰다"와 "임오년(1762) 윤閏 5월 9일 완산 이씨가 여휘각麗暉閣에서 쓰다"로 되어 있다.

임오년이 영조 38년으로 1762년은 틀림없는데 '완산完山(전주) 이씨'가 누구인지는 정확히 알 수 없지만 비운의 왕세자 장조莊祖, 곧 사도세자(1735~1762)가 아닌가 한다. 이유는 '장춘각'과 '여휘각' 모두 사도세자가 거처하던 곳이기 때문이다. 만약 이것이 사실이라면 《중국소설회모본》의 서문을 쓴 이는 아버지 영조의 노여움을 사 27세(1762·영조 38)에 뒤주에 갇혀 죽은 비운의 왕세자 사도세자가 옳고, 그가 죽기 열이틀 전인 윤 5월 9일에 쓴 최후의 친필이 되는 셈이다.

그렇다면 11쪽에 이르는 서문에 보이는 〈금병매〉·〈육포단〉·〈옥루

춘〉 등 묘사가 핍진한 음사(淫詞)소설, 천주교 서적 등의 위상이 흥미로워진다. 당시 대리청정 중이었던 왕세자가 드러내 놓고 절대 읽을 수 없었던 책들이기에 말이다.

이러한 사도세자와 소설의 정황은 영조임금으로 그 폭을 넓히면 더욱 추론 영역이 넓어진다. 영조는 꽤 소설을 즐긴 임금이다. 이러한 정황을 알 수 있는 자료는 《승정원일기》다. 1746년 6월 27일의 기록을 보면, 영조는 "병중에 소일하는 방법은 혹 소설을 보거나 혹 잡기가 있지. 내가 이 두 가지를 하지 않으면 정말 소일하는 것이 어려울 게야. 신하들에게 읽으라고 하여 들으면 낮잠을 자는 것보다 낫지"라고 한다. 이때 영조임금의 나이가 52세였는데 병이 있는 듯하고 언문소설을 읽게 하여 들었음을 알 수 있다.

이러해서인지 신하들도 영조에게 소설을 들고 와서는 읽어 주었으니, 1758년 12월 19일의 기록에는 김상로金尙魯(1702~1766)가 영조를 뵙고는 "어젯밤에도 밤새 편히 잠자리에 들지 못하셨으니 오늘 밤에는 신이 올린 언문소설책에 의지해서 잠을 청하시옵소서"라고 한다. 구체적인 소설명을 거론하지 않았지만 한문소설이 아닌 한글로 쓰인 언문소설책임을 알 수 있다. 임금에게, 그것도 한문소설이 아닌 상놈의 글이라고 경시하는 언문으로 지어진 소설을 읽으라고 가져온 대신과 그것을 흔쾌히 받아드는 임금이다. 이 때문은 아니겠지만 이듬해에 김상로는 영의정에 오른다.

《구운몽》에 대한 기록은 무려 영조 27년, 37년, 39년, 세 차례나 보인다. 영조 39년은 사도세자가 뒤주에 갇혀 죽은 지 한 해 뒤인 1763년이다. 궁중에 소설이 널렸으며, 사도세자 또한 소설을 읽었음을 추론하는 데도 큰 무리가 없음을 또다시 읽는다. 그런데 영조의 소설관은 모순을 보인다.

다음 기록은 사도세자와 영조의 소설 관계기록이다. 1747년 10월 3일자 《승정원일기》다.

영조: 일 년 열두 달 중에 네가 책을 읽고 싶은 마음이 드는 것이 몇 번이나 되느냐?

사도세자: 한 두 번입니다. ……

조재민: 무릇 역사서와 소설은 번역을 하여 들으면 쉽게 재미가 생깁니다. 만약에 궁의 관리를 시켜서 하나하나 사실을 해석하여 그 처음과 끝을 모두 아뢴다면 동궁께서도 반드시 깨닫는 실마리가 될 것입니다.

영조: 이것은 폐단이 있다. 반드시 소설 듣기를 좋아하여서 더욱 책 읽는 것을 싫어하게 될 것이다.

영조 자신은 소설을 들으며 잠을 청할 수는 있지만 세자에게는 학문에 방해가 된다는 생각이다. 풀어보자면 소설은 여기餘技로는 볼 수 있지만 학문은 분명 아니라는 점이다. 비록 열세 살짜리 동궁이지만, 한 나라를 이끌 왕세자다. 그런 동궁이 일 년에 한두 번밖에 책을 읽고 싶은 생각이 안 든다는 말을 들은 영조, 보다 못한 조재민趙載敏이 나서 "역사나 소설을 한글로 번역하여 읽어 주면……"이라고 하는 말에 소설 듣기에 빠져 더 책을 보지 않을 것이라고 역정을 내는 영조의 표정이 그려진다.

그렇다면 사도세자가 《중국소설회모본》을 편찬했다는 것도 영조의 심기도 상당히 설득력이 있게 된다. 나아가 소설에 심취한 사도세자의 일탈된 행동들, 이어지는 영조의 극단의 조치. 이덕무는 《영처잡고》에서 "소설은 가장 사람의 마음을 파괴하는 것이므로 자제들로 하여금 책을 펴보지 못하도록 해야 한다"라고 하였다. 정조 또한 이를 모를 리 없다. 당시 열 살로 아버지 사도세자의 광란과 죽음을 낱낱이 목격한 터였기에 소설에 대한 그의 부정적 인식은 가늠하기 어렵지 않다. 아버지가 뒤주에서 죽어 가는 극단의 고통은 그대로 정조에게 외상 후 스트레스 장애로 남았다. 정조의 이러한 마음의 짐은, 사도세자의 죽음과 관련된 풍산 홍씨 외가를 멸하고, 아버지를 장조莊祖로 추존하여 명예를 회복시키는 한편, 화성 건설을 계획하는 등 일련의 과정으로 이어진다. 더욱이 내년에는 10년 계획으로 수원에 화성도 건설해야 하며 갑자년甲子年 (1804)에는 세자에게 왕위를 양위하고 화성으로 물러나 앉으려는 계획도 세웠다. 그러나 붕당은 정조의 뜻대로 흘러가지 않고 있었다.

조선의 존망에 관한 예언서인 《정감록》이 민간에 퍼졌으며, 1791년에는 전라도 진산에 사는 윤지충이 모친의 신주를 없애고 천주교식으로 제례를 지내어 최초의 천주교 박해 사건이 일어났다. 여기에 노론은 서서히 남인의 서학(천주학)을 압박하고 소론은 노론에게 공세를 펴 댔다. 조정 안팎의 정세가 모두 흉흉하고 정국의 안정을 바탕으로 한 정조의 계획은 틀어지기 시작했다. 남인으로 이가환과 정약용, 노론으로 유언호, 김종수 같은 인재가 없는 것은 아니지만 이들의 힘만으로는 정국을 타개하기 어려웠다.

정조는 이 난국을 책임질 상대가 필요했고 문치주의를 표방한 정조로서는 자연히 사도세자의 죽음에서부터 잠복된 소설에 대한 부정적 인식을 꺼내들었다. 바로 문체반정이라는 묘책이다. 이는 1782년 즈음, 문체반정과 위정학衛正學으로 구체화된다. 문체반정으로 노론의 등등한 기세를 누르고 성리학적 질서를 수호하려는 위정학으로 남인의 서학(천주교)에 대한 경도와 이에 대한 노론과 소론의 예공을 막는 한편, 연암이란 정치인을 얻으려는 정조의 복안이었다. 물론 이 모든 것은 정조 자신의 왕국, 조선으로 모아진다.

연암은 노론이기에 응당 시파나 벽파辟派여야 했지만, 그 어느 쪽에도 속하지 않았다. 탕평책을 지지하지도 않았지만 그렇다고 내놓고 반대하지도 않았다. 물론 연암은 각신도 아니요, 귀근지폐와도 거리가 멀다. 연암의 이러한 성향은 조부 필균이 당색을 몹시 싫어한 이유도 있지만 연암 나름의 탕평에 대한 소신이 있어서다. 그 한 가지 이유를 연암과 허여하며 지냈던 유언호와 김희에게서 찾는다. 평생지기 유언호는 김귀주·홍봉한 양 노론 척신의 당을 모두 제거하려는 정조의 뜻을 보좌하였다. 유언호는 노론으로 벽파였으나 당색을 없애려는 정조의 탕평책을 분명히 지지하였고, 김희金熹(1729~1800)는 당색은 시파이지만 《송자대전》을 편수할 때 연암이 '의론이 준엄하고 바르다' 며 그 일에 참여까지 시켰다.

이러한 과정에서 정조는 연암을 곁에 두고 싶었다. 정조가 연암을 가까이 두고 싶은 이유를 하나 더 고른다면 연암은 당색이 없으면서도 자기 소신이 뚜렷하며 학문 또한 높았지만 무엇보다도 시시비비를 분명히 하는 성격 때문이었다. 정조는 "사람을 볼 때는 선함과 악함을 보아야 한다"《홍재전서》권175, 203쪽)라는 분명한 인재관이 있었다.

또 한 가지 더 든다면 연암의 학행일치와 의리다. 정조는 학문의 지행양진知行兩進을 강조하였다. 앎과 행동을 강조하는 정조로서는 과거를 포기하고 궁핍 속에서도 제 길을 가는 연암의 삶이 지행양진이라고 이해하였다. 정조는 《홍재전서》 곳곳에서 사대부의 의리가 입맛을 돋우는 추환芻豢(고기)임을 수차례 강조하였고 '명색이 사류라 하는 자들이 이를 알지 못한다' 고 심환지에게 핀잔을 주기도 했다. 정조가 의리를 강조하는 만큼 연암 집안의 신임의리辛壬義理(신사·임오년의 의리, 곧 영조가 세제世弟로 책봉되는 과정에서 일어난 싸움에 관한 의리) 또한 예사롭지 않은 단서를 제공한다. 연암의 조부인 박필균은 신임의리를 끝까지 지켰다.

신임의리는 이렇다. 숙종이 죽고 소론의 지지를 받은 경종이 33세의 나이로 즉위하였으나 병약하고 후사가 없자 당시의 노론 4대신인 영의정 김창집金昌集, 좌의정 이건명李健命, 영중추부사 이이명李頤命, 판중추부사 조태채趙泰采가 중심이 되어 경종의 동생인 연잉군延礽君(뒤의 영조)을 왕세자로 책봉하였다. 이를 두고 노론·소론의 대립은 격화되었고 결국 노론 4대신이 사사賜死되어 노론 또한 세력이 위축되었다. 연암의 조부인 박필균은 이에 격분해 노론 4대신이 복권된 뒤에야 과거에 응시하였다. 이후 영조와 정조는 노·소론을 화합하려는 탕평책을 쓰지만, 연암가는 신임의리를 지키며 이를 받아들이지 않았다. 《과정록》의 기록을 보면 연암도 "조금이라도 탕평책에 찬성하는 말이나 행동을 하는 사람을 보면 이익을 좇는 비열한 인간으로 여겼다"라고까지 하였다.

그러나 이런 말과는 달리 연암은 사람을 사귀는 데는 당색을 초월하였다. 정조의 탕평책은 이런 면에서 연암과 유사하다. 정조는 "의리에 방해되지 않고 의리는 탕평에 방해되지 않은 다음에야 바야흐로 탕탕평평蕩蕩平平의 큰 의리다. 지금 내가 한 말은 곧 의리의 탕평이지, 혼돈의 탕평이 아니다"라고 하여 무조건적인 탕평이 아님을 강조했다. 의리란 공적이기에 각 붕당의 의리는 지키되 사사로움은 버리라는 뜻이다. 이렇게 보면 정조가 '의리탕평론義理蕩平論'을 시행하는 데에는 노론으로서 신임의리를 지키되 당색을 넘어 행동을 하는 연암이 적합한 인물이었다.

더욱이 연암은 과거를 보지 않았기에 높은 벼슬을 탐할 위인도 아니었고 이덕무, 박제가, 이서구 등 그를 따르는 청류淸流들 또한 많다. 당시 정조를 보좌하는 유언호, 김종수金鍾秀(1728~1799), 윤시동尹蓍東(1729~1797) 등과 연암의 관계도 썩 좋았고 한성부판관과 안의현감 등을 거치며 보여준 정치 역량도 그만 하면 되었다. 임금과 학자임을 자임하는 군사君師 정조로서는 연암이 조선을 문치로 이끌고 정국을 타개할 힘을 보태주리라 믿었다.

이 모든 것을 포석한 계책이 바로 문체반정이라면, 한쪽은 위정학이었다. 정조는 노·소론의 부화浮華한 문체를 문체반정으로 다스리는 한편, 남인의 서학(천주학)을 사학邪學으로 규정하여 위정학이란 양날의 검을 빼든 셈이다.

글은 곧 사람이기에 문체만 틀어쥐면 세도도 변하여 정조의 왕국은 굳건할 것임을 그는 믿었다. 정조의 계획은 순차적으로 진행되었다. 남인 일부 학자의 서학 경도를 견책하고 노·소론 학자들의 패관체를 문제 삼아 자송문을 받고 순정고문으로 회귀시켰다. 이미 김조순, 남공철, 심상규, 이덕무, 이상황, 성대중 등이 줄줄이 반성문을 올렸다.

그런 정조의 고도의 정치적 계책에 연암의 제자이자 자신의 총애를 받는 이서구가 반기를 들었다. 이서구는 〈대책〉에서 "세도의 훌륭하고 나쁜 상황은 문체의 높고 낮음에 연계되지 않습니다. 오늘 전하께서 근심해야 할 것은 이 세도의 상황에 있지 저 문체의 상황이 아닙니다"《척재집》권7, 〈대책−문체〉)라고 정조의 문체반정책에 공개적으로 반대의사를 폈다. 김매순은 이서구의 행정 실무 능력이 서애 류성룡柳成龍보다도 낮다고 평가할 만큼 조정 신료들에게도 강직한 성품으로 신뢰를 얻는 이서구였다. 그런데 연암마저 정조의 뜻과는 달리 자송문 대신 저러한 편지를 보낸 것이다. '연암만 자송문을 올리면 그를 문임으로 앉히고 이서구 또한 마음을 돌릴 수 있다.' 남공철에게 연암을 두고 성낸 것은 이러한 문체반정과 위정학에 가탁한 정조의 복심이 감추어져 있었다.

초롱의 불이 크게 흔들리자 정조의 그림자도 휘청거렸다. 자신의 왕국을 꿈꾸는 정조, 정조의 심기는 여러 가지 일로 몹시도 불편하다. 영명한 군주 정조의 얼굴은 어전에 들어선 냉기만큼이나 차가웠고, 마음은 초롱불을 따라 검은 그림자를 따라 크게 흔들렸다. 정조는 연암의 편지에 대해 결단을 내려야만 했다. 도승지를 부른 것은 자신의 뜻을 거스르는 연암을 압송하여 그 죄상을 따지거나 회유하고자 함이었다.

폐하! 문자전쟁이 일어났습니다

"폐하, 도승지 들었사옵니다만. 을람乙覽(임금이 정무를 끝내고 밤 11시경 쯤에 독서하는 것을 말함) 시간도 지났사오니 내일 들라 하올까요."

"잠시만 기다리라 해라."

엊그제부터 시작한 감환感患(감기) 기운이 피곤을 곱절로 올린다. 겨울 달빛이 불러낸 찬 기운이 탕탕평평실蕩蕩平平室이라 써 붙인 침전으로 깊이깊이 파고든다. 지금, 내 조선에 매우 우려할 만한 현상이 벌어진다. 신하들은 동이냐 서냐, 남이냐 북이냐와 저쪽과 이쪽의 같고 다름만 논한다. 연암을 문임으로 삼아야 한다. 그래야, 이 모든 난국을 타개하고 나는 수원 화성으로 갈 수 있다. 연암의 자송문이 그 시발이다.

……

"폐하! 문자전쟁이 일어났습니다."

"폐하, 큰일 났습니다."

"무슨 일인데 이 소란인고."

"문자전쟁이 발발했습니다."

"무어라. 문자전쟁이라니, 영의정! 이 무슨 소리오?"

"소신 영의정 소중화주의小中華主義(중국에 대해 조선이 작은 중국이라는 사상) 여기 있사옵니다. 다름이 아니오라. 연암체가 패관잡기와 고신얼자들을 이끌고 떨쳐 일어나 《열하일기》를 대장군, 연암소설을 선봉장, 〈소단적치인〉·〈영처고서〉 등을 유격대장으로 삼아 사대문을 거쳐 궁궐로 쳐들어오고 있습니다."

"지금 무어라 하였는가? 연암체, 이런 발칙한 문자를 봤나. 제 감히 현재의 글자 주제에 어디 문체반정이 다스리는 문자국文字國을 넘본단 말인가? 문체반정의 장수들을 급파하여 이를 막도록 하라."

"폐하, 연암체의 〈영처고서嬰處稿序〉라는 문자 장수가 숭례 남문을 거쳐 들어온다 하옵니다."

"폐하, 신 좌의정 문이재도文以載道(문은 도를 실을 뿐이라는 유학의 전통적 문학관) 아뢰오. 연암체의 앞선 장수가 〈영처고서〉라 하온데, 그 자는 '옛날을 본위로 삼아 지금을 본다면 지금이 참으로 비속하지만, 옛사람들이 그들 스스로가 자기네를 볼 때도 그건 반드시 옛날이 아니라 역시 하나의 지금이었을 뿐'이라고 한답니다. '고'와 '금'이 상대적이라 함은 이치에 닿지 않습니다. 황경원체를 급파한다면 곧 승전보를 올릴 것입니다."

"황경원黃景源(1709~1787)은 영종대왕英宗大王(영조) 대에는 예문관검열·대사헌·이조참판 등을 역임했고, 내 조정에서도 대제학을 지낸 고문가古文家 아닌가. 그대가 나가서 적장과 맞서도록 하라."

"예, 폐하. 성심을 받들겠습니다."

[황경원체가 이복원체도 가야 한다며 함께 나가자 우의정이 체머리를 흔들면서 나선다.]

"신 우의정 도문일치道文一致(문은 도를 근본으로 나온다는 유학의 전통적 문학관) 아뢰오. '고'와 '금'은 절대 상대적일 수 없습니다. '고'는 우리가 받들어야 할 숭고한 대상이지, 결코 '금'의 상대적인 명명이 아니기 때문입니다. 상고尚古에 입각하여 옛것을 숭상하는 법고는 마땅히 현재(금)를 사는 우리가 할 일입니다. 그런데 연암체는 '이 시대 사람이면 마땅히 이 시대 글을 써야 한다며 법고창신 운운합니다. 황경원체와 이복원李福源(1719~1792)체의 글이 '고'의 전범이오니 걱정 마시옵소서."

[잠시 후에 한 군사가 뛰어 들어온다.]

"폐하, 황경원체가 대패하였다 하옵니다. 연암체는 '황경원의 글은 사모관대를 하고 패옥을 찬 채 길가에 엎어진 시체요, 자신의 글은 비록 누더기를 걸쳤지만 앉아서 아침 해를 쬐는 살아 있는 문자'로 일격에 황경원체의 목을 베었답니다."

"무어라. 아니, 나나 할아버님이 그래 죽은 문자를 등용했다는 말인가."

"폐하, 연암체의 대장군 《열하일기》가 흥인 동문으로 짓쳐들어오고 있습니다."

"폐하, 신 이조판서 문필진한文必秦漢(문은 반드시 진나라와 한나라의 것을 모방해야 한다는 고문파의 전통적인 문체관) 아뢰옵니다. 저뿐만 아니라, 여기 계신 호조판서인 사대주의나 병조판서인 시필성당도 연암체의 《열하일기》로 인하여 곤욕을 치른 적이 있습니다. 순정고문醇正古文(당송고문을 문체의 모범으로 삼는 고문파의 전통적인 문체관) 대장군을 파견하여 일거에 섬멸하소서."

"순정고문을 급히 파견토록 하라. 나도 연암체의 《열하일기》는 이미 여러 번 대면하였다. 지금 우리의 문풍은 모두 이 《열하일기》로부터 잘못되고 있다. 《열하일기》는 열하를 다녀온 문자로 경자년(1780) 내가 보위에 오른 지 네 해째 문자나라에 들어왔다. 그런데 저간의 여행일기를 보자면 노가재 김창업은 편년체를, 담헌 홍대용은 기사체를 따랐다. 또 다른 여행 일기도 이 두 형식을 크게 벗어나지 않거늘, 유독 《열하일기》만 이도저도 아니다. 문장이 아름답고 화려하며 내용이 풍부하고 해박한 것은 인정한다만, 저토록 유달라야 하는 이유를 모르겠구나."

"폐하, 신 호조판서 사대주의事大主義(큰 나라나 세력권에 붙어 그 존립을 유지하려는 주의로 조선의 건국이념)이옵니다. 《열하일기》를 보면 연암은 요동·열하·북경 등지를 지나는 동안, 특히 이용후생정덕에 도움이 되는 청나라의 실제적인 생활과 기술을 눈여겨본 듯하옵니다. 《열하일기》는 날을 달에 연계하고, 또 달을 해에 연계하는 묘한 형식으로 우리 조선의 정치·경제·사회·문화 등 각 방면에 걸쳐 비판과 개혁을 솜씨 좋게 펼쳐 놓은 것은 인정합니다만, 문제는 그 문체입니다. 그런데 이런 연암체를 붙좇는 자들이 오이 붙듯 달 붙듯 불어나니, 우리 조선의 문풍을 버려 놓은 게 모두 이 연암체의 죄입니다."

"호조판서의 말이 옳다. 그런데 요즈음에는 내가 그토록 다정다심히 대했던 규장각의 이서구, 이덕무, 박제가까지 모두 연암체를 스승으로 섬기고 모방하고 있더구나. 더구나 이서구는 오히려 세도와 문체는 상관없다고 〈대책〉을 올리질 않나."

"폐하, 신 좌의정 문이재도 아뢰옵니다. 이 자들을 그대로 두면 아니

되옵니다. 슬쩍 보면 제 글에 대한 가치폄하적인 발언이나, 모두 거짓이옵니다. 연암체는 '한 자를 굽혀서 여덟 자를 펴는 따위'의 자존심을 굽혀 이익을 얻는 짓을 할 자가 결코 아닙니다. 그런 그가 한가히 '글로써 희롱'하였다 함은 더욱 이치에 닿지 않습니다. 연암체의 어느 글발 어느 책에서, 그렇게 흐느적흐느적 세상을 희롱한 허문虛文을 찾겠습니까?'

"그래, 그렇지. 내가 읽은 연암체의 글들은 죽비소리 쩡쩡하더구나. 연암체가 비록 정통 고문을 벗어났지만 눈총을 받아 가면서도 붓머리를 재우지 않고 당대의 부조리를 발라낸 공은 인정해야 한다. 어찌 이러한 글을 진실되지 아니하고 장난짓인 흐락으로 여기겠는가. 여기 조정 대신들 그 누가 연암체와 같은 소리를 했는가? 오로지 파당을 가르고 패거리를 만들어 싸움만 일삼지 않았나. 그러니 진작부터 연암체가 세력을 형성하였거늘, 도대체 조정신료라는 대신들은 어디서 배만 불리고 앉았던 게냐."

"폐하, 황공하옵니다."

"폐하, 황공하옵니다."

"황공하옵니다! 황공하옵니다! 이제 그만 하라. 속맘 없이 혀로만 뱉는 그런 말 이제 듣기도 싫다. 연암체가 글로써 세상을 희롱했다는, '이문위희以文爲戲' 넉 자로 자기의 죄를 넘어가려 하는 것도 아니 될 말이다. 나는 스물여섯 편의 《열하일기》를 모두 접견했었다. 《열하일기》 전체적으로는 전기체傳紀體지만 〈도강록〉은 일기체요, 〈허생〉은 패설, 〈호질〉은 우언 등으로 각 편의 체가 제 각각 개성이 있더구나."

[한 군사가 뛰어 들어온다.]

"폐하, 순정고문이 대패하였사옵니다."

"뭣이! 자세히 아뢰어 보거라."

"예, 폐하.《열하일기》는 바람 한 점 없는 종잇장에 찍힌 검은 먹물마다 연암체의 정신과 이 시대의 풍경이 선명하고 문자마다 재미와 풍자, 언어의 묘미가 생동했습니다.《열하일기》는 정해진 격식을 따지지 않는 변체變體이지만 문기文氣와 문세文勢가 그야말로 넘치는 정예로운 문자들입니다. 순정고문이 대국의 문자를 섬기려 하지 않음을 꾸짖자 언어의 묘미가 달려들고 순정고문은 세 합 만에 황급히 등을 돌리고 말았습니다."

[조정은 점점 내홍에 휩싸였다. 이때 또 한 군사가 들어온다.]

"폐하, 연암체의 한 장수인 '연암소설'이 아현동을 거쳐 숭례 남문으로 들어옵니다. 저들은 모두 폐하의 백성 중 천한 자들로 인본주의와 인정물태로 무장하였사옵니다. 저들은 가난하고 천하며 근심으로 끼니 걱정을 아침부터 저녁까지 달고 사는 슬픈 백성들이지만, 결코 굴하지 않는 희망을 안고 있다 하옵니다. 만약 이들이 없다면 살풍경하여 국가는 곧 쇠망한다고 외칩니다."

"병조판서. 시필성당詩必盛唐(시는 반드시 당나라의 것을 모방해야 한다는 고문파의 전통적 문학관) 병판은 어디 있는가? 어서 나가 저 연암소설을 격파하라."

[병조판서가 차갑게 재어진 언어들을 이끌고 나가자 정조의 말이 이어진다.]

"우의정, 도문일치. 연암소설에 대해 아는 대로 말해 보거라."

[우의정이 연암소설 12편 도표를 걸어 놓고 설명을 한다.]

• 연암소설 12편 •

제목	연도	의식	주인공의 사회계층	분량	소설의 시점	주제
마장전	1756년 20세	인본주의 사회비판	광인狂人	단편소설	3인칭 전지적 작가	양반사대부의 변질에 대한 비판과 천인들의 바람직한 우도론
예덕선생전	1756년 20세	인본주의 사회비판 중농의식	천인역부	단편소설	3인칭 작가 관찰자	천인역부의 긍정적 삶과 양반의 우도에 대한 비판
민옹전	1757년 21세	사회비판	중인 (무반)	단편소설	1인칭 관찰자	무위도식하는 경화사족 비판과 신분적 한계를 절감하는 중인의 삶
양반전	1764년 28세	사회비판 중상의식	몰락양반	단편소설	3인칭 전지적 작가	양반들의 부도덕함을 비판과 풍자
김신선전	1765년 29세	사회비판	중인	단편소설	1인칭 관찰자	세상에서 뜻을 얻지 못하여 신선이 될 수밖에 없는 사회비판
광문자전	〈광문자전〉은 18세, 〈서광문전후〉는 1764년 28세	인본주의 사회비판	종로거지	단편소설	3인칭 전지적 작가→ 1인칭 관찰자	천인 광문의 순진성과 거짓 없는 인격
우상전	1767년 31세	사회비판	중인 (역관)	단편소설	1인칭 관찰자	신분적 한계를 절감 하는 중인의 삶과 인재등용의 문제점
역학대도전	1767년 31세	사회비판	유실되어 구체적으로 알 수 없음			위학자 배격
봉산학자전	1767년 31세	사회비판	유실되어 구체적으로 알 수 없음			위학자 배격
호질	1780년 44세	사회비판	위학자	단편소설	1인칭 관찰 자→3인칭 전지적 작가	위선적인 양반사대부에 대한 비판
허생	1780년 44세	사회비판	몰락양반	중편소설	1인칭 관찰 자→3인칭 전지적 작가	정치, 사회, 경제적으로 총체적 문제점을 드러낸 당대 비판
열녀함양 박씨전 병서	1793년 57세	인본주의 사회비판	과부	단편소설	3인칭 전지적 작가→ 1인칭 관찰자	과부의 절열사상 비판

"어허. 거, 연암체의 문자가 허연 백지에 온기를 불어 넣는 이유도 여기로구나. 연암소설 열두 편에는 한 글자 한 글자마다 생기가 돌고, 도탄에 빠진 당대를 짚어 가는 양심이 저렇게 숨 쉰다. 이 세상의 도덕적 교화, 즉 세도世道(세상을 올바르게 다스리는 도리)에 효용성에 뜻을 둔 것도 좋다. 병조판서의 상대가 아니다. 그래, 이 나라의 중신이라는 그대들은 저러한 글을 한 번이라도 써 본 적이 있나. 내 진작에 연암체의 〈능양시집서〉를 접견한 자리에서 연암체의 마음을 보았다. 세상에는 달사達士(세상 이치에 통달한 선비)는 적고 속인俗人은 많다. 그런즉 침묵하고 말하지 않음이 좋겠지만 그런데도 말을 그칠 수 없는 이유는 어째서일까?'라고 하였다. 연암은 글을 쓸 수밖에 없는 마음을 저렇게 소설에서 드러냈다. 출세를 위해, 가문을 위해, 파당을 위해, 묵언수행하는 중처럼 입 다문 것을 세상 사는 요량으로 삼는 그대들과는 삶이 다르다. 연암의 소설은 '말해야만 한다!' 라고 하였다. 기개도 있고 뜻도 있고 심사도 곱지 않느냐."

[이때 또 한 군사가 들어와 아뢴다.]

"폐하, 〈답경지삼答京之三〉이란 장군이 돈의 서문으로 들어와 진을 쳤는데 참 흥미롭습니다."

"흥미로워?"

"예. 폐하, 들어 보소서. '그대가 태사공(사마천)의 《사기》를 읽었다고는 하나 그 글만 읽었지, 그 마음은 읽지 못했는가 보오. 어째서 그러냐 하면, 〈항우본기〉를 읽고서 성벽 위에서 전투를 관망하던 장면이나 생각하고, 《자객열전》을 읽고서 고점리가 축筑(옛 중국 악기의 하나. 가야금과 같은 열세 줄의 현악기)을 치던 장면이나 생각하니 말이오. 이런 것들은 늙은 선생들이나 늘 해대는 진부한 이야기니, 우리네 속담에 살강 밑에서 숟가락 주웠다는 것과 무엇이 다르겠소. 아이들이 나비 잡는 것을 보면 사마천의 심정을 깨닫는다오. 앞다리는 반쯤 구부리고 뒷다리는 비스듬히 추켜든 채 손가락을 벌리고 다가서서 막 잡았는가 싶었는데 나비는 날아가 버리지요. 사방을 돌아보매 아무도 없어 겸연쩍어 씩 웃다가 장차 부끄럽기도 하고 화가 나기도 하는, 이것이 사마천이 글 지을 때다' 라고 하였습니다."

"뭐라. 《사기》를 읽었다고는 하나 '글만 읽었지 그 마음은 읽지 못했다' 고. 여기서 마음은 글을 짓는 저자 태사공의 마음일 터인데, 그 이유를 〈항우본기〉와《자객열전》독서를 들고 나온 것은 또 무슨 말인가?"

"폐하, 신 존화양이尊華攘夷(중국을 존중하고 오랑캐를 물리친다는 뜻으로, 조선의 국제관계에 대한 기본 정책을 이르던 말) 적당들을 일거에 섬멸토록 하겠습니다. 〈항우본기〉를 읽고서 성벽 위에서 전투를 관망하는 것이 어째서 독서를 잘못한 것인지 알 수 없습니다."

"아니다. 나도 전선에 나가 보아야겠다"

[잠시 후에 종각 네거리에서 문체반정과 연암체가 마주하였다.]

"폐하, 신 존화양이가 적진을 섬멸토록 하겠습니다. 〈답경지삼〉은 듣거라! 여기 문체반정께서 직접 납시셨다. 주자朱子의 시문을 비롯하여 당·송 8대가의 문文과 두보의 시를 우리가 받들어야 한다. 너희들은 경박輕薄(가볍고 천박), 비리鄙俚(속되고 촌스러움), 촉급促急(매우 급함), 초쇄噍殺(슬프고도 낮음)한 잡스러운 패관소품체로 어찌 나라를 혼돈에 빠뜨리고 세도를 어지럽히는 것이냐. 그래 금상께서도 소품의 해는 사학邪學(천주학)보다도 심하다고 하신 것이다.

더욱이 네가 말한 장면은 항우의 군대가 거록에서 진나라 군대를 무찌를 때 아닌가. 항우의 기세에 눌린 다른 제후의 장수들은 성벽 위에서 그 전투 장면만 넋을 잃고 바라보는 것이 어찌 진정한 독서가 아니란 말인가."

[〈답경지삼〉이 '그 마음'을 집어 들고 달려오며 말했다.]

"문체반정은 문체를 국가가 지배하려는 의도다. 문체는 생각을 나타내는 것이거늘 이를 획일화시킨다면 생동해야 할 생각 또한 멈추게 된다. 문체의 변화를 받들어야 한다. 인정人情과 물태物態는 천태만상이니, 응당 문체 또한 천태만상이어야 한다는 말이다. 이렇게 문체가 자유로워야 독서 또한 깊어지고 새로운 해석을 읽어낸다.

〈항우본기〉의 이 장면에서 독서자가 읽어야 할 것은 '그 마음'인데 그대들은 이를 읽지 못하는구나. '그 마음'은 바로 '파부침주破釜沉舟', 즉 죽기를 각오하고 명령을 내린 항우와 항우의 명령을 따라 죽음을 불사한 병사들의 마음이다. 항우는 진나라와 싸울 때, 타고 왔던 배를 부수어 침몰시키라고 명령을 내렸다. 그러고는 밥솥을 모조리 깨뜨리고 주위의 집들도 깡그리 불태웠다. 병사들 손에는 단 3일분의 식량뿐이다. 이제 돌아갈 배도, 밥을 지어 먹을 솥도, 새벽이슬을 막아 줄 거처도 없다. 항우와 병사들은 결사적으로 싸우는 수밖에 없었고 결국은 승리를 쟁취하였다.

〈항우본기〉에서 읽어내야 할 '그 마음'이 바로 여기다. 그것은 항우와 병사들이 죽기를 각오하고 싸우는 마음, 그리고 이를 어떻게 하면 명확하게 기술할까 애태우는 저자 태사공의 마음이다. 그런데 성벽 위에서 전투를 관망하던 장면이나 생각하니, 〈항우본기〉를 읽었어도 읽지 않은 것과 다를 바 없지 않느냐."

"무엇이? 그렇다면 《자객열전》에서 고점리가 축筑을 치던 장면을 생각한다고 꾸짖는 것은 무슨 이유에선가?"

"이 역시 잘못된 독서다. 위나라 출신의 자객 형가荊軻는 축을 잘 치는 고점리高漸離와 절친한 사이 아닌가. 형가는 술이 취하면 곧잘 고점리가 치는 축에 맞추어 노래 부르기를 즐겼다. 어느 날 형가는 진시황 암살 임무를 띠고 떠나기에 앞서 고점리가 치는 축에 맞추어 비장한 노래를 부른다.

그러나 진시황 암살은 실패하고, 형가는 진시황의 칼날에 8번이나 찔려 죽고 만다. 고점리는 축을 이용해 형가의 원수를 갚으려 진시황 앞까지 가는 데는 성공하지만, 그 대가는 혹독하여 눈을 뽑혔다. 고점리는 납을 장치한 축으로 진시황을 내리치지만 실패하고 고점리의 목도 그 자리에서 잘려나간다.

《자객열전》의 축筑은 이렇듯 형가, 고점리, 진시황과 팽팽히 얽혀 냉엄한 현실의 비극성을 들려준다. 태사공이 《자객열전》에서 쓰고자 한 것은 바로 이러한 비극을 담아 낸 축 소리다. 여덟 번 칼을 맞고 쓰러진 형가와 눈을 뽑히면서까지 진시황에게 다가가 축으로 내려친 고점리, 그리고 이 둘의 마음을 축 소리에 담아 보려 한 태사공의 마음, 이 고심처가 바로 독서자가 읽어내야 할 '그 마음'이다.

여기에 사마천이 이능李陵을 변론하다 애꿎게 성기를 거세당한 궁형도 생각해야 한다. 궁형을 당한 사마천이 부끄럽기도 하고 화가 난 경지에서 쓴 글이 바로 이 《사기》, 《자객열전》이다. 사마천은 '하늘의 도리가 옳은가? 그른가?'를 저술의 화두로 삼을 수밖에 없었다. 그래 '장차 부끄럽기도 하고 화가 나기도 하는' '장수장노將羞將怒'의 마음, 이 마음이 바로 내가 읽어낸 사마천의 마음이다."

[존화양이는 이 말을 듣고 사색이 되어 도망치고, 문체반정이 노하여 소리를 친다.]

"아! 이를 어쩌면 좋단 말인가. 그대들은 고루하게 형식에 얽매여 《자객열전》 하나 읽지 못하는구나. 연암체는 '장차 부끄럽기도 하고 화가 나기도 하는 그때' 그 시점이 바로 사마천이 글 지을 때라고 하였다. 나비를 잡았으면 글은 이루어지지 않는다. 잡힐 듯 잡히지 않는 세상이다. 마음을 도스르고 온 힘을 다하여 이제는 득의의 웃음을 지으려는 순간, 물거품이 되어 버린다. 시대에 영합하는 글로 출세와 영달을 결코 꾀하지 않겠다는 연암체의 다짐장 아닌가. 벼슬 못한 선비가 부조리한 세상을 향해 올곧은 소리를 내는 데서 오는 '부끄러운 듯 성난 듯한 마음' 을 글쓰는 이로써 마음에 담겠다는 뜻이다.

그런데 이러한 《사기》, 《자객열전》을 그대들은 한낱 장면 묘사로만 읽어대는 것인가. 연암체 앞에 기세 좋게 펄럭이는 저 깃발에 무엇이라고 적혀 있는지 읽어 보아라."

" '늙은 선생들이 늘 해대는 진부한 이야기' 와 '살강 밑에서 숟가락 줍 듯' 이라 적혀 있습니다."

"그래, 앞의 것은 알겠고. 뒤의 것은 아무 것도 아닌 일을 무슨 큰일이나 한 듯 떠들 때 쓰는 속담 아니냐. 사실 연암의 글을 곱씹으면 옳은 소리만 한다. 글재주로 조선의 권력과 환전換錢하려는 그대들과는 달리, 이를 차갑게 거절하는 연암 내면의 소리가 여기저기에 숨어 있다. 입에 붙은 인사치레인 충신연군지사忠臣戀君之詞(충신이 임금을 연모하여 지은 글로 지나치게 천편일률적이다)나 읊조리고 실생활과 떨어진 자연 예찬이 아니다. 사실 문필진한 시필성당이 아니라도, 고문이 아니라도, 연암의 글은 이 시대에 충분한 가치가 있다."

"폐하, 신 이조판서 문필진한 아뢰오. 그렇다 하여도 이것은 아니옵니다! 그렇기에 이대로 두었다가는 이 조정을 흔들 게 분명합니다. 특히 연암체에는 이 나라를 흔들 기개와 힘이 넉넉하기에 더욱 단도리를 해야 하옵니다."

"시끄럽다! 연암체야말로 이 나라를 사랑하고 내 백성을 문자로 기록하여 비민보세裨民補世(백성의 삶에 도움을 주고 세상을 바로잡는 데 보탬이 된다는 뜻) 하잖은가. 그대들은 백성들의 피땀으로 호의호식하며 한 일이 도대체 뭔가? 연암체가 당파를 초월하여 학자들과 교유하는 것도 그렇다. 가끔씩 난 북한산 자락을 깔고 앉은 그대들 노론체와 남산 자락에 몸을 웅크리고 기회를 엿보는 남인체들 사이에 낀 내 왕궁을 본다. 경복궁이라 이름한 내 왕궁은 왕궁이 아니라 긴궁이요, 큰복 경복景福이 아닌 '뒤집어져 망한다'는 경복傾覆이 아닌가 가슴이 섬뜩하다. 그대들에게는 이 궁은 탐욕을 채워 주는 곳간일 뿐이다. 지금 이 나라는 바로 그대들로 인해 몸살을 앓고 있다. 난 그대들의 구두선口頭禪이 된 말과 글을 더 이상 믿지 않는다. 글은 글 대로요, 나는 나 대로인 그대들이 떼를 지어 몰려다니며 패거리를 짓는 당파 싸움엔 이젠 진저리가 난다. 오죽하였으면 영종 선대왕께서는 노老·소小 자조차도 말씀 않으셨고, 여러 대신들뿐만 아니라 나에게도 노·소론에 대한 말을 금기시킨 뜻을 정녕 모른단 말인가!"

"폐하! 신, 예조판서 북벌대의北伐大義(오랑캐 청에 대해 복수하고자 북벌을 주장하던 효종의 정책으로 정조 당시에는 이를 내세워 청의 문물을 배격) 한 말씀 아뢰겠습니다. ……"

"그만두어라. 이 일은 지금 심상히 넘어갈 문제가 아니다. 언젠가 그대들은 국가의 큰 병인病因이 될지도 모른다. 순박한 백성들이야 무엇을 알겠는가. 요마적 꿈엔 그대들이 황충떼로 변하여 종로에서 이 대궐 지붕까지 까맣게 덮었더구나. 연암체는 그대들과 다르다. 연암체는 노론 낙론洛論계열이면서도 학파를 초월하여 한원진체가 호서지방의 위대한 선생이라며 참석하였다. 또 이광려李匡呂(1720~1783)체 같은 이는 당색이 소인이거늘 연암체가 먼저 찾아 평생지기처럼 지냈다. 연암체가 이용휴李用休(1708~1782)체의 문인인 서얼 역관 이언진李彦瑱(1740~766)체를 입전한 〈우상전虞裳傳〉은 내가 읽었고, 이가환李家煥(1742~1801)의 매부인 정철조체와도 막역한 사이라는 말도 들었다. 더욱이 이용휴나 이가환체는 노론이 가장 미워하는 남인체 아닌가. 이 나라가 붕당이 지배하는 사회라는 점을 생각한다면 연암체의 도량을 어림짐작하고도 남음이 있다.

또 연암체는 적서와 귀천을 따지지 않고 사귀더구나. 규장각 사검서四檢書 중, 이덕무·박제가·유득공체 등이 바로 연암체의 벗이며 제자이지만 서얼 아닌가. 우도가 오륜의 바탕이거늘, 그대들은 그 바탕은 모르고 군신과 부자의 도리만 찾지 않았는가. 사검서는 홍국영도 추천한 바 있지만, 내 이들을 일찍부터 들어 쓰려 했었다. 지위고하를 막론하고 이 땅에 사는 자는 내 백성들이다. 사람들이 이를 두고 연암체가 벗을 가리지 않고 사귄다고 비방하고 헐뜯는다는 말도 들었다. 참으로 하릴없는 황충떼의 소리로다.

언젠가 경연經筵(어전에서 경서를 강론하는 일)에서 오륜의 차례를 논할 때에 붕우가 군신이나 부자보다 가볍다고 하는 자가 있었다. 그때 나는 '하늘이 정해 놓은 대륜大倫에 어찌 경중이 있겠는가. 붕우가 비록 오륜의 끝에 놓여 있지만, 임금을 섬기고 어버이를 섬기는 방법을 붕우에게 힘입는 경우가 많다. 이것은 오행五行이 토土가 아니면 이루어지지 못하고 오상五常이 신信이 아니면 확립되지 못하는 것과 같은 이치다. 지금 사람들은 붕우간의 도리가 중하다는 것을 모르기 때문에 습속이 옛날만 못한 것이다' 라고 말했다. 연암체의 벗 사귐이야말로 나의 백성들이 마땅히 본받아야 한다. 그래, 연암체가 연암소설 구전九傳 중 맨 앞에 우도友道를 논하고 〈마장전〉을 둔 이유다.

근래 올라온 장계를 보면 더욱 가관이더구나. 어리석은 자들이다. 연암체가 아마 중국에 가서 벽돌 굽는 법을 익혔나 보다. 그래 제자들과 꽤 연구를 많이 하여, 안의 관아의 낡은 창고를 헐어 버리고 백척오동각百尺梧桐閣, 공작관孔雀館, 하풍죽로당荷風竹露堂, 연상각烟湘閣 등의 집들을 모조리 이 벽돌로 지었다고 한다. 이를 보고 또 어리석은 자들이 오랑캐짓이라고 장계를 올렸으니 어찌 저리도 딱할까. 벽돌이야말로 우리에게 얼마나 요긴한 물건인가 말이다. 내년에 화성華城을 수축할 때 연암체가 만든 벽돌을 써야 하거늘 이를 아는가 모르는가! 말들을 해 보거라. 말을……"

……

"폐하! 폐하! 괜찮으신지요."

"으음. 연암체, 나 문체반정은 ……"

"폐하! 무슨 말씀이온지. 가위눌리는 소리가 들리기에 들어왔사옵니다. 감환으로 상후上候 미령靡寧하옵실까 걱정되옵니다. 어서 침수沈睡에 드시옵소서. 그리고 도승지는 어찌할까요."

"문자전쟁이라. 허참, 맹랑한 꿈이로고. 괜찮다. 도승지도 물러가라 하라."

곡물 가격을 인위적으로 통제해서는 안 됩니다

"폐하, 폐하! 연암이 찾아와 뵙기를 청합니다."

"그래, 어서 들라 하라."

"폐하! 그동안 성체 강녕하셨사옵니까. 신, 부름을 받고 달려 왔습니다."

"나는 일 없소. 연암도 평안하셨소. 사실 짐은 음직을 얻어 벼슬살이하는 사람들이 가장 밉소. 제 조상 잘 만난 덕으로 오직 수령 자리 하나를 얻기라도 하면, 비단옷 입고 배부르기를 바랄 뿐인 자들이 내 조선에 막사발만큼이나 많구려. 저들의 뜻은 비열하고도 저급하오. 그렇지만 연암만은 다르게 생각하오. 유언호가 연암을 음직에 추천한 때부터 지금까지, 나는 연암을 크게 중용하려는 마음뿐이었소.

"폐하! 성은이 망극하옵니다."

"나는 연암을 대하기 전부터 이미 연암의 글을 읽고 내 조선을 가꿀 재목임을 알았소. 몇 해 전 기유년(1789) 주교舟橋를 건설하는 낙성식에 연암을 슬그머니 부른 것을 기억하오."

"폐하! 아직도 생생히 기억하고 있사옵니다."

"음관으로 참석한 사람은 연암뿐이었지. 은밀히 부른 까닭은 연암을 보고자 함이었소. 이마적에 연암이 되놈의 의복을 입고 백성들을 대한다는 호복임민설胡服臨民說과 오랑캐의 칭호를 쓴 원고를 쓴다는 노호지고설虜號之藁說로 궁 안팎이 소란스러웠소. 경을 쳐야 하거늘 눈 감아 준 것도 다 이런 연유에서라오. 이를 알고 있소?"

"폐하! 모르고 있었사옵니다. 백골이 난망하옵니다."

"나는 연암을 의금부도사로, 사헌부감찰로 자리를 바꾸어 능력을 엿보았소. 사헌부가 연암 중부仲父[박사헌朴師憲(1707~1777)]와 이름이

연암의 글씨

조선 통덕랑 치암癡菴 최공 묘지명으로 앞면에는 '乾隆54年(1789) 己酉 3月17日 雨不克襄事 明日 甲寅日中葬, 뒷면에는 '啓功郎 繕工監役 潘南 朴趾源 撰幷書' 라 적혀 있다. 김택영의 〈최순성전崔舜星傳〉에 의하면 치암 최순성은 개성 부자로 자금을 마련하여 여러 사람들을 도왔다고 한다. 박종채의 《과정록》에 이 묘갈명에 대한 기록이 보이는데, "글자 획이 굳세고 아름다우며 호방하고도 상쾌하여 미불米芾(북송 때의 서화가)의 서체를 깊이 터득하신 글"이라고 적어 놓았다.

같다하여 사양하기에 제릉 영으로 옮겨 주었고, 신해년(1791)에는 종5품 한성부판관으로 임명하였지.

연암은 역시 유능했고, 내 예상은 적중했소. 당시 흉년이 들어 곡상들이 쌀을 비싸게 팔거나 매점매석을 하여 곡가가 폭등했을 때 일을 기억하오."

"폐하, 어찌 그때 일까지. 성은이 망극하옵니다."

"당시 곡가를 억제하고 매점을 금하려는 의견들이 지배적이었지. 그런데 연암은 이를 강력히 반대했잖소. 그때 연암은 '사세부득하옵니다만, 상인들이 다른 지역으로 쌀을 팔러 가 버릴 것이므로 도리어 쌀 품귀

현상이 심해질 것입니다. 또한 서울에 집적되어 있는 쌀의 방출을 막으면 오히려 다른 지역의 백성들까지 굶주리게 될 수 있습니다' 라고 하였지. 나는 곡물 가격을 올리고 내리는 것과 곡물의 집산을 인위적으로 통제해서는 안 된다는 연암의 견해를 채택했고, 결과적으로 기근이 지금까지 이어지면서도 곡물 가격이 급등치 않음은 모두 연암의 공이구려."

"폐하! 모두가 성은이옵니다. 상인들을 관청에서 조정하면 아니 되옵니다. 상인을 조종하면 조절 능력이 정지되고 조절 능력이 정지되면 상인들은 이익을 잃게 됩니다. 상인들이 이익을 잃게 되면 유통, 매매가 그치게 될 것이니 농민은 물론 공장이까지 모두 곤란을 겪게 됩니다. 이는 산돼지를 잡으려다 집돼지마저 잃는 격입니다. '서울은 돈으로 살고 8도는 곡식으로 살아간다' 는 말도 있지 않사옵니까."

"연암 말이 맞소. 하지만 이 일로 연암은 정적을 많이 만들었고, 짐은 더 이상 곁에 둘 수 없었소. 그해 섣달, 유한준 등이 연암의 품계가 원칙이 없이 올라간다고 소를 올렸기 때문이오. 9품 음관으로 벼슬길에 들어선 지 만 4년이요, 네 단계를 뛰어넘는 파격적인 인사에 대한 지적이기에, 비록 왕이라 하여도 원칙을 짚어 올라온 소를 기각할 도리는 없는 법이오. 내 연암을 한시바삐 들쓰고자 함이 이런 까탈을 낳게 했구려."

"폐하, 황공하옵니다."

"연암을 종6품으로 강등시켜 안의현감(지금의 경상남도 함양군 안의면 일대)에 제수(천거의 절차를 밟지 않고 임금이 직접 벼슬을 임명하는 것)한 것은 그나마 다행이었소. 연암이 안의 임지에 도착하여 한 일도 나는 이미 보고 받아 소상히 알고 있다오."

"폐하! 외람되오나 안의는 거창현과 함양군을 이웃에 두고 있으며, 가구는 4~5천여 호 정도이지만 경치는 수려하고 민심도 평온한 곳이옵니다. 폐하의 성덕으로 저는 임지에서 편한 나날을 보내고 있사옵니다."

"내 이미 알고 있으니 그리 말할 필요는 없소. 그곳이 의옥疑獄과 송사로 개구리 울음소리마냥 시끄러운 것을 이미 들었다오. 연암은 부임 즉시, 죄의 유무를 판명하기 어려운 의옥을 명쾌히 처리했고 송사를 해결하여 고을 백성들간에 분쟁을 일삼던 풍조를 바로잡았다지. 여기에 관아에까지 출몰하던 도적들을 퇴치하고 더욱이 아전들의 상습적인 관곡 횡령을 근절했다는 보고도 진작에 받았구려. 연암도 알다시피 이 아전 문제는 우리 조선의 골칫거리오. 아전은 교활한데다 지방의 토착세력이 되어 그 힘을 억제하기가 쉽지 않소. 내 임지로 부임하는 관리들에게 누누이 이를 일러 보내지만 대개는 저들과 영합하거나 아니면 저들에게 쫓겨 벼슬자리를 스스로 물러나기도 하니. 그런데 연암은 저들을 잘 무마하더구려. 더욱이 함양군의 봇도랑 공사에 백성들을 행군 대형으로 잘 지휘하여 공사를 완벽하게 끝냈다는 보고는, 짐의 한 근심을 덜게 했소. 함양군 제방은 해마다 수재를 입는 골칫거리 중의 하나로 장마 때마다 백성들을 동원하는 구폐를 반복하던 곳이었기에, 모두 연암의 선정 덕이라고 그러더군."

"아닙니다. 폐하! 모두 폐하의 성덕이십니다."

해학으로 얼버무리지 않았다면 환난을 면키 어렵습니다

"그러고 보니 김이소金履素(1735~1798) 형제에게 연암에 대한 평을 들은 기억이 새롭구려. 김이소가 그러더군. "연암은 벗을 사귐에 정성을 다하였고 일을 하면 박력이 있으며, 성격이 굳어서 남에게 굽히지 않고 욕을 당하더라도 노여워하는 기색이 없습니다"라고. 그의 동생 김이도金履度(1750~1813)는 "연암같이 엄격하고 사나운 기상과 고고하고 준엄한 성격으로 만약 해학으로 얼버무리지 않았다면 지금 세상에서 환난을 면키는 어렵습니다"라고도 하였지."

"폐하! 김이소는 스무 살 무렵부터 저의 벗이고 이도 또한 형을 따라 가까이 하였기에 그런 말을 한 듯 싶습니다."

"아니오. 내가 본 바로도 저들의 말이 그릇된 것은 아니오. 특히 이도가 지적한 연암의 글에 보이는 해학과 풍자, 그리고 문체야말로 내가 연암의 글을 문체반정의 장본인으로 주목하는 한 이유요. 연암의 글에 이마저 없다면 이 조선의 고약한 사대부들 손아귀에 연암의 목이 이미 넘어갔을지도 모를 일이지. 아니 그렇소?《열하일기》같은 경우는 약간의 해학과 '애고[唉苦]', '억지로[勉强]', '정말로[眞個]', '배암[白巖]', '갓벙거지[笠範巨只]', '배따라기[排打羅其]', '불쌍[不祥]', '사또[使道]', '서방[書房]' 따위 조선식 한자어와 '한무더기[一團]', '혼란스런 모양[七升八落]'과 같은 중국의 입말인 백화투, 여기에 '굿이나 보고 떡이나 먹고' 등 우리의 속담만 제한다면 그 자체로 고문과 다를 바도 없는 글이오. 따지자면 연암은 중국의 한자어를 내 조선식으로 바꾼 것뿐이고, 사실 이런 어휘가 백지장에 생기를 불어넣고 창출신의創出新義와도 연결고리를 형성한다는 사실쯤은 나도 안다오. 또《열하일기》에는 마부 이름까지도 모조리 넣었더구려. 인물도 생생하게 형상화시켰고. 가만, 거 요동벌에서 갑자기 말 앞으로 달려나가 땅에 넓죽 엎드려 큰소리로 "백탑이 현신한다 아뢰오"라고 한 것이 누구더라?'

"예, 어찌 그것까지. 태복泰卜이라고 정 진사의 마부였습니다. 〈도강록〉 부분입니다. 폐하."

"그래, 연암은 그 툭 트인 요동벌을 보고 '좋은 울음터로다. 가히 한 번 울 만하구나' 라고 하였더군."

"폐하! 황공하옵니다."

"그러고 보니 연암은 요동벌이 우리 조선의 영토라고도 써 놓았더군, 김부식이 《삼국사기》에 양만춘 이야기를 하지 않은 것도 지적하고. 연암 말대로 김부식은 사관으로서 역사의식이 결여되었어. 그건 그렇고, 나 역시 그곳에 있었다면 그러하였을 터. 읽는 내내 연암이 부럽더군. 이를 두고 순정한 글이 아닌 패사체라고 연암을 그 먼 곳에서 이렇게 데려와 잘잘못을 운운한다는 것도 우습소. 그리고 거 〈동란섭필銅蘭涉筆〉에는 〈공무도하가公無渡河歌〉 등 다양한 이야기가 실렸더구려. 참, 내 묻고 싶은 것이 있는데, 청 황제의 신임을 받는 화신和珅(건륭제의 총애를 받아 숭문문 세무감독崇文門稅務監督 등의 지위를 이용하여 뇌물을 모으는 등 횡포가 극에 달하였다)이란 자가 위태로운 처지가 될 것이라 했던데, 지금까지 세도를 잘만 누리고 있잖소?"

"폐하, 제가 책에도 썼지만 화신이 청 황제 생일연에 바친 진주로 만든 포도덩굴은 초룡주장艸龍珠帳(극단적인 사치품)이옵니다. 제 아무리 중국의 호부상서戶部尙書라 하나 일개 벼슬아치옵니다. 황제조차 구할 수 없는 사치품을 갖고 있다는 것은 그가 뇌물을 받지 않고는 어렵고, 지금이야 황제의 총애를 받지만 언젠가는 화근이 되겠기에 그렇게 적어 둔 것입니다."

"음, 그래. 어디 두고 봅시다. 그리고 '-섭필涉筆'이란 장르는 연암이 만든 것이오? 거 독특한 표현 방식이더군."

"폐하! 성은이 망극하옵니다. '-섭필'은 그저 무형식으로써 잡스러운 이야기를 두루 묶었다는 뜻입니다."

"내, 그러고 보니 《삼강행실도》를 《오륜행실도五倫行實圖》로 다시 합간할 때의 일도 그렇더군. 연암도 알다시피 《삼강행실도》에 적힌 시찬詩贊이 꽤 촌스럽고 비속하지 않소. 그래 이번 기회에 이것을 빼자고 대신들 논의가 분분했지. 그때 짐은 '그 촌스러운 곳에서 옛사람의 질박·진실하며 꾸밈없는 본색이 드러난다. 그저 외면의 화려함만 숭상하는 지금 사람들의 작태와는 다르니 그 참된 기운을 귀하게 여길 만하다' 《일득록》 4)라고 했다오."

이미 그물로 잡을 수 없는 큰 물고기로다

"폐하! 비록 글은 휘뚜루마뚜루 써 넣어 촌스럽지만, 그 속에 조선 백성의 질박하고 진실한 꾸밈없는 본색의 참된 기운은 귀하게 여길 만합니다."

"그렇지. 연암 말이 맞소. 연암과 이야기를 하니 오늘은 내 침실 바람벽에 붙은 저 '탕탕평평실' 과 '정구팔황庭衢八荒' 이란 글자가 유난하오. '편벽됨이 없고 편당함이 없으면 왕도가 크고 넓어지며, 편당함이 없고 편벽됨이 없으면 왕도가 예사롭고 평평해진다' 라는 《서경書經》 홍범洪範 구절에서 따왔지. '정구팔황' 의 팔황은 여덟 방향이니, 즉 팔방이 탁 트이게 뜰이 광활하다는 뜻 아니오. 벌써 10여 년 전에 쓴 글인지라 빛이 많이 바랬소만. 이 여덟 글자를 창문 위에 두루 써 붙인 이유는 사람을 등용하는 데 편벽되이 매이는 뜻이 없고 오직 인재만을 취하자는 뜻에서였소. 연암은 내 탕평책에 찬동을 하지 않더구려. 내 그 시비를 가리려는 마음은 사오."

"폐하! 황공하옵니다. 영조대왕께옵서 탕평이라는 두 글자를 50년 간 이룩하셨고 폐하의 일념 또한 그렇다는 것은 만백성이 알고 저도 알고 있습니다. 다만 저는 제 집안의 신임의리를 지킬 뿐이옵니다. 통촉해 주옵소서."

"그만하오. 내 연암의 절개를 잘 아오. 사람만을 보아 택하고 재주만을 보아 취하여서, 온 조선이 힘을 합해 대도大道에 함께 이르도록 하자는 것이 내가 보위寶位에 앉은 이유요. 내 후일 '만천명월주인옹萬川明月主人翁'이라 자호自號하겠소(정조는 이로부터 5년 뒤인 1798년 자호하였다). 달은 하나요, 강의 종류는 일만 개나 되잖소. 강은 백성들이요, 달은 태극이며 그 태극은 바로 나요. 내 백성 누구에게나 나는 그렇게 달이어야 하기에, 이 일곱 글자를 가슴에 새기는 이유도 여기에 있소.

그런데도 이 나라의 양반들은 바뀔 줄을 모르오. 의논은 노당老黨·소당少黨·남당南黨·북당北黨으로 나뉘어 서로 충신이니 역신이니 대립하고, 명분상 차등을 두어 사당인四黨人·비사당인非四黨人·중인中人·서얼庶孼로 나누고, 의논이 대립되면 목숨을 걸고, 명분 구별은 명나라와 오랑캐 사이보다도 더 멀구려. 피차에 이름은 들으면서도 남의 이목에 드러날까 꺼리어 서로 알려고 하지도 않고, 교제는 하면서도 신분상의 차등에 구애되어 감히 벗으로 삼지도 아니하오. 그래, 어제도 오늘도, 아니 내일도 숨 쉬는 것만이 진실인 자들을 참 많이도 보았고 보겠지. 이래서야 나라의 탕평이 이루어지겠소. 하기야 더욱이 탕평을 한다는 자들도 모두 제 일신의 영화만을 꾀할 뿐이지. 심지어 규장각의 각신閣臣(규장각의 벼슬아치)이나 초계문신들까지 짐을 등에 업고 호가호위를 하는구려. 그러나 연암은 어느 당이라도 의논을 하고 차등도 두지 않으며 명예와 벼슬을 구하지도 않더구려."

"폐하! 망극하옵니다."

"《열하일기》소재 〈허생〉에서 시사삼책時事三策은 나에게 많은 생각 거리를 주었소. 소설 속에서 허생과 이야기를 나누는 변승업卞承業이 나 이완李浣(1602~1674)은 실존 인물 아니오."

"그러하옵니다. 폐하!"

"특히 이완은 선문왕宣文王(효종)의 북벌정책 총책임자였잖소. 병법 에 밝은 무장으로 선왕의 뜻을 받들어 북벌 계획을 추진한 것이 이미 한 세기 전 일이오. 하지만 10만 양병을 꾀하시던 선문왕의 갑작스런 붕어崩御와 함께 역사 속으로 사라진 이 북벌책은 지금도 꽤 유효하더 군. 지금도 내 궁을 출입하는 자들은 자신들의 권력 보위를 위해 저 북벌책을 잘도 꺼내든다오. 그러니 〈허생〉에 보이는 이완과 북벌책은 실상 저 시대의 이야기이련만 이 시대의 이야기이기도 하지."

"폐하!"

"허생과 이완의 대화를 몹시도 생생히 적바림했더구려. 허생이 이완 에게 준 두 가지 계책이 뭐더라. '와룡선생 같은 이를 천거하겠으니 임 금께 아뢰어서 삼고초려를 하게 하겠느냐?'와 '명나라 장졸들이 조선 은 옛 은혜가 있다고 하여, 그 자손들이 조선으로 망명해 와서 정처없 이 떠돌고 있으니, 조정에 청하여 종실宗室의 딸들을 내어 모두 그들에 게 시집보내고 훈척勳戚 권귀權貴의 집을 빼앗아서 그들에게 나누어 주 게 할 수 있겠느냐?' 였지요. 허생은 최선을 다하여 구국의 방도를 제시 하였소. 그래, 허생은 집권층의 무능을 예리하게 지적한 투계격문鬪鷄 檄文(왕발이 지은 글로 당시 왕족들의 자리다툼을 닭싸움에 비유한 것)이요, 시사삼책으로 국가를 바로 세우려는 시대의 물음에 대한 답이요, 북벌

책에 대한 적절한 비판이라고 생각하오. 아울러 '해외통상론海外通商論', '용차론用車論' 등 연암의 실학자로서 경륜도 보았소."

"폐하!"

"그런데, 이완은 가볍게 '어렵다!' 한 마디로 끝내더군. 저러한 요량으로 국가의 동량이라는 것이 안타깝소만, 이런 말을 하는 나 자신도 저 이완의 말에서 자유롭지 못하오. '조선국의 대장大將이라는 자가 그야말로 낡은 관습이나 지키면서 시대의 변화를 몰라서야 되겠느냐' 라고 사정없이 면박을 주고 싶지만, 저 정도의 푼수만으로 이 궁궐을 드나드는 자들이 허다한 것도 사실이오. 모두 당파를 등에 업은 자들임을 물어 말할 것도 없구려. 제갈량을 얻는 데 삼고초려가 무슨 대수이며, 또 숭명崇明을 부르짖는 저들로서 은혜를 입은 명나라 사람에게 종실의 딸을 내어 주고 썩어 문드러진 권문세가와 귀족의 집을 빼앗아 주는 것이 무슨 대수란 말이오. 입만 턱없이 분주하게 '이민위천以民爲天(백성으로 하늘을 삼는다)'을 설레발친들 무엇하겠소. 참으로 답답하구려."

"폐하!"

"'시사삼책' 중, 마지막이 뭐였지요?"

"예, 폐하! 하나는, 천하의 호걸들과 접촉하여 결탁하고 먼저 첩자를 보내는 것이고, 둘은, 우리 자제들이 유학 가서 벼슬까지 하도록 허용해 줄 것과, 상인의 출입을 금하지 말도록 할 것을 요청하는 것이고, 셋은, 나라 안의 자제들을 가려 뽑아 머리를 깎고 되놈의 옷을 입혀서, 그중 선비는 청나라에 가서 빈공과賓貢科에 응시하고 또 낮은 백성은 멀리 강남江南에 건너가서 장사를 하면서, 저 나라의 실정을 정탐하는 한편, 저 땅의 호걸들과 결탁하는 것이며, 마지막은 적당한 사람을 천거하는 것이옵니다."

"그래. 맞소. 허생의 말이 낱낱이 옳소. 그러나 이완은 '사대부들이 모두 조심스럽게 예법을 지키는데, 누가 변발을 하고 호복을 입으려 하겠소?'라고 거절하더군. 아아! 생각조차 하기 싫소! 저 정묘호란과 병자호란으로 맺은 굴욕적인 정묘약조와 강화조약, 선왕께서 당하신 삼전도의 치욕, 주화파와 주전파의 대립, 수많은 백성들의 피로 물든 이 강토, 겨우 백 년 전 이 나라에서 일어난 일이오. 그 원한을 갚자고 효종대왕께서 북벌책을 만들었거늘, 오늘날 대신들이라는 자들은 이를 보신의 방편으로 이용하고만 있으니. 연암! 〈허생〉의 결말을 그대가 들려주오."

"폐하! 저는 결말을 이렇게 썼습니다. '소위 사대부란 것들이 무엇하는 것들이란 말이냐? 오랑캐 땅에서 태어나 자칭 사대부라 뽐내다니, 이런 어리석을 데가 있느냐? 의복은 흰옷을 입으니 그것이야말로 상인喪人이나 입는 것이고 머리털을 한데 묶어 송곳같이 만드는 것은 남쪽 오랑캐의 습속에 지나지 못한데, 대체 무엇을 가지고 예법이라 한단 말인가? 번오기樊於期는 원수를 갚기 위해서 자신의 머리를 아끼지 않았고 무령왕武靈王은 나라를 강성하게 만들기 위해서 되놈의 옷을 부끄럽게 여기지 않았다. 이제 '대명大明을 위해 원수를 갚겠다' 하면서, 그까짓 머리털 하나를 아끼고 또 장차 말을 달리고 칼을 쓰고 창을 던지며, 활을 당기고 돌을 던져야 할 판국에 넓은 소매의 옷을 고쳐 입지 않고 딴에 예법이라고 한단 말이냐? 내가 세 가지를 들어 말하였는데, 너는 한 가지도 행하지 못한다면서 그래도 신임을 받는 신하라 하겠는가? 신임 받는 신하라는 게 참으로 이렇단 말이냐? 너 같은 자는 칼로 목을 잘라야 할 것이다. 이 대장은 놀라서 급히 뒷문으로 뛰쳐나가 도망쳐서 돌아갔다'라고 하였습니다. 폐하! 통촉하옵소서."

"연암! 그런 소리 마오. 이러한 소설을 쓴 이유를 내 모르겠소? 이것이야말로 망극득모亡戟得矛(극戟을 잃고 모矛를 얻는다는 뜻으로, 물건 따위를 얻거나 잃는 데에 있어 그 이해를 두 가지로 해석할 수 있음을 이르는 말) 아니오. 글은 불손할지라도 엄정한 훈계요, 문체는 자잘하지만 조선의 번성을 담았음을 내 어찌 모르리오. 글이 지향하는 바가, 한 세기 전의 인물을 등장시켜 나와 조정 벼슬아치들을 비꼬려함이오? 아니면 선비로서 불면不眠의 고민이요, 진유眞儒를 고대하는 이 나라 백성을 대신한 연암의 골기骨氣요? 연암, 걱정하지 마시오. 짐과 백성은 연암의 뜻이 후자에 있음을 모르지 않소. 내가 아는 연암은 조선을 사랑하는 선비요. 모두 정인군자正人君子(마음씨가 올바르며 학식과 덕행이 높고 어진 사람)가 시폐時弊를 조목조목 지적하는 심력心力의 소리로 나는 듣는다오."

"폐하! 성은이 망극하옵니다. 신, 연암, 죽어 백골이 되어도 폐하의 성은을 잊지 않을 것이옵니다."

"그럴 것 없소. 죽음을 불사하는 결기를 가진 선비가 아니고서야 누가 이러한 글을 쓰겠소. 위로는 임금의 마음에 맞고 아래로는 여론에도 흡족한 글은 연암에게 글이 아니지요? 그래, 지금 내 곁에는 연암이 필요한 이유라오. 세 해 전, 박제가·이덕무·백동수를 시켜 《무예도보통지》를 펴내게 한 일이 있지. 짐은 이 사람들이 모두 서얼이지만 영민한 고로 그 재주를 들어 썼다오. 더욱이 이들은 모두 연암의 제자들 아니오. 그 문체도 모두 연암체이고, 그런데도 짐은 '여러 편이 원만하고 좋구나. 이것은 연암체로구나'라고 칭찬해 마지않았소. 하지만 이들은 신분상 한계로 규장각의 초계문신抄啓文臣(37세 이하의 연소한 문신을 선발하여 위로는 선왕을 받들고 아래로는 인재 양성을 목표로 하는 정조의 친위세력)으로 만족해야 할 뿐이오. 연암처럼 큰 뜻을 펼 만한 정치적 문벌과 학문을 갖추지 못했단 말이오."

"폐하! 성은이 망극하옵니다."

"연암, 어디 이뿐인 줄 아오. 세 해 전(1790)에 금성위 박명원朴明源의 신도비명神道碑銘은 내가 짓고 묘지명을 연암이 짓도록 한 것도 다 생각이 있어서였소. 글을 받아 읽어 보니 참 맑더구려. 오! 그러고 보니 내 맏아들 문효세자가 죽었을 때 〈문효세자진향문文孝世子進香文〉을 쓴 것도 연암이었지."

"폐하! 황공하옵니다. 〈문효세자진향문〉은 금성위를 대신하여 쓴 글입니다."

"그래. 내 그 글에 '임금이 오시면은/ 기뻐하며 옹알대다 임금님이 가시면은/ 돌아보며 앙앙 우네' 라는 대목에서 눈물을 금할 수 없었다오. 허, 그랬지."

"폐하!"

"연암, 이제 내 복심을 말하겠소. 연암이 안의현감으로 가기 전, 한성부판관을 맡길 때부터 나는 문임의 자리를 이미 생각해 두었소. 비록 원칙 없는 승급이란 상소로 연암을 안의현감으로 좌천시켰지만 내 생각은 더욱 확고해졌소. 나는 이제 때가 되었다고 생각하오. 연암을 국가의 문체를 다스리는 중책인 문임을 맡기고자 하오. 연암의 글은 돌팔매질로 바람을 잡을 수 없듯 이미 그물로 잡을 수 없는 큰물고기임을 온 조선이 다 안다오. 연암의 선악 시비를 분명히 가르는 성격 또한 나는 마음에 드오.

그러나 제아무리 오추마라 해도 제 주인 항우가 음릉에서 길을 잃으면 하릴없는 법. 연암의 문체를 두고 호복임민이니, 노호지고니, 문둥이니 하는 시비 소리가 끊임없다면 연암의 글은 결국 문자옥文字獄에 걸려 교살絞殺되고 저 사람들의 논척에서 목숨을 부지하기도 어렵게 되오. 더욱이 연암은 보호해 줄 당색조차 없잖소. 내 남공철에게 그대의 자송문을 받아오라고 시킨 것도 모두 뜻이 있어서요. 남공철 또한 패관기서를 혹애하지 않았소? 연암의 제자이기도 하고. 그런 사람이 심지가 없이 일순 돌아서 패관소품체를 경멸하고 제아무리 임금의 명이라기로서니 제 스승에게 자송문을 독촉하는 것은 못마땅하지만, 또 그만 한 사람도 찾기 어렵소. 그래 짐은 남공철을 규장각 직각에 그대로 두었소. 이덕무, 성대중, 이상황, 김조순, 박제가 등에게 자송문을 받은 것도 같은 이유요. 이들은 모두 내 옆을 지켜 줄 사람들이지 내가 배척할 사람들은 아니기 때문이오. 연암도 알다시피 지금 내가 문체반정과 서학 배척을 든 것은 고육지책이었소. 노·소·남 삼정승을 중심으로 한 탕평책은 지금 크게 흔들린다오. 비록 연암이 외직으로 나가 있으나 여기서 자유롭지 못할 것이오. 전에 홍국영이 연암을 노렸듯, 소론은 지금 그대를 노론의 한 축으로 보오.

작년 임자년(1792)엔 소론 이동직李東稷(1749~?)이 부교리로서 《열하일기》의 문체가 저속하다고 논박하는 상소만 하여도 그렇소. 그때 채제공蔡濟恭(1720~1799)과 이가환이 함께 얽히지 않았으면 연암은 문자옥에 갇힐 뻔하였지. 마침 이동직이 이가환李家煥(1742~1801)과 함께 채제공도 서학에 물들고 패관소품을 숭상한다고 논척하였기에, 짐은 이를 소론인 이동직이 노론인 연암과 남인인 이가환, 채제공 간의 정쟁으로 처리하여 이동직의 상소를 받아들이지 않았던 것이오.

그러니 연암은 자송문을 올리기 바라오. 연암을 문체반정의 장본인으로 지목하여 자송문을 받기만 하면 문체 문제는 자연 사면되기에 문임을 준다한들 시비 소리는 없을 게요. 그렇게 된다면 연암의 실학은 내 조정에서 큰 빛을 보게 될 것이오."

"폐하, 성은이 망극하옵니다. 저에게 그런 일이 있었는지 전혀 몰랐습니다. 저에게 문임을 맡기시려는 그 은혜 또한 백골난망이옵니다. 문임은 문체와 세도를 바루며 국가의 인재를 만드는 직임이니 책임이 참으로 중차대합니다. 하지만 저는 서른 즈음에 이미 과거도 폐하고 오로지 글쓰는 일을 평생의 과업으로 삼았기에 적임자가 아닙니다. 저는 이서구와는 달리 폐하의 말씀처럼 문체가 세도를 이끈다고 생각하옵니다. 폐하! 폐하께서 천주학인 서학을 사학邪學으로 규정하시고 정학正學으로 바로잡으시려는 뜻 역시 옳으신 처사라고 생각합니다. 다만 폐하의 문체반정이 탕평을 위한 고육지책이라 하심은 이해를 다르게 생각합니다. 문체반정은 폐하께서 문을 직접 통제하시어 세도를 폐하 일인의 치하에 두려하심이라 그 점이 저어되옵니다.

그러나 폐하! 문체반정에 저촉되는 글들은 하나같이 우리 조선 사람의 인정물태를 그렸습니다. 글 속에 우리 조선이 있고 백성들의 날숨소리가 살아 있습니다. 이제 문은 세상을 교화하는 보조수단이 아니라 세상을 적극 담아내는 주된 수단이 되어야 합니다. 이 나라는 전하의 나라이지만 문은 개개인의 것이옵니다. 이러한 문을 문이재도와 도본문말道本文末(도가 근본이요 문은 말이라는 고문파의 전통적인 문체관)로 통제하시고자 함은, 이제 긴 꿈에서 깨어나는 조선의 생기롭고 자유로운 사고를 말살하시는 겁니다.

폐하께서 말씀하시는 순정고문은 모두 중국에서 비롯되었습니다. 폐하께서 끝내 순정고문을 요구하신다면 존화양이론에 입각한 조선 중화주의는 더욱 깊어지고 모방주의와 형식주의에 얽매인 의양호로依樣葫蘆(독창적인 면은 조금도 없이 남의 것을 모방)의 문체만을 배출할 뿐이옵니다. 이는 우문정치右文政治(학자를 우대하는 정치)를 다짐하시는 폐하의 말씀과도 배치되는 정책이옵니다.

폐하께서도 문은 세도와 관계있다고 말씀하시지 않으셨습니까. 순정고문은 이 조선을 중국의 정신적 속국으로 만들 뿐이옵니다. 폐하의 나라인 이 조선은 폐하의 백성인 조선인이 살아가는 곳입니다. 마땅히 조선의 문에는 조선 정신이 들어 있어야 합니다. 제 문을 연암체라 하지만 실상은 '조선체'입니다. 저는 문에 조선의 인정물태를 담았기 때문입니다. 폐하! 제가 고古와 금今을 상대적으로 여기는 것도 지금의 조선을 중히 여기기 때문입니다. 제가 챙기는 법고창신은 바로 이러한 문체를 지향합니다.

또 저는 조정 대신이 될 성격이 못 됩니다. 제 성격상 신료들과 다툼이 잦을 것이고 끝내는 폐하께 누만 끼치게 될 것입니다. 폐하의 말씀대로 지금 조정은 또다시 붕당이 발호하고 있습니다. 저는 조선인을 쓰고 조선인을 먹물로 새겨 조선의 세도를 바로잡고 후일 이 나라의 미래를 열어 줄 글을 쓰겠습니다. 제가 폐하의 신민으로서 이 나라의 백성으로서 해야 할 일은 이뿐이라 생각하옵니다. 만약 제가 임금의 부름이란 명분에 가탁하여 마음에도 없는 순정한 글을 거짓으로 지어 올린다면 이 또한 희기希冀(자기 분수에 넘치는 일을 바라는 것)일 뿐이옵니다. 선비로서 거짓을 마음에 두었다면, 이야말로 향원이 아니겠습니까. 폐하! 부디 저에게 사이비 향원鄕愿은 되지 말게 하옵소서. 폐하의 명을 어기는 신하가 되지도 말게 하옵소서. 통촉해 주시옵소서, 폐하!"

"연암! 그대의 말을 겸허히 받아들이오. 그러나 이 나라 조선은, 열성조께서 가꾸신 이 나라가 지금 심하게 흔들리고 있단 말이오. 패관 소품체는 이 나라의 풍기風氣와 습속을 흩트릴 뿐이오. 문체가 날로

난잡해지고 또 소설을 탐독하는 폐단은 끝내 서학에 빠져드는 원인이
됨을 연암은 모르오? 그러니 연암, 문임을 맡으시오. 연암!

　……연암!"

"폐하! 폐하! 폐하! 또 꿈을 꾸셨나이까?"

"으음ー. 연암! 연암은 어디로 갔느냐?"

"폐하! 어찌 하룻밤 사이에 두 번 씩이나 이러시옵니까. 신열은 없
으신 듯하옵니다만. 당장 내의원內醫院에 통지하여 어의를 들라 하겠
사옵니다."

"아니다. 여진여몽如眞如夢이로고. 괜찮으니 부를 것 없다. 내 어제
의 근심을 꿈속에서 처결했도다. 날이 밝는 대로 남공철에게 사람을
보내어 입시하지 말라고 하여라."

　괴괴한 궁궐을 덮은 졸음에 겨운 안개를 헤치고 먼동이 빗살처럼
내린다. 달빛 그림자를 단숨에 지운 한 줄기 아침 햇귀가 탕탕평평실
창에 나붓이 앉자 완자창살이 하나 둘 또렷하다.

3.
《연암집》은 절대 간행할 수 없소'
... 박규수

연암의 장손 박규수는 조선 후기의 개화를 적극 이끈 인물로 뜻한 바 있어 신진학자들을 모아 《연암집》을 강독하였다. 이 신진학자들이 김옥균, 박영효 등으로 후일 갑신정변의 주역이 된다. 아들 하나를 두었으나 일찍이 죽자 아우 선수의 장남인 제정齊正으로 후대를 잇지만 제정 역시 19세로 요절하였다. 연암의 직계는 이렇게 끊어졌다. 이 장은 1865년 3월 어느 봄볕 드는 날, 공조판서 박규수의 사랑채에서 《연암집》 간행을 놓고 벌어지는 대담이다. 이 장에서 박규수는 《연암집》 간행이 실패한 연유와 연암 문학의 근대성, 개화기 지식인으로서 고뇌를 연암 벗들의 후손인 홍양후, 김상현, 신석우, 아우 선수 등과 논의한다.

朴珪壽, 1807~1876

박규수는 오경석吳慶錫(1831~1879), 유홍기劉鴻基(1831~1884)와 함께 한국의 개화를 이끈 3인 중 가장 앞선 이다. 연암의 손자로 집안이 가난하여 어려서는 주로 아버지에게 배웠다. 초명은 규학珪鶴, 초자初字는 환경桓卿, 초호初號는 환재桓齋, 후일 환재瓛齋로 바꾼다. 동생 선수에게 보낸 글에 드러나는 가족을 생각하는 자상함을 보면 조부 연암의 성향을 많이 닮았다. 15세 무렵 학문적 성장을 거쳐 20세 무렵 효명세자와 교유하면서 문명을 떨친다. 세자의 갑작스런 죽음에 이은 어머니·아버지의 죽음으로 상심하여 20년간 칩거하면서 할아버지인 박지원의 《연암집》을 읽고 실학의 학풍에 눈을 뜬다. 그 뒤 당대의 학자들과 학문적 교류를 하면서 연암의 실학을 한층 심화시켜 개화사상으로까지 이어 놓았다. 개화사상의 선각자요, 실학정신을 갑신정변의 주역들에게 전한 박규수는 그의 《문집》 제4권, 〈녹고정림선생일지록논화발〉에서 "소위 배움은 모두 실사實事이다. 천하에 실이 없는데 일컬어 학이라고 하겠는가?"라고 하였다. 분명히 자신의 학문을 실학으로 규정하는 발언이다. 그러나 뿌리 깊은 소중화 인식을 지닌 유학자로서 한계성도 보인다.

—

1848년 42세가 되어서야 문과에 급제, 그해 사간원 정언으로 벼슬길에 나간다. 1861년과 1871년 두 번에 걸쳐 북경을 다녀온 뒤 개화의 필요성을 절감한다. 1863년 고종이 즉위하며 대왕대비 조씨의 수렴청정을 시작으로 관운이 활짝 열린다. 1864년 1월 종2품 가선대부에 가자加資(관원들의 임기가 찼거나 근무 성적이 좋은 경우 품계를 올려 주던 일)되고 도승지 임명을 시작으로 격로에 벼슬을 높여터니, 1865년 1월엔 종2품인 대사헌, 2월에는 자헌대부資憲大夫(정2품 하의 품계品階)를 거쳐 한성판윤에 특별 임명된다. 3월 7일에는 등과한 지 16년 만에 공조판서직에 오른다. 정6품 정언에서 정2품 판서까지 파격적인 벼슬 행보다.

박규수는 이후 대원군과 고종의 신임으로 67세엔 우의정에 임명되었다. 이 무렵부터 박규수는 박영효, 김옥균 등 개화파를 육성하고 이들이 1884년 갑신정변을 일으킨다. 규수는 70세인 1876년 12월에 사직 상소를 올리고 같은 달 27일 북부 재동 자택에서 운명을 달리한다.

"아니 될 말이요."

"아니 됩니다."

"절대, 절대로 불가하오이다."

……

문중 회의는 그렇게 끝이 났다.

선비란 무엇을 하는 자인가? 선비라 함은, 산 사람들의 큰 본이요, 도를 깨 달은 사람의 아름다운 칭호다.

2,000자에 달하는 꽤 긴 글, 〈범희문이 학교 건립과 과거제 개혁을 청하다范希文請興學校淸選擧〉에서 나는 저러한 글을 썼다. 할아버지께서 는 선비란 하늘이 내신 작위라고 하셨다. 그러나 할아버지께서 이미 여러 글들에서 지적했다시피 오늘날 우리 조선에는 저러한 선비를 찾

을 수 없다. 다만 양반만 있을 뿐이고, '양반' 두 자야말로 가장 수치
스러운 이름이 되어 버렸다. 할아버지께서는 〈양반전〉에서 '양반이란
일 전어치도 못 된다' 라고까지 독한 말씀을 하셨다. 그로부터 한 백
년도 못되어 '양반 양반/ 개 팔아 두 냥 반/ 돼지 팔아 석 냥 반/ 소 팔
아 넉 냥 반' 이라는 경기도 민요 자락까지 돌고, 언젠가 봉산탈춤을
보니 '개잘량이라는 양字에 개다리소반이라는 반字 쓰는 양반' 이라고
도 하여 아예 드러내 놓고 양반을 비아냥거리는 세상이 되었다.

　개를 팔아 '두 냥 반' 을 받았고, 돼지와 소는 이보다 값을 후히 쳐
석 냥 반, 넉 냥 반이나 받았다. 그런데 양반은 '냥兩' '반半' 밖에는 값
이 나가지 않는다는 소리다. 결국 '양반' 은 '한 냥 반' 이니 개 한 마리
값만도 못 된다. 또 개잘량은 개 가죽으로 만든 방석이요, 개다리소반
은 개 뒷다리처럼 생긴 다리를 한 머슴들의 밥상 아닌가. 양반이라면
역팔자 눈썹을 세우면서 팔 걷어부치고, 복통깨나 난 낯빛으로 대들
만 하지만, 누구 하나 이러한 치욕스런 현실을 아랑곳 않는다. 오히려
글깨나 배운 양반들은 세상의 그물이나 걱정하고 파당의 시선만을 경
계하는 비겁한 배움만 할 뿐이다. 글 배운 이들 중, 그 몇이 검다 쓰다
제 소리를 내던가. 할아버지의 글들이 소중한 이유다. 오죽하였으면
'관가 돼지 배 앓는 격(관가의 돼지가 배를 앓거나 말거나 자기와는 상관
이 없다' 는 뜻으로 자기와는 아무 상관이 없는 일이어서 아랑곳하지 않을 때
씀)' 이라는 속담까지 생겨날 정도였다.

　내 나이 이미 쉰아홉, 적지 않은 나이다. 지금까지 내 글들은 하나같
이 할아버지의 가학家學을 바탕으로 지어졌다. 내 학문관도 할아버지와
다를 바 없이 실사구시를 추구한다. "소위 학문이란 모두 실사다. 천하
에 실이 없고서 어찌 학문이라고 하겠는가?" 이 말은 〈고염무 선생의

북한에서 1964년에 만든 영화 〈량반전〉의 한 장면.

양반 매매문서를 만드는 장면이다. 연암은 〈자서自序〉에서 "선비란 바로 하늘이 내린 벼슬이요, 선비의
마음이 곧 뜻이다. 그 뜻은 어떠한가? 권세와 잇속을 멀리하여 높은 자리에 올라도 선비 본색 안 떠나고
곤궁해도 선비 본색 잃지 않아야 한다. 이름 절개 닦는 데는 힘쓰지 않고 가문과 지체를 재물로 삼아 조
상의 덕만을 판다면 이야말로 장사치와 무엇이 다르겠는가. 이에 나는 〈양반전〉을 썼노라"라고 창작 경
위를 밝혔다. 실질적으로 홍경래난 때, 협조자인 이희저李禧著는 역리 신분으로 가산 지방의 양반명부
인 '향안鄕案'에 이름을 올렸다가 제명된 기록도 있다.

《일지록日知錄》 '논화' 발錄顧亭林先生日知錄論畫跋〉에 써 놓은 글귀다.

　나는 할아버지께서 돌아가신 한양 북부 가회방 자택, 바로 그 집에
서 2년 뒤 태어났다. 할아버지께서는 이 집을 계산초당桂山草堂이라 이
름하였지만, 세간에선 당댁唐宅이라고들 불렀다. 할아버지께서 열하
를 다녀오신 뒤라 중국의 집을 본뜨셨다. 가마에서 굽지 않고 햇볕에
말린 흙벽돌을 사용하였으며, 서쪽에 다락을 얹은 건물을 만들고 창
문을 내었다. 집은 자그마했고 뜰 앞에는 할아버지께서 심어 놓은 반
송盤松이 아직도 이 집을 지킨다. 나는 북한산 동남 기슭에 자리 잡은
이 계산초당에서 어린 시절을 다 보냈다.

　나에게는 네 분의 스승이 계셨다. 할아버지, 아버지, 그리고 척숙戚
叔이신 이정리李正履(1783~1843)와 정관正觀(1792~1854) 형제분이시다.

진외가인 정리와 정관 두 형제 분은 내가 태어난 당댁에서 자랐다. 이 두 분의 아버지가 바로 연암 할아버지의 처남 되시는 중존 이재성 어른이시다. 이정리 어른은 무자년(1828)에 아버지와 함께 할아버지의 문집을 꾸린 분이기도 하다. 할아버지께선 장인이신 이보천 어른에게 글공부를 하셨고, 이보천 어른은 조선의 걸출한 인재인 어유봉魚有鳳(1672~1744)의 사위이기도 하다.

내 아명은 규학圭鶴이다. 아버지의 꿈에 할아버지께서 옥조각을 주는 길몽을 얻고 나를 얻었다 하여 옥돌 규圭 자를 넣었다. 아버지는 둘째셨지만 큰아버지 종의께서 큰할아버님에게 양자를 가셨기에 연암 할아버지의 장자가 되었다. 계산초당은 그렇게 할아버지, 아버지, 나 삼대의 삶을 갈무리한 안식처였다. 연암 할아버지의 장손자로 태어난 나는 어릴 때부터 훗날 《연암집》을 간행해야 한다는 의무감을 가졌다. 이 생각은 내 나이 스물다섯 되던 신묘년(1831), 아버지께서 할아버지의 언행을 기록한 《과정록》을 탈고하시며 더욱 구체화되었다. 아버지께서는 이미 병술년(1826)에 1차로 《과정록》을 꾸리셨고 5년 뒤엔 일부를 수정하여 최종본을 만들어 내셨다. 아버지께서는 짬짬이 할아버지의 글을 모아 오셨기에 문집을 간행하는 데도 큰 문제점은 없었다.

나는 이때부터 아버지께 《연암집》 출간을 청하였지만 돌아오는 대답은 늘 "좀 더 있다 하거라"였다. 그 이후에는 여러 일들로 경황이 없었다.

《연암집》을 간행해야겠다고 다시금 생각한 계기는 신유년(1861)에 연행사로 중국을 다녀온 뒤다. 내 나이 쉰다섯, 할아버지께서 마흔넷에 열하를 다녀오셨으니 그만큼 내 견문이 늦은 셈이다. 할아버지께 가신 길을 70여 년 만에 걷는 감회란, 연행한 사람 모두 《열하일기》를 언급하며 나에게 이것저것을 물었다. 북경에서 사귄 문인들은 내 글이 할아버지 글에 잇대고 있음을 보고 매우 반가워하였다. 그리고 올 을축년(1865) 2월 내가 정2품 자헌대부에 가자加資되고 할아버지께 이조참판이 추증되셨다. 나는 이 일을 계기로 《연암집》 간행을 실행에 옮기기로 하였다. 아버지께서 모아 놓은 《연암집》은 문고 16권, 《열하일기》 24권, 《과농소초》 15권 등 총 55권이다.

그동안 두 차례 문중을 모아 논의한 결과는 '불가不可' 두 자였다.

나는 오늘 연암 할아버님과 관계를 맺으신 이들의 후손과 우리 조선을 이끌 여러 신진학자들과 이 일을 결정지으려 한다. 이제 충청도 천안군 수촌 장명골로 심부름 간 막내아우 선수瑄壽(1821~1899)만 돌아오면 된다. 선수는 일능一能 홍양후洪良厚(1800~1879) 어르신을 모시러 갔다. 일능 어른은 담헌 홍대용 어른의 외아들이신 홍원洪遠 (1764~?)의 차남이다. 홍대용 어른과 연암 할아버지께서 북경을 앞뒤로 다녀오시며 우정을 쌓았듯, 홍양후 어른께서도 나보다 먼저 북경을 다녀오셨으니, 그 기이한 우정이야 세인들도 익히 아는 바다.

"홍양후 어른이 오셨습니다."

춘삼월 봄볕이 창호를 뚫고 사랑방에 들어와 앉은 지 오래다.

점심이 기울어서야 아우 선수가 일능 어른을 모시고 왔다.

"어서 오십시오. 그간 무양無恙하셨는지요? 먼길을 왕림하셨습니다. 제가 내려가야 하는데 경황이 없어 박부득이 아우를 보내어 죄송합니다."

"무슨 말이오, 괜찮소. 내 할아버님과 연암 어르신의 우의를 생각한다면 수십 번이라도 찾을 수 있소만. 그나저나 총명한 아우를 두셨소.

심성도 좋고. 아, 작년에 증광별시문과에 장원급제하고 지금은 사간원 대사간으로 있다고요. 오면서 이야기해보니 큰 인물이었소. 참, 저 마당가 반송의 기세가 참으로 청풍淸風이오."

"예, 할아버님의 기세를 그대로 닮았지요. 일단 들어가시지요. 여러 사람들이 기다리고 있습니다."

"홍양후 어른이십니다. 모두 인사하시지요. 여기는 위사渭師입니다. 다산선생의 제자입니다."

"안녕하신지요. 김상현金尙鉉(1811~1890)이라고 합니다."

"오라. 김장생金長生 선생 후손 아니오? 증조가 그러니까 상相 자 악岳 자 되시지요. 거 다산 정약용 선생께도 배웠고. 내 일찍이 성함을 들었소만. 여기서 보는구료."

"예 맞습니다. 장長 자 생生 자 어르신은 9대조 되십니다. 다산선생께서 아버지와 교분이 있으셔서 문하가 되었습니다."

"그리고 여기 성예成睿 신석우申錫愚(1805~1865)와 아우인 위사韋史 석희錫禧(1808~1873)도 벌써부터 기다렸습니다."

"오랜만이십니다. 일능 어르신. 먼길 오시느라 수고 많으셨습니다. 저는 몸이 불편해서 벽에 기대고 있겠습니다. 연암 어르신과 제 큰할아버님이신 원발元發 신광온申光蘊 어른과 염재念齋 신광직申光直 형제 분께서는 지우知友셨고 담헌 어르신은 저희 집안과는 인척姻戚(홍양후의 외할아버지가 신광온이다)간이지요. 그러고 보니 오늘 삼대에 걸친 벗들이 이 자리에 다 모였군요."

"그렇지요. 암, 그렇고말고요. 성예, 위사 두 형제 분은 참 우의가 좋소. 지금도 한집에 사시오."

"예, 요즈음 형님 건강이 좋지 않으셔서 걱정입니다. 집에 계시라

해도 굳이 참석하신다기에 모시고 왔습니다. 그런데 일능 어르신께서는 신수가 더 훤해 보이십니다."

"서울 북촌은 위사韋史요, 남촌은 위사渭師라는 말을 하더니. 그러고 보니 두 분 위사에, 같은 해에 문과에 급제한 환재와 성예까지, 장안의 내로라하는 노론 분들이 예, 다 모였소이다 그려. 이 늙은이가 낄 자리인지 모르겠구려."

"참, 일능 어르신이야 말로 담헌 어른을 잇는 조선의 학자시지요. 말씀은 천천히 나누시고 일단 요기부터 하시지요. 일능 어른을 기다리느라 모두 점심을 못 먹었습니다. 아우는 나가서 점심상 내오라고 이르게. 그리고 왕복 먼길을 수고했으니, 자네는 들어가서 좀 쉬게나."

"아닙니다. 형님. 형수님께 전갈하고 곧 나오겠습니다."

반찬 수는 없지만 정갈한 상차림이다.

상을 물리고 자리를 좌정하였다.

"이 자리에 꼭 있어야 할 사람이 있는데 없어서 서운합니다. 바로 풍석楓石 서유구徐有榘 어른의 자제인 서우보徐宇輔(1794~1827)입니다. 그가 요절만 하지 않았어도 큰 힘이 될 텐데요. 풍석 어른이 18년간 저술한《임원경제지林園經濟志》는 모두 이 서우보와 함께한 결과입니다. 113권 52책 250만 자에 이르는 방대한 저술이니 가히 우리 조선의 농업과 일상생활의 집대성이자 연암 어른의 실학사상의 정수입니다. 그러니 풍석 어른이야말로 오늘을 있게 한 분일 겝니다."

"일능 어르신 말씀이 옳습니다.《임원경제지》는 연암 할아버님의《과농소초》와 잇닿는 작품으로 연암사상의 정수입니다. 그 어른이 할아버님 글을 모두 모아 두셨기에 망정이지, 그렇지 않았다면 아버지나

제 힘만으로는 《연암집》 간행은 난망한 일입니다. 풍석 어른은 젊은 시절 연암 할아버님의 허락을 받은 뒤라야 글을 공개했고 할아버님의 글은 모두 베껴 두었지요. 스승을 이만큼 섬기는 제자는 참 찾기 어렵습니다. 저는 풍석 어른께서 《임원경제지》를 저술하시던 저 한강 상류 두릉에 여러 번 찾아가 배움을 청했습니다. 그때 다산 정약용丁若鏞(1762~1836) 선생과 두 자제인 학연學淵(1783~1859)과 학유學游(1786~1855) 분도 만났습니다. 두 사람 모두 풍석 어른 문하를 거쳤지요. 참, 다산선생과 초정 박제가 어른은 나이를 초월한 사귐을 하셨으니 연암 어른과도 안면이 있으셨겠습니다. 다산 어른의 《경세유표經世遺表》를 보니 《열하일기》의 내용을 많이 인용하셨더군요."

"어디 이르다 뿐입니까. 중국을 다녀온 이들의 문집 도처에서 《열하일기》를 인용하고 있지요. 박사호朴思浩의 《심전고心田稿》나 서경순徐慶淳의 《몽경당일사夢經堂日史》 따위 등 일일이 거론할 필요도 없습니다. 그래 김경선金景善은 〈연원직지서燕轅直指序〉에서 아예 김창업金昌業 어른의 《노가재연행록老稼齋燕行錄》, 담헌 어른의 《을병연행록》과 《열하일기》를 3대 기행문으로 적바림하며 "전기체傳紀體와 같은데 문장이 아름답고 화려하며, 내용이 풍부하고 해박하다"라고 했지요. 그건 그렇고, 그러고 보니 경기도 광주 두릉斗陵이 우리 조선의 문성文星이 빛나던 자리군요. 풍석 서유구 어른의 형님이신 좌소산인左蘇山人 서유본徐有本(1762~1822) 어른도 생각납니다. 젊은 시절 관직에 나가 이름을 얻으려고 변려문 짓기에 힘쓰다가 연암 어른께 혼쭐이 난 뒤로 맘을 달리 잡수셨지요."

"맞습니다. 할아버님의 문학관이 온전히 담긴 〈좌소산인에게 주다 贈左蘇山人〉가 바로 서유본 어른에게 준 글이지요. 우리 집안과 달성

서씨는 사돈이기도 합니다. 할아버님의 둘째 자형이 달성達成 서종수시고, 또 연암 할아버님의 삼종제인 박내원朴來源 어른의 따님이 바로 풍석 어른의 양어머니십니다. 그런데 서유본 어른의 부인이신 빙허각 이씨憑虛閣李氏는 참 대단한 분이십니다. 여인의 몸으로 우리 조선의 생활경제 백과사전 격인《규합총서閨閤叢書》를 저술하지 않으셨습니까. 아마 연암 어른도 이분의 실학정신을 높이 사셨을 겝니다. 참 시 동생인 풍석 어른도 이분이 키우셨다고 합디다."

"그런데, 환재. 내 오며 아우에게 대충은 들었소만, 이제 이 늙은이를 예까지 청한 뜻을 들어봅시다."

"예, 다름이 아니라. 사실 연암 할아버님의 문집을 내고 싶은데 고견을 듣고 싶어섭니다. 아시다시피《연암집》간행은 아버지께서 추진하셨으나 원고를 수집하는 데만 그치셨습니다. 사실 할아버님의 글은 여러 사람들의 문집에 들어 있을 뿐 아니라, 기축년(1829)에는 효명세자孝明世子(1809~1830, 후일 익종翼宗으로 추존)께서 대리청정을 하시면서《연암집》을 출간할 생각으로 할아버님의 정리되지 않은 원고까지 궁궐로 가져가셨습니다. 효명세자께서는 을유년(1825)에 할아버님께서 사시던 이 계산서숙을 직접 찾으시기도 하셨지요. 또 저와는 연배가 한 살 적으셔서 뜻 또한 통하셨습니다. 더욱이 순조임금께서 효명세자에게 대리청정을 명하셔서 국정쇄신을 단행하던 터였기에, 이때야말로《연암집》을 간행할 수 있는 호적기였습니다만, 하늘이 돕지 않으셨는지 다음해 효명세자께서 빈천賓天(임금이 세상을 떠남)하셨기에《연암집》간행은 무위로 돌아갔지요. 제가 18년 동안이나 관계 진출을 포기하고 책만 읽은 것은 이 때문이었답니다.

그리고 아시겠지만《연암집》간행에 있어 유산酉山 정학연을 빠뜨릴 수 없습니다. 유산은 《유산총서》에 《열하일기》와 〈과농소초〉, 《과정록》을 넣어 간행하려 했습니다만, 뜻을 이루지 못해서입니다. 저는 이때부터 《연암집》을 기필코 간행해야겠다는 생각을 했습니다만 형편이 곤궁하여 언감생심이었지요. 이제야 제 나이도 그렇고, 또 할아버님께서 이조참판에 추증되셨기에 차제에 《연암집》을 간행하여 만인들에게 할아버님 사상을 널리 알리고자 합니다. 일능 어른부터 말씀해 주시지요."

"연암 어른의 학문은 사실 이 박씨 가문의 가학家學으로만 전수해서는 안 되지요. '홀로 우뚝 서서 두려워하지 않으며, 굳건하여 그 뜻이 뽑히지 않는' 그런 인물로 우리 조선인의 사표가 되실 분이지요. 암, 그분의 글 전체가 우리 조선을 대표하는 학문의 우듬지입니다. 언젠가 내 일가붙이 항해沆瀣 홍길주洪吉周(1786~1841) 어른의 《표롱을첨》〈독연암집〉이라는 글을 얻어 보니 이렇게 적어 놓았더군요.

이제 나는 거울을 가져다가 내 얼굴을 본다. 책을 펴 연암선생의 글을 읽으니 연암선생의 글이 곧 지금의 나로구나. 다음날 거울을 가져다 보고 책을 펴 읽으니 그 글이 내일의 나로구나. 다음 해 거울을 가져다 보고 책을 펴 읽으니 그 글이 다음 해의 나로구나. 내 용모는 늙으면서 더욱 변하고 변하면서도 옛 모습을 잊지만, 연암선생의 글은 변하지 않으면서 더욱 읽으면 읽을수록 더욱 기이하여 내 얼굴을 따라서 달라질 뿐이다.

연암 어른의 글을 자신의 거울로 삼겠다는 뜻 아니요. 아마, 연암 어른의 글을 지극히 존경한 분들로는 홍길주 어른이 그 누구에게도 뒤지지 않으실게요. 이 집안이 어떤 집안이오. 홍길주 어른 일은 그렇고, 그런 일이라면 집안사람들과 의논하지요. 내가 어찌 연암 어른의 문집 간행에 관해서 운운하겠소."

"예! 그렇지요. 홍길주 어른은 《수여난필》에서 할아버님의 문장을 '번개처럼 섬광이 황홀하다'라고도 하셨지요. 사실 이제야 말씀 드리지만 제가 이정리 형제분과 《연암집》을 간행하려 자료를 모을 때 홍길주 어른도 부분적으로 참여하셨습니다. 홍길주 어른이 《연암집》의 대략을 파악하고 일독한 것이 바로 이 시절입니다. 그때 홍길주 어른은 모아 놓은 할아버지 원고를 일독하고는 몇 달 동안이나 《산해경》에 나오는 신선세계에 사는 듯하다고 말씀하신 기억이 납니다. 홍길주 어른의 〈독연암집〉은 할아버지의 글로 당신의 거울을 삼겠다는 다짐이지요. 이정리 어른은 홍길주 어른보다 세 살 위신데 홍길주 어른의 글을 높이 치셨습니다. 두 형제분과 주고받은 편지도 꽤 될 겁니다. 또 길주 어른은 저와 스물한 살이나 나이 차이가 나는데도 제가 쓴 《상고도》에 〈서〉를 써 주시기도 하셨고요.

어디 이뿐인가요. 저는 아버지의 《과정록》을 읽어 풍산豊山 홍씨 일문이 연암 할아버님의 글을 가까이 했음을 진작부터 알고 있었습니다. 우리 조선식 글쓰기의 내재적 반성을 꾀한 홍길주 어른의 형님이 대문장가로 일컫는 연천 홍석주洪奭周(1774~1842)요, 아우가 선왕(정조)의 사위 되시는 영명위 홍현주洪顯周(1793~1865) 어른이잖습니까. 더욱이 이들의 조부는 판서를 지내신 홍상한洪象漢(1701~1769) 어른으로 연암 할아버님의 〈총석정관일출叢石亭觀日出〉을 보시고 이런 필력이 있는 시는 그저 읽을 수 없다며 좋은 붓 2백 개를 보내신 적도 있으셨지요. 그 일이야 다들 아실테니 이만하고, 《연암집》 간행 문제는 집안사람들하고 이미 여러 차례 논의를 하였습니다."

"나는 〈총석정관일출〉을 읽을 때마다 이 시야말로 연암 어른의 기개를 보는 듯 싶어 마음이 울렁인다오. 마치 암담한 조국의 미래를 열고자 어려운 길을 택했던 연암 어른의 삶처럼 여겨져서라오.

'한밤중 길 걷는 나그네들 서로 주고받는 말/ 먼 닭이 울었는가? 아직 울지 않을 텐데/ 먼 데서 꼬끼오 닭이 우니 이 어드메냐/ 의중에만 있는 거라 파리 소리처럼 희미하고/ 마을 속의 개 한 마리 짖다 이내 고요하네', 이렇게 운을 떼어 '그 누가 두 손으로 받들어 단번에 올려놓았냐'로 마무리하셨지요. 닭 울음소리와 개 짖는 소리도 들리지 않는 이른 새벽, 광명한 세상을 여는 총석정의 일출을 보려는 발걸음, 그리고 두 손으로 번쩍 해를 들어 올리고픈 연암 어른의 기개지요. 아마 이때가 스물여덟이셨을 겁니다. 그래, 문중 사람들은 뭐라고 하던가요? 솔직히 말해 좀 전에 말씀하신 홍길주 어른이 우리 조선의 문장가를 선별하여 편찬한 〈대동문준大東文儁〉, 이정관 어른의 〈동문소선속록東文小選續錄〉, 서유구 어른의 동생인 서유비徐有棐(1775~1847) 어른의 〈동문류東文類〉와 〈동문팔가선東文八家選〉에조차 연암 어른의 글은 보이지 않습니다."

"예, 맞습니다. 하기야 저의 문중조차 한사코 말리는 터에 섭섭타할 수는 없는 일이지요. 척숙들이 계시다면 도움을 주셨을 텐데……, 일능 어르신도 아시다시피 아버님께서 돌아가시던 을미년(1835)에 제 바로 아래 동생 주수마저 요절을 했잖습니까. 다음 해엔 제수씨마저 순절하시고. 그래 저에게는 이제 일능 어른을 모시고 온 저 막내아우 선수밖에는 없습니다. 일가붙이라야 제 잇속만 밝히려 드는 자들입니다. 한 달 전쯤 저희 형제가 《연암집》 간행 문제를 문중회의에 부쳤습니다만, 두 차례를 모이고도 결과는 '불가' 두 자였습니다. 아시다시

박지원朴趾源 초상
박지원의 손자인 박주수朴珠壽의 그림

가장 널리 알려진 연암의 초상으로 손자 박주수가 그렸다. 주수는 규수의 바로 아래 동생으로 요절하였다. 홍길주洪吉周(1786~1841)는 《수여난필睡餘瀾筆》에서 '박주수의 그림 솜씨가 뛰어나다'고 하며 "다섯 차례나 그림을 바꾼 끝에 연암 선생과 7분쯤 비슷한 초상화가 나왔다"라고 하였다. 하지만 기록으로 보아 홍길주도 박주수도 연암을 보지 못한 것은 마찬가지다. 어글어글한 눈, 눈초리가 올라간 것이며 오뚝한 콧날과 턱수염이 매서운 인상을 준다. 넉넉한 풍채에서 풍기는 기운은 대인처럼 우람하다. 그러나 《과정록》에 보이는 아들 종채의 기록과는 얼굴 모양이 사뭇 다르다.

피 우리 집안인 산여山如 박남수朴南壽(1758~1787)는 할아버님에게 족손族孫뻘인데도 여러 사람들 앞에서 《열하일기》를 태우려고 한 것이 남공철南公轍(1760~1840)의 〈박산여묘지명〉에 그대로 보이잖습니까. 그때나 지금이나 우리 집안사람들은 남들보다 더 할아버님의 글을 꺼립니다. 연암 할아버님의 문집을 간행하면 저희들에게 피해가 올까 지레 겁을 먹은 게지요. 그래서 어르신을 뵙자 하였습니다. 저는 할아버님의 〈과농소초〉에서 농사의 피폐한 실정과 학문의 실용성을 알았고, 〈자소집서〉에서 부인네의 복식을 고쳐야 된다고 생각했습니다. 이승을 하직한 제 둘째 아우 주수와 지은 《거가잡복고居家雜服攷》 상·하 두 책은 할아버님의 복식제도를 구체화한 것입니다. 물론 제 글쓰기는 연암 할아버님의 법고창신을 가학으로 이었습니다."

"남공철의 〈박산여묘지명〉은 나도 읽어 잘 알고 있다오. 그때 연암 어른은 몹시 분노하셨고 당신이 글을 쓰신 뜻을 '꼭두각시의 불평스런 마음' 때문이라고 말씀하셨지요. 자신의 글을 꼭두각시라고 자조하시는 연암 어른의 심정이 어떠한지는 알고도 남음이 있습니다. 내용으로 보암보암 남공철도 실상은 박남수와 심정이 같더군요. 하기야 저런 이들이 좀 많았겠습니까. 그리고 아우 주수군의 일은 참 안 됐습니다. 지금 살아 있다면 큰일을 할 사람인데. 아, 연암 어른의 초상은 좀 잘 그렸습니까."

"예, 그렇습니다. 우리 조선 백성의 구차한 삶은 다산선생께서도 《경세유표》에 구구절절하게 적어 놓으셨지요. 좀 보탠다면 담헌 어른 또한 저에게는 스승이십니다. 사실 제가 열다섯에 도봉산을 여행하며 지은 습작 〈도봉기유道峯紀遊〉는 모두 연암 할아버님의 글과 담헌 어른의 〈의산문답醫山問答〉에서 영향을 받아서입니다. 그래 이러저러한 여러 이유로 일능 어르신을 모시고자 하였습니다."

"음……, 환재, 고맙소. 내 생각을 그대로 말해도 좋으리까. 할아버님은 연암 어른이 오신다면 반드시 허둥지둥 빗자루를 끼고 맞으셨지요. 주인이 손님을 맞기 위해 집 안팎을 쓸어 손님을 맞으려는 경의지요. 아마 연암 어른도 그러셨을 겝니다. 나이로 따지자면이야 내 할아버님이 연암 어른보다 여섯 살 위시잖소. 하지만 두 분은 나이를 잊고 사귀는 망년지교셨지요. 환재보다 내가 일곱 해 먼저 세상을 구경했지마는 벗이 된 것도 이 두 분들의 우애 덕분이지요. 그래, 내 환재에게 좋은 답을 주고 싶소만. 아직도 《연암집》의 시대는 오지 않은 듯 싶소."

"저는 일능 어른께서는 기뻐하실 줄 알았습니다. 집안사람들이야 제 잇속을 차리느라 그랬다지만, 어르신의 생각 또한 이렇단 말씀입니까."

"여보시오. 환재, 노여워 말고 내 말 좀 들어보시오. 지금 시절이 하수상하잖소. 중국은 경자년(1840)을 전후하여 아편전쟁을 치렀고 현재도 태평천국太平天國의 난 등으로 어수선하오. 환재가 경신년(1860)에 다녀온 연행만 하여도 양이洋夷들이 북경을 점령하여 피난 간 청 황제를 위문하러 간 일이잖소. 우리 조선은 또 어떻소. 이런 말하기는 뭐하지만, 민란의 시대 아니요. 이미 신미년(1811) '홍경래난' 부터 나라가 뒤숭숭하더니. 아, 그 병오년(1846)엔 법국法國(프랑스) 함선이 들어와 조야朝野가 또 얼마나 시끄러웠소. 여기에 세 해 전, 임술년(1862) 진주민란은 엊그제 일 아니요. 우리 조선은 지금 중병 환자요. 계해년(1863)에 지금의 상감께서 등극하시고 대원이 합하(흥선대원군 이하응李昰應)가 김조순부터 시작된 안동 김씨의 세도정치를 끝장냈다지만, 아직도 나라는 벌집을 쑤셔 놓은 듯하오. 여기에 천주교와 아까도 말했지만 삼정三政(전정田政·군정軍政·환곡還穀이다. 전정은 토지에 붙는 조세제도, 군정은 병역을 치르는 대신 군포를 바치는 제도, 환곡은 가난한 농민에게 미곡을 대여해 주었다가 가을에 이자를 붙여 회수하는 제도)의 폐단은 또 어떻소."

"예, 저도 계축년(1853) 경상좌도 암행어사로 나간 적이 있어 잘 알고 있습니다. 연암 할아버님의 말씀대로 이 조선의 기틀은 농민인데 그 생활이 말이 아닙니다. 논 열 마지기를 경작하면 대략 스무 섬을 거두는데, 그중 열 섬은 지주인 양반에게 바치고 두 섬은 종자로, 두 섬은 환자미還子米 갚고 두 섬은 잡다한 세금 내고 나면 남는 건 겨우 서너 섬에 불과하지요. 그러니 십 분의 칠팔을 내놓고 초근목피로 연명하는 게 이 나라 조선 농투성이들의 삶입니다. 더욱이 잡다한 세금 징수는 연암 할아버님께서 〈하삼종질종악배상인론사노서賀三宗姪宗岳拜相因論寺奴書〉에서 백골징포白骨徵布(이미 죽은 사람을 생존해 있는 것처럼 명부에 등록해 놓고 강제로 군포軍布를 징수하던 일), 황구첨정黃口簽丁(다섯 살 미만의 젖내 나는 사내아이를 군적에 올려 군포를 징수하던 일)의 폐단을 조목조목 써 삼종질 되는 종악宗岳이 정승에 제수됨을 축하하고 이어 사노寺奴 문제를 논한 편지에 조목조목 적어 놓으신 지 반백 년이 흘렀는데도 고칠 줄을 모르고 있습니다. 저도 이 문제는 여러 차례 그 폐단을 지적했으나 요지부동입니다.

더욱이 진주민란 때, 제가 안핵사로 파견되어 2개월 간 조사해서 그 속사정을 잘 알고 있습니다. 그리고 보니 지금까지 석우는 입을 다물고 있는데. 석우의 생각도 한번 들어 보지요."

"환재! 정말 이 조선의 앞날이 걱정일세. 어린애에게 군포를 징수하니 참다못해 제 생식기를 잘랐다는 다산선생의 〈애절양哀絕陽〉이란 시도 있잖은가. 그건 그렇고. 나는 연암 어르신을 생각하면 만감이 교차한다네. 내가 임인년(1842) 이천부사로 재직할 때 연암협을 찾은 것은 자네도 알 걸세. 그 이태 뒤인 갑진년에는 자네가 연암협을 방문하고 직접 그린 〈연암산거도燕巖山居圖〉에 발문을 쓴 일도 벌써 꽤 시간이 흘렀네. 자네가 그린 연암협의 실경도 그렇지만, 연암 어른이 연행을 하며 본 청나라 벽돌집과 수차와 도르래 등을 그려 넣은 농가의 모습은 아직도 기억에 또렷하지. 몇 해 전 병진년(1856)엔 자네가 그린 그림을 보고 안의 관가를 찾기도 하였네. 연상각이니, 하풍죽로당 등 건물은 이미 낡았고 연암 어른의 이름조차 잊혔더군. 〈안의현치기安義縣治記〉에 내 이를 적어 두었네. 또 나는 연암 어른과 연암협을 어른의 글에서 발췌하여 〈연암기燕巖記〉를 짓기까지 하였으니 자네가 내 맘을 모르지는 않을 걸세. 하지만 지금은 노론과 소론의 대립이 자심한 상황일세. 더욱이 자네가 암행어사로 있으면서 처결한 사건으로 소론은 자네를 호시탐탐 노리고 있잖은가."

"〈안의현치기〉는 나도 읽어 보았지. 맘이 편치 않았네. 아, 그리고, 그 의성현령인 조철림趙徹林 문제는 이렇게 된 일일세. 내 그때는 그자가 탐관오리로 원성이 자자하다고 여겨 탄핵하는 데 추호의 망설임도 없었네만. 그렇게 따지자면 전전前前 밀양부사로 뇌물을 먹었다고 탄핵받은 서유여徐有畬씨가 더 가슴 아프네. 자네도 알다시피 이분은 내 스승이신 서유구 어른의 일족이요, 나와 동문수학한 서승보徐承輔(1814~1877)의 부친 아닌가. 그 바람에 서승보는 나에게 절교를 선언했으니 내 지금도 이 일만 생각하면 마음이 아프다네."

"환재, 그것은 자네의 심사지. 자네야 암행어사로 할 일을 했다지만 당하는 쪽에서는 어디 그런가. 그때 자리에서 탄핵 받은 자들이 어디 조철림과 서유여뿐인가. 경상감사 조석우曺錫雨(1810~1878), 전前 경주부윤 남성교, 전前 대구판관 심영택 등 무려 17인이었네. 물론 자네는 이 공으로 정3품 당상관인 동부승지에 올랐고. 특히 경상감사 조석우 같은 경우는 출판 명목으로 거둔 보간미補刊米로 출간한 그의 고조 조하망의《서주집》문제로 탄핵 받은 것 아닌가. 이는 소론 전체와 관련된 일일세. 나야 자네의 그런 처결 덕으로 경상감사로 나갔으니 좋은 일이네만, 저 사람들은 아직도 그 앙금이 가시지 않았을 걸세. 만약에《연암집》을 간행하게 된다면 반드시 저들의 입방아에 오를 빌미를 주는 셈 아닌가.”

“조하망의《서주집》문제는 지금 생각해도 그렇네. 조석우가 보간미로 제 할아버지 문집인《서주집》을 출간한 것도 그렇지만, 우리 노론의 영수이신 송시열 선생을 비방하는 글을 암암리에 넣을 게 뭐란 말인가. 더욱이 송시열 어른은 연암 할아버님께서 그렇게 존경하는 분 아니시던가. 이런 문집 간행은 소론의 당파적 행위로 보아야 마땅하네. 그리고 이 문제는 이미 조석우가 파직되고 유배로 끝난 일 아닌가.”

“여보게. 환재, 그게 어디 그렇게만 생각할 건가. 상감께서도 이 일은 노론과 소론의 당파 분란으로 여기시지 않았나. 이런 점도 생각해야 하네. 또 자네가 진주민란에 안핵사로 내려간 일도 여파는 만만찮네. 자네야 이 또한 정당하게 판단하여 민란을 조사하고 무마시키는 안핵사(지방에서 사건이 발생하였을 때에 이를 처리하기 위해 파견한 임시 관직)의 임무를 대했다고 하겠지만 그때 이만운李晩運 등 영남의 유림들이 자네를 규탄한 상소는 또 무엇이란 말인가. 상소의 내용은 자네가 민란의 주도층을 양반 사족층으로 지목한 데 대한 반발이었네. 영남 사림 전체를 욕보였고 나아가 사화士禍까지 꾸미려 했다는 극단의 내용이 아니었던가. 결국 이 일로 자네는 탄핵을 받아 삭직도 되었고. 이런 정세인데《연암집》을 간행할 수 있겠는가? 게다가 연암 어른의 글이 대부분 양반들의 각성을 촉구하거나 닦아 세우며 이 시대의 상식의 궤를 파죽지세로 가르는 글 아닌가."

"석우 어른의 말씀을 들으니 제 스승이신 다산선생님과도 관련되어 한 말씀 올리겠습니다."

"오, 위사渭師. 그래 어디 말씀해 보시오. 할아버님과 다산선생이 뭔 일이 있으셨소."

"예. 그렇지요. 있으신 거나 마찬가지지요.《천자문》말입니다."

"아. 그 유한준에게 준 편지글 사단 말입니까?"

"맞습니다. 마을의 학동이《천자문》을 배우는데 읽기를 싫어하여 꾸짖었더니 하늘을 보니 파랗기만 한데 '하늘 천天' 자는 푸르지가 않다며 읽기 싫다 했다는 그 편지입니다. 연암 어른은 학동과 선생의 재미있는 대화를 통해《천자문》의 병폐를 읽어내셨습니다. 사실《천자문》은 허가 숭숭 뚫린 글입니다. 어린 학동의 마음으로 본 하늘은 그저 파랄 뿐이지요. 그런데 '하늘 천天' 자에는 전혀 그런 내색조차 없잖습니까. 하늘천, 따지, 검을현, 누를황. 이 '天地玄黃(천지현황)'이란 이 넉 자의 풀이는 쉽지만, '왜 하늘은 검고 땅은 누른가?'를 물으면 어찌 답하시겠습니까. '하늘이 왜 검지요?' 아마도 답을 내려면 동서고금을 넘나들이 하는 석학이라야 가능하지 않겠습니까. 저런 우주의 진리를 담은 묘구를 어린 학동들에게 가르칩니다. 저 아이만 나무랄 게 아닙니다. 선생은 무어라 했겠습니까? 제대로 설명치 못하니, 그저 '나도 그렇게 배웠다' 하며 학동에게 외우라 했겠지요. 학동은 다음부터 '공부란 그러려니' 하고 그저 중 염불 외듯 읊어댈 뿐입니다.

《천자문》의 첫 자부터 이러하니 999자를 어떻게 감당해 내겠습니까. 그러니 '읽기 싫어요!' 외치는 학동들의 내심을 똥겨 주는 연암 어른 의 편지입니다."

"맞습니다. 유한준이 그 편지를 공개하여 이제 온 조선이 다 아는 얘 기가 됐지만,《천자문》은 글자를 적어 놓은 치부책에 불과하지요. 지 금도 할아버님의 뜻대로 우리 집안은《천자문》을 배우지 않습니다."

"제 스승이신 다산선생께서도 연암 어른의 말씀을 따르셨습니다. 스승께서는《담총외기談叢外記》에 실린〈천자문불가독설千字文不可讀 說〉에서《천자문》의 폐해를 명확히 짚었습니다.《천자문》이 아이들에 게 암기 위주의 문자 학습을 강요하여 실제 경험세계와 동떨어지게 한다는 지적입니다.《천자문》은 천문 개념에서 색채 개념으로, 또 다 시 우주 개념으로 급격한 사고전환을 하기에, 어린 학동들이 일관성 있게 사물을 이해하지 못합니다. 선생님은 그래〈증언贈言〉'반산 정 수칠에게 주는 말'에서 아예 "《천자문》을 읽는 것이 우리나라의 제일 나쁜 더러운 버릇"이라고 극언을 하셨습니다."

"그렇지요. 그래, 다산선생께서 '이천자문'인《아학편兒學篇》까지 만드셨지요. 학문이 무엇입니까. 배울 학學에 물을 문問 자 아닙니까. 배움만 있고 물음이 없다면 그것은 학문이 아니지요."

"예, 그렇습니다. 환재 어른도 아시다시피 이 문제도 아직 양반네들 은 받아들이지 않고 있습니다. 오히려 서당 선생들은《천자문》을 가 르치며 연암 어른과 제 스승님을 욕보이지요. 그래서 말입니다. 제 생 각에도《연암집》은 아직 때가 아닌 듯합니다. 논리가 명확한《천자문》 의 경우도 이해하려 들지 않는데, 하물며〈양반전〉이나〈허생〉·〈호 질〉은 어떠하겠습니까?

유득공柳得恭(1749~1807) 어른도 《고예당필기》에서 〈상기象記〉·〈야출고북구기夜出古北口記〉와 함께 〈호질〉을 들고는 '기뻐서 웃고 성을 내어 욕하고 꾸짖음이 우언으로 섞여 있다'라고 하시지 않았습니까. 우언이란, 사물을 바르집어 말하지 않고 들떼 놓고 말하는 수법입니다. 연암 어른께서도 비분강개한 마음을 정공법으로 풀자니 시휘時諱(그 시대에 저촉되는 언행)에 저촉될까 염려하여 우언을 쓰셨습니다만, 이 우언이 철저한 타자 지향의 글쓰기임을 상기한다면 오히려 상황은 더욱 좋지 않습니다. 우언의 목적은 언어의 이면에 감춰진 참다운 의미를 통해 보편적인 진리를 깨닫게 하는 수법 아닙니까. 이 조선을 이끄는 양반네들 중, 몇이나 연암 어른의 우언을 챙기려 들겠습니까? 저 시대의 시휘는 이 시대에도 그대로입니다. 외람된 말씀을 올렸습니다."

"아니에요. 위사渭師. 그런 이야기를 하자고 이 자리에 모인 것 아닙니까."

"남촌 위사가 하셨으니, 북촌 위사韋史도 한말씀 올리겠습니다. 위사渭師께서도 말씀하셨지만 연암 어른의 글은 양반들로서는 읽어내기가 여간 고역이 아닌 것은 사실입니다. 어찌 우언뿐이겠습니까. 양반들로서야 구구이 가슴을 움찔케 하는 자골구刺骨句요, 자자이 양심을 찌르는 자골어刺骨語 아닙니까. 어떤 부분에서는 저도 움찔할 때가 많습니다. 특히 〈북학의서〉에서 '진실로 법이 훌륭하고 제도가 좋으면 장차 오랑캐 앞에라도 나아가 스승으로 삼아야 한다'라고 말씀하신 것은 저도 받아들이기 쉽지 않습니다. 이것은 완전히 개화사상을 역설하시는 것입니다. 지금 그렇잖아도 조정에서 개화 운운에 촉각을 곤두세우고 있잖습니까. 이러한 상황에 《연암집》을 간행하게 된다면 기름에 불을 붙이는 격입니다. 이는 오히려 연암 어른에게 누가 될 빌미를 주는 것일 뿐 아니라, 환재 어른과 여기 아우이신 선수군에게도 앞날에 큰 부담이 될 것입니다. 연암학을 잇는 저희들도 그렇고요. 그러니 좀 더 때를 기다려 보심이 어떠신지요.”

“걱정해 주셔서 고맙습니다. 형님, 저도 한 말씀 올리겠습니다.”

“그래, 제 아우 선수의 의견도 한번 들어보지요. 사실 일능 어른을 모시러 간 것도 아우의 의사에 따른 것이었습니다.”

선수는 강개한 얼굴빛으로 《연암집》을 간행해야 한다는 주장을 끝까지 굽히지 않았다.

무척 긴 밤이다. 사랑을 나선다. 공기가 차다. 온몸에 소름이 돋는다. 내 집 사랑을 무겁게 누른 검은 하늘엔 별빛들이 잔뜩 물을 먹었다. 증조부님부터 당부하셨다던 “과거나 보는 쩨쩨한 선비가 되지 말라”라는 말씀이 귓전을 친다. 별똥이 긴 선을 그으며 남산으로 떨어진다. 봄 가뭄이 심한데 모종비라도 내렸으면 좋겠다. 내 생전 말씀으로만 듣던 할아버지의 얼굴에 조선 백성들이 흐릿하다.

《연암집》간행은 그렇게 수포로 돌아갔다. 아버지께서 그토록 바라던 《연암집》을 손자인 나도 역시 만들지 못하는 세상이다. 연암 할아버지께서 꿈꾸던 세상은 언제쯤 올까? 이미 우리 조선은 기울대로 기울어진 폐가다.

《연암집》 간행은 1900년 문장가인 김택영金澤榮(1850~1927)을 기다려야
했다. 그러나 온전한 본은 못 되었다. 이후 1932년에 박영철이 돈을 대어
서야 불완전하나마 모습을 갖춘 《연암집》이 간행되었다. 박영철朴榮喆
(1879~1939)은 1932년 5월에 17권 6책으로 된 《연암집》을 간행하였다.
그 이전까지 《연암집》은 필사본으로만 전해 왔다. 박영철은 이후에도 연
암의 서간첩을 후손 박기양에게 받았다. 이 자료는 지금 서울대박물관에
소장되어 있다. 박영철은 사망한 뒤 일제로부터 욱일중수장旭日中綬章 등
을 받은 이다. 그는 3·1운동을 '망동'이라 꾸짖고 내선일체內鮮一體를 주
장하기도 한 전형적인 친일파다. 조선을 사랑한 연암의 글은 저렇게 조
선을 판 친일파에 의해 빛을 보았다. 세상사 이렇듯 엇박자가 다반사니
더 첨언을 하여 무엇하리오.

II.

성정, 개를 키우지 마라

金五福, ? ~1805

연암의 집에서 청지기 노릇하던 이다. 연암의 상喪이 있은 다음날 사망하여 사람들이 이상히 여겼다는 기록이 《과정록》에 보인다. 연암이 35세 무렵 여행할 때 어린 겸인傔人(청지기로 집에서 잡일을 맡아보거나 시중을 들던 사람)으로 동행했다 하니 40세 후반쯤에 사망한 듯하다. 오복은 평소에 연암을 지성으로 섬겼다고 한다. 연암이 평소에 사람 대하는 면면으로 미루어 오복과 연암은 꽤 살가운 사이인 듯하다. 그래서인지 갑작스러운 그의 죽음을 두고 사람들은 '연암과 푼푼한 정리'로 이해하였다는 데서도 연암이 그를 어떻게 대했는지 읽는다. 많은 사람들이 연암을 껄껄하니 대하기 어려운 이로 여긴 것과는 상반된 모습이다.

《열하일기》〈도강록〉에서 연암의 말고삐를 잡은 마부는 창대昌大이고 하인은 장복張福이다. 연암은 먼 길을 떠나며 장복과 창대에게 탈이 없기를 빌며 문루에 술을 붓는 장면이 나온다.

4

'연암을 얻다'

... 김오복

박종채의 《과정록》에는 오복에 대한 기록이 분명 보이는데, 연암의 글에는 어찌된 영문인
지 전연 나타나지 않는다. 이 장에서 오복은 연암이 사망한 날, 연암이란 호를 얻게 된 경위
와 낮은 백성들을 그린 〈마장전〉을 통해 연암을 이야기한다.

세상에선 우리 영감마님을 연암燕巖이라 부른다

"깨끗이 목욕시켜다오."

목소리는 맑고 얼굴은 평안하셨다.

세상에 머무른 지 예순아홉 해 째, 을축년(1805) 시월 스무날, 진시辰時.

종의 큰서방님의 곡성이 가회방 재동집 정침 문틈으로 느릿느릿 빠져나갔다.

종채 작은서방님은 영감마님의 손을 꼭 잡고, 멍하니 서 있는 나를 올려다봤다.

"오복이, 어서 준비하우."

어제부터 가락오락 내린 눈으로 밖은 희뜩번뜩 온통 하얀 세상이다.

된바람이 반쯤 열린 대문을 밀어젖히고 성큼 들어섰다.

마당 귀퉁이의 반송 옆, 늙은 등걸을 따라 붙은 여윈 매화가지에 핀

하얀 눈꽃이 진저리를 치며 떨어졌다. 한때는 구름 같은 꽃을 피워 암향을 넉넉히 주던 매화다.

영감마님은 매화와 파초를 몹시 좋아하셨다. 안의현에 계실 때부터 함께한 크고 작은 매화 화분 두 개와 파초 화분은 지금도 영감마님의 머리맡에 놓여 있다. 너붓한 큰 화분의 매화는 아내요, 동그마니 작은 화분의 매화는 그 시녀이며, 도톰한 화분의 파초는 벗이라 하셨다. 파초는 백 겹으로 돌돌 말려 있지만 가운데가 본래 텅 비어 한번 잎을 펼치면 아무런 꾸밈이 없기에 마음을 터놓는 벗으로 삼는다고 하셨다.

저 매화는 두 해 전 연암골에서 캐 온 매화다. 언제부터인가 매화도 영감마님을 따라 늙었다. 세상에선 우리 영감마님을 연암이라 부른다. 영감마님이 연암이란 호를 얻은 해, 나는 영감마님이 사시는 탑골댁으로 왔다. 벌써 서른다섯 해 전이다.

연암을 만나다

가물가물한데, 아마 신묘년(1771) 꽃 피는 춘삼월이었나 보다. 당시 나는 영숙永叔 백동수白東修 어른댁 청지기로 열서너 살쯤 되는 솔봉이였고, 연암 어른은 서른다섯이나 잡수셨다. 그해 탑골 사시는 어른과 여행을 하신다기에 따라나선 게 오늘까지다. 나는 탑골 어른(연암)을 참 좋아했다. 양반은 일반이라지만 탑골 어른은 달랐다. 쥐뿔 잘난 것도 없는 하인 녀석이 가래톳이 서도록 뛰어다니며 길 가는 사람들에게 곤댓짓이나 하게 하고 '물렀거라' 권마성이나 질러대는 한 냥 반

매화와 수선화 그림이다. 왼편쪽의 큼지막한 둥치의 매화와 그 오른편쪽으로 수선화를 그렸다. 매화와 수선화 모두 조선 선비들의 완상물이다. 연암은 파초, 매화, 국화 등을 좋아했는데 매화를 방안에 들여 놓고 너붓한 큰 화분의 매화는 아내요, 동그마니 작은 화분의 매화는 그 시녀라고 하였다. 완당 김정희 는 〈수선화水仙花〉라는 시에서 "매화의 아치가 높아도 뜰을 못 면하건만梅高猶未離庭砌 맑은 물에서 해 탈한 신선을 보는구려淸水眞看解脫仙"라고 수선화를 매화보다 더 쳤다.

짜리 양반네가 아니다. 어쩌다 심부름을 가면 탑골 어른은 늘 내 머리를 쓰다듬어 주곤 하셨다. 무엇보다, 탑골 어른댁은 개를 키우지 않아서 좋았다. 그놈의 개들이 어찌나 사나운지. 야문 박제가 도령 집에 어찌어찌 심부름 갔다가 개에게 물린 자국은 지금도 내 허벅지에 흉하게 한 자리 차지하고 앉았다.

우리 집 마님은 탑골 어른보다 여섯 해 아래였다. 비록 서얼이기는 하나 우람스런 몸짓에 힘도 세고 날래며 사나웠다. 더욱이 《무예도보통지》라는 책을 만들 정도로 무예 또한 뛰어났기에 웬만한 양반들에게 결코 허리를 굽히지 않았다. 그런데 이상하게 탑골 어른한테만은 어찌나 깍듯한지 비장이 장군을 섬기는 듯했다. 그리고 훗날 일이지만 술주정을 하다가 연암 어른에게 볼기를 열 대씩이나 맞는 혼찌검을 당하면서도 끝까지 그 마음을 변치 않았다. 오히려 사람들에게 "내가 연암 어른에게 술주정하다 혼찌검을 당했네. 당해도 싸지 싸"라고 잘못을 자기에게 돌렸다. 사실 연암 어른을 이토록 지극정성으로 섬긴 양반네도 찾기 어렵다.

우리가 종탑 앞에 도착했을 때, 이미 탑골 어른은 저만큼 서 계셨다. 아무리 종탑 앞에 사람들이 많아도, 아니 육의전 앞에 서 계셔도 나는 탑골 어른은 탁 알아본다. 키가 커 훤칠하시고 살진 몸집에 어깨와 등이 곧추선 것만 보아도 척이다. 탑골 어른은 남자인 내가 보아도 참 깎은 밤같이 잘생기셨다. 얼굴빛은 불그레하며 활기가 돌고 눈자위는 쌍꺼풀이 졌으며 귀는 크다. 광대뼈는 귀 밑까지 이어졌고 기름한 얼굴에 수염이 듬성듬성 나셨다. 이마 위에는 옅은 주름이 하나 있는데 마치 달을 쳐다볼 때 그려 넣은 듯했고 늘 표정이 준엄하시다. 목소리는 성량이 크고 밝으셨다. 생김생김 아무나 범접할 상은 아니

시다. 더욱이 상대를 쏘아볼 때는 그 눈찌에 영채가 돌며 꼭 카랑카랑한 겨울 햇살이 이른 아침 창호문을 꿰뚫는 듯하였다.

김건순金建淳(1776~1801)의 경우만 해도 그렇다. 김건순은 재주와 학문으로 그 이름이 장안에 와자했다. 탑골 어른은 김건순과 몇 마디 말을 나누고는 "보배를 담기에는 부족하니 슬프구나"라고 말씀하셨다. 김건순은 그로부터 5년 뒤 신유사옥에 죽었으니 탑골 어른의 사람 보는 눈은 틀림없다.

탑골 어른은 괴나리봇짐 하나만 달랑 어깨에 질끈 동여매셨다.

"이놈, 너 오복이 아니냐. 그래 여기서 황해도까지 거리가 얼만데, 네가 따라갈 수 있겠느냐?"

참 말씀도 다정하시다. 내 신세가 신세인지라 늘 양반들 앞에만 서면 매에게 쫓긴 가토리 마음인데 탑골 어른만 만나면 편안하다. 그래, 내가 개처럼 밖을 쏘다니는 게 즐거워서 이 여행을 따라나선 게 아니다. 사람은 자고로 이렇게 탑골 어른처럼 정이 있어야 한다. 나는 한껏 목소리를 높여 냉큼 대답했다.

"예."

"아, 글쎄 말입니다. 내가 그렇게 오지 말라고 말려도 부득불 간다는군요. 아마도 어르신 때문에 그런 듯합니다."

영숙 어른이 내 머리를 툭 치며 말했다. 하는 말이 아니라, 사실 연암 어른은 실답고 정이 많다. 두 해 전 내가 탑골 어른댁에 심부름을 갔을 때다. 탑골 어른의 목소리가 울타리를 넘어왔다. 누군가에게 꽤 경을 치나보다 하고, 수수깡 울타리에 겨우 기대 있는 사립문을 열고 들어섰다. 칠복이 아범과 이 서방이 꽤 난처한 얼굴로 수굿하니 고개를 숙이고 엉거주춤 서 있었다.

연암 어른은 몹시 역증이 나셨는지 얼굴빛이 꼭 앞마당의 대춧빛이었다.

"그래, 이 사람들아! 사람과 짐승이 비록 차이는 있네만. 자네들과 생사를 함께하다 죽은 말을 꼭 잡아먹어야 했나. 내 그렇게 고이 묻어 주라 일렀거늘. 예끼! 몹쓸 사람들. 아무리 배가 고파도 그렇지. 사람이 사람인 이유가 뭔가? 앞으로 내 집엔 얼씬도 말게."

연암 어른댁에 딱 한 마리밖에 없는 그 비루먹은 말이 드디어 죽은 모양이다. 칠복이 아범과 이 서방은 연암 어른댁 일을 봐 주기에 그 비루먹은 말과는 꽤 가까이 지냈다. 사실 배곯는 거야 옹색한 살림살이인 탑골 어른이라고 다를 바 없으니 도 긴 개 긴이다. 한 자 한 자를 짚어 가며 들을 필요도 없이 죽은 말에게까지 따뜻한 마음결로 다가가는 탑골 어른이다. 난 그때 탑골 어른이 내 생각보다도 더 정이 많은 분임을 알았다. 칠복이 아범과 이 서방은 그 뒤, 근 일 년이나 탑골댁을 드나들지 못했다.

동대문에서 무관 이덕무 어른과 이서구李書九 도령이 기다리고 있었다. 두 분 모두 탑골 어른의 제자다. 무관 어른은 껑충하니 큰 키가 더 여위어 보이는 퍽 참 점잖은 이다. 나이는 우리 주인어른보다 겨우 네 살 적었지만 탑골 어른을 대하는 태도는 꼭 훈장님을 모시듯 했다. 영숙 어른의 자형姊兄 되신다. 배움이 넓었으나 서얼이어서인지, 아니면 성격이 그러한지 늘 얼굴빛이 어둡지만, 양반이 참 진국이다. 무관 어른은 영숙 어른의 처남이지만, "오복아! 영숙은 참 인품이 좋더구나"라고 높이 평가했다. 내가 청지기로 있는 영숙 어른도 서얼로 훗날 무과에 합격하고 비인현감과 박천군수를 지냈다.

상글상글 웃으며 우리를 맞는 이서구 도령은 나보다 네댓 살 정도 많다. 막 인중 언저리와 턱에 수염발이 돋아 감숭감숭하지만 준수한 외모에 지체 높은 도령으로 훗날 대사헌, 우의정 등을 두루 역임한다. 나중에 알고 보니 나보다 몇 살 많은 솜털이 까시시한 애송이 도련님짜리였다. 재주가 몹시 뛰어나며 침착하고 조용한 성격으로 연암 어른께서는 매우 사랑하고 아끼셨다.

난 연암 어른이 이서구 도령 아끼시는 것이 못마땅했다. 뜨덤뜨덤 뜯어보니 상글상글 웃는 얼굴도 좀 교만한 듯 보이고, 하여튼 이런 치로는 초정 박제가朴齊家 도령과 비슷하니 설익은 유다. 이 이들을 만나면 반갑도 안 하고 안 반갑도 안 한 것이 여간 고역이 아니다. 나는 그래 이 이들에게는 대거리도 않는다. 나이는 박제가 도령이 한 네 살쯤 위지만 하는 짓이 어금버금하다. 박제가 도령은 키는 작으나 다부진 몸집에 발룩한 코 하며 야무진 눈빛을 지녔다. 물소 이마에 칼날 눈썹이며 눈동자는 댕글댕글하니 여간 까맣지 않고 귀는 하얗다. 가끔씩은 시룽대는 소리로 나를 놀려 열쩍게 만들거나 수다스럽고 망령된 행동으로 세상을 을러 대는 폼이 속에 대감이 몇 개나 들어 앉은 여간 꾀바른 불깍쟁이가 아니다. 오랑캐들의 풍습을 지나치게 따라한다고 당벽唐癖이니 당괴唐魁라고도 불렸다. 박제가 도령도 서얼이다. 혹시나 박씨나 했더니 역시나 검측스럽다. 그러고 보니 탑골 어른 제자들은 태반이 서얼들이다.

귀엣말이지만 탑골 어른도 박제가 도령을 귀히 여기면서도 썩 마땅치 않아 하셨다. 내가 탑골 어른댁에서 산 지 몇 해 뒤던가. 한번은 탑골 어른의 심부름으로 박제가 어른에게 중국 사람이 썼다는 시필첩인가 뭔가를 좀 빌려 달랜 적이 있는데 싹 거절하는 게 아닌가. 하여간 그때 탑골 어른은 몹시 화를 내며 '꼴같잖게 막돼먹은 놈!'이라고까지

했다. 사실 연암 어른이 이렇게까지 말씀하신 연유는 박제가 도령에게보다는 책을 빌려 주지 않는 세태를 몹시 못마땅하게 여겨서기도 하다. 어디 그뿐인가. 또 한번은 연암 어른이 정말 돈 한 푼 없어 돈과 술을 꾸어 달란 적이 있었다. 그때 내가 찾아가 "그간 만안萬安하시온지요"라고 입인사를 맷 자나 구부리고 사정 이야기를 했건만 겨우 200냥만 꿔 주며 "세상에 양주楊州의 학은 없는 법이지요"라고 써 놓았다. '양주의 학'은 '이것저것 한꺼번에 누린다'는 뜻이니 술과 돈을 모두 줄 수는 없다는 말 아닌가. 연암 어른은 내게 그 편지를 읽어 주며 무던히도 섭섭해 하셨다. 박제가 어른이 제법 밥술 깨나 먹을 때기에, 이게 어디 스승에게 할 행동인가 말이다. 박제가 어른은 연암 어른을 잘 섬기면서도 가끔씩 저러한 도섭스러운 행동을 거리낌없이 하였다. 연암 어른에게 '꼴같잖게 막돼먹은 놈!'이란 욕을 먹어도 싸다 싸.

여하간 훗날 이 셋은 유득공 어른과 함께 4가시인四家詩人으로 불린다. 이서구 도령을 제하고는 셋 모두 가난이 앞서거니 뒤서거니 한다. 어찌됐건 이 이 양반들은 마실돌이일망정 허고헌날 만났다.

연암燕巖이란 호를 얻으셨다

여행을 하며 나는 우리 집 어른보다는 탑골 어른의 시중을 더 들었다. 그럴 때면 우리 집 영숙 어른은 "허, 오복이 너. 아예 탑골 어른댁에 가서 살아라. 이놈아!"하고 괴덕스럽게 통박을 주면서도 웃으셨다.

우리는 개성을 지나 30리쯤 더 들어갔다.

황해도 장단군 보봉산이라는데, 겨우 집 두어 채밖에 없는 두메산골이었다. 아침 일찍이 탑골 어른이 화장사華藏寺에 올라 일출을 본다기에 행장을 두고 따라나섰다. 하늘에는 성근 새벽별이 아슴푸레하고 갓밝이의 냉기와 작당한 찬바람이 웅웅 지나갔다. 새벽이슬을 맞으며 화장사에 오르자 동쪽에서 붉은 아침햇살이 나뭇가지 사이로 퍼져 나왔다. 햇살에 모습을 드러낸 산은 안개가 산 중턱까지 뱀 똬리 틀듯 감아올랐고 산봉우리는 하늘에 꽂힌 듯하였다. 얼쑹얼쑹 보이는 초목은 울울하고 길도 없었다. 나지막한 계곡을 따라 산비탈과 나무들을 어룽어룽 잠재운 맑은 시냇물이 이어졌다.

탑골 어른이 타신 말은 성큼성큼 잘도 걸었고, 나도 뒤질세라 부리나케 쫓아갔다. 시냇물을 따라 얼마간 올라가자 별천지가 나타났다. 깨끗한 모래톱에 큼지막한 너럭바위가 있는데 희고 펑퍼짐한 언덕을 뒤로하여 산세가 제법 수려했다. 검푸른 절벽은 깎아질러 병풍을 펼쳐 놓은 듯했고 여기저기 제비들이 둥지를 틀었다. 둘레를 갈대로 덮은 한가운데는 잡초만 우거진 빈터로 제법 널찍하여 집을 지을 만하였다.

어느새 따라왔는지 백동수 어른이 옆에 서 계셨다.

탑골 어른께서는 갈대밭으로 들어가 말을 세우고 서서 채찍으로 높은 언덕배기를 가리켰다.

"여보게. 영숙! 저기에다 뽕을 심어 울타리를 세울 만하군. 갈대를 불사르고 밭을 일구면 한 해에 조 천 석은 얻지 않을까."

"예? 조 천 석은커녕. 백 년도 못 사는 인생 아닙니까? 어찌 답답하게 목석과 함께 살며 조 농사나 짓고 꿩과 토끼 사냥으로 나날을 보내시겠는지요."

"그저 그렇다는 이야기일세. 오복아! 부시 좀 이리 다오. 어디 밭떼기는 나올 만한가 보세."

부시를 쳐서 불을 놓자 바람을 따라 불길이 번졌다. 꿩이 놀라 푸드 덕 날아오르고 작은 노루가 튀어나와 냅다 달아났다. 우리는 팔을 걷어붙이고 뒤쫓아가다가 시냇물에 막혀 돌아오며 마주보고 웃었다.

탑골 어른은 한참을 나무둥치 모양 서 계시더니 나와 영숙 어른을 쳐다보셨다.

"여보게 영숙, 어떠한가. 저 제비들이 많으니 내 이제부터 제비 연자에 바위 암, 연암燕巖이라고 호를 해야겠네."

"연암이라, 참 좋으신데요. 저도 이제부터는 연암 어르신이라 부르 겠습니다. 그리고 집터는 이쯤이 좋겠는데요."

영숙 어른이 걸걸하니 말했다.

탑골 어른이 연암이란 호를 얻던 날, 우리집 어른은 돌아가면 너는 연암 어른댁에서 살라고 했다. 나는 속으로 기쁘면서도 가만히 연암 어른의 기색을 살폈다.

"영숙, 자네 나중에 딴소리 하기 없네. 오복아! 너 그럼 우리 집에서 살래. 그런데 내 사는 형편이 네 배를 족히 주릴 만한데도 괜찮겠느냐."

"예."

연암 어른이 오금을 박기에 나는 코대답을 하였으나 속으로는 '연 암 어른과 함께라면 며칠 배곯는 것쯤이야 얼마든 참을 수 있어요' 라고 하였다. 또 사실 말이지 이제껏 뱃속이 그들먹하니 푸만하게 먹은 때도 없다.

우리는 북으로 송도, 평양, 천마산, 묘향산을 두루 돌고 남으로는 속리산, 가야산, 화양, 단양 등지를 유람하였다. 연암 어른은 나에게 "오복아! 내 일찍이 과거에 뜻을 접으니 참 좋구나. 마음이 한가하고 거리낌이 없단다"라고 말씀하셨다. 나야 언문도 못 읽는 까막눈이지만 어디 귀까지 막혔는가. 사람들이 수군거리는 말로는 연암 어른이야말로 장원감이란다. 그러니 연암 어른이 과거 시험을 보시면 댓바람에 장원급제는 떼어놓은 당상일 듯한데, 왜 과거 시험을 접었는지는 잘 모르겠다. 그러면 이 지긋지긋한 가난도 그만인데……

가만 곰곰 생각해 보니 그도 아니다. 제아무리 '조선의 공도公道는 오직 과거뿐'이라지만 연암 어른이 과거를 본다니. 안 될 말이다. 과거가 좀 난장판인가. 부동역서符同易書(시험지 바꿔치기), 차술차작借述借作(대리시험), 수종협책隨從挾册(시험장에 책 반입), 입문유린入門蹂躪(시험장에 드나들기), 정권분답呈券分遝(답안지 바꿔치기), 외장서입外場書入(시험장 밖에서 답안작성) 따위만 보아도 알조다. 덕더구나 전문적으로 과거 대리 시험을 보는 거벽巨擘이나 전문적으로 과거 답안 글씨를 써주는 사수寫手까지 있다니. 조상의 뼈를 팔아 무위도식하며 글이나 읽어대는 양반네들이 밉살스럽지만 참 안쓰럽기도 하다. 하기야 무혈복無穴鰒('꼬챙이에 꿰지 않고 그대로 말린 큰 전복'이라는 말로 과거를 볼 때 감시를 엄하게 하여 협잡을 부리지 못하게 하던 일을 비유적으로 이르는 말)이라는 말도 없지는 않지만, 이 또한 말눈치로 보아 건너다 보니 절터라고 과거가 난장판이란 소리 아니고 뭐란 말인가. 오죽하였으면, '어사화야 금은화야'라는 노래는 성밖 아이들까지 모두 목청을 있는 대로 뽑는다. 과거에 급제하여 머리에 꽂는 꽃이 돈을 주고 산 게 아니냐고 비웃는 노래다. 그러고 보니 저 못된 과거가 연암 어른을 저버린 건지도 모른다. 이렇게 생각하니 기연가미연가하면서도 저편보다는 이편이 낫다. 아, 연암 어른이 좀 깨끗한 분인가.

하여튼 나는 연암 어른과 여행하는 게 즐거웠다. 조선 천지가 이렇게 넓은지 난생처음 알았고 연암 어른의 품은 이 땅보다 더 넓음을 알았다. 잘 이해는 못하겠지만 이러한 연암 어른이기에 광문이나, 조탑타, 예덕선생 같은 각다분한 삶을 사는 상사람들에 대한 이야기도 쓰신 게 아닌가 한다.

〈마장전〉을 듣다

나는 연암 어른의 글 중 〈마장전馬駔傳〉이 가장 좋다.

그 다음 핸가? 하루 해가 손톱만큼 짧은 이른 봄날이었다. 나는 양지쪽 추녀 밑에 멀뚱멀뚱 앉아 손톱 여물을 썰며 고드름 물방울만 세고 있었다. 그날은 온종일 사람 그림자도 비추지 않았다. 하다못해 늘 제집처럼 드나들던 찰깍쟁이 박제가 나리님짜의 코빼기도 안 보였다.

"애, 오복아. 너 내가 소싯적에 지은 소설 한 편 들어보지 않으련."

연암 어른도 꽤 무료하셨나보다. 언제 오셨는지 내 옆에 슬그머니 앉아서는 소매 춤에서 종잇장을 꺼내들고서는 군수작을 붙이셨다.

"에이, 제가 뭘 아나요."

"너, 저 광통교 사는 조탑타라고 모르냐?"

"예? 저 광통교 거지 중에 상거지 말씀하시는 거잖아요."

"그래, 맞다. 내 그 조탑타 이야기를 썼는데."

"예, 아니 그 가갸 뒷다리도 모르는 멀쩡한 무식쟁이 이야기를 왜 써요?"

"아, 이 녀석, 웬 말이 이렇게 많아. 들을래, 말래."

"아, 예예. 듣지요. 그런데 제가, 뭐 든는다고 아나요."

그렇게 해서 들은 이야기가 〈마장전〉이다.

연암 어른은 입맛을 쩍 다시더니, 두어 번 마른기침을 하고는 말씀하셨다.

"〈마장전〉이 무슨 말인고 하니, '말 장사꾼 이야기' 쯤으로 생각하면 되고. 등장인물은 너도 잘 아는 저 광통교의 미치광이 3인방 송욱, 조탑타, 장덕홍이라 이 말씀이다."

"예, 저는 엊그저께도 종탑에 나갔다가 보았는데요. 어휴! 그 사람들, 이제는 늙은이들이 다 됐던뎁쇼."

"오복아! 사람은 말이다. 겉만 봐선 모른다. 실상 저들은 우도友道를 논할 만큼 지식을 지닌 걸인들이야. 그러니 녹록히 볼 사내들이 아니란다. 이 세 사람의 미치광이는 서로 벗이 되어 세상을 피해 떠돌며 인간들의 아첨하는 태도를 꾸짖으니 정말 참사내들 아니겠니. 이것이 내가 〈마장전〉을 쓴 이유란다.

자, 그럼 〈마장전〉 이야기를 할 테니 잘 들어보렴."

마장은 말 거간꾼, 혹은 사쾌라고 한단다. 그런데 이 마장 따위가 우정으로 유명짜한 관중管仲과 입 하나로 여섯 나라의 재상이 된 소진蘇秦을 흉내내서는 닭·개·말·소의 피를 온 몸에 바르고 맹세 짓거리를 한다' 라고 한다더니 정말 그러하단 말이지.

귓결에 '이별한다' 라는 말을 듣자마자 가락지를 빼 팽개치고 수건을 찢으며 등잔불을 등진 채 벽을 향하여 고개를 푹 숙이고 울음을 삼키는 여인은 믿을 만한 첩이 되고, 간을 토하고 쓸개를 쏟아 놓으며 손을 꾹 쥐고 묵묵히 서서 마음을 드러내면 믿을 만한 친구로 여기는 게 세상 이치 아니더냐. 그런데 콧등까지 부채를 가리고 두 눈알을 이리

저리 굴리고 끔적끔적한다면, 말 거간꾼과 집주름의 술수지 뭐겠니.

세상에는 위협적인 말로 사람의 마음을 흔들어 놓고 남이 꺼리는 곳을 슬쩍 건드려 속을 떠보며, 강한 놈은 위협하고 약한 놈은 억압하며, 친근한 사이는 떼어 놓고, 다른 놈은 모이게 하는 불깍쟁이 같은 놈들이 늘 있지. 이 치들은 힘으로 세상을 다스려 보려는 패자覇者나 세 치 혀를 능란하게 놀려대는 세객說客들로 못된 짓만을 골라 한단다.

옛날 어떤 사람이 있었단다.

심장에 병이 있어 부인을 시켜서 약을 달이게 했는데 약의 양이 많았다 적었다 맞지 않더란 말이지. 그래, 이 사람이 화가 나서는 그 일을 첩에게 시켰겠다. 그러자 첩이 달인 약물은 많지도 적지도 않고 한결같더란다. '이상타!' 여긴 이 사람이 어느날 창구멍을 뚫고 몰래 보지 않았겠니. 허참, 그랬더니, 많으면 땅에 쏟아 버리고 적으면 물을 붓더란 말이지.

그러므로 귀에 입을 대고 속삭이는 말은 지극한 말이 아니요, 비밀이 새나가지 않도록 하라는 말은 깊이 있는 사귐이 아니요, 정이 얕은지 깊은지 밝히려 듦은 참다운 벗이 아니란다.

그런데 이 벗 사귐에 대해 송욱宋旭과 장덕홍張德弘, 그리고 조탑타趙闒拖, 이 셋이 광통교 위에서 이야기를 하잖겠니.

조탑타가 먼저 말했다. 너도 알다시피 조탑타는 이 세 친구 중 가장 소박하고 순진한 숫보기 아니냐. 사람은 좋지만 어수룩하니 세상물정 모르는 맹탕이지.

"내가 아침나절에 표주박을 두드리며 구걸을 나가서는 포목전에 들어갔다가 누각이 있기에 올랐지. 마침 베와 무명을 흥정하는 사람이 있잖겠나. 그런데 그 사람이 포목을 골라 혀로 핥고 허공에 비추어 보

〈마장전〉등장인물

(간호윤, 《연암박지원소설집-종로를 메운 게 모조리 황충일세》, 일송미디어, 2006, 삽화)

18세기 무렵 양반들, 특히 경화거족京華巨族(서울의 양반들을 특별히 지칭함)들의 생활은 도시적 세련을 받아서 사교술이 발달했던 한편, 더욱 권력에 아부하고 현실적 이해에 민감하지 않을 수 없었다. 저들은 당길심으로 깍쟁이처럼 살면서도 늘 남들에게 보이기 위한 우도만은 챙겼다. 그러나 언필칭 '우도'를 운운하였던 사대부 계층의 관념적 고결성은 현실과 대립하지 않을 수 없었으며, 결국 현실에 타협하는 쪽으로 평속화되었다. 든든하게 자명성 갖춘 인식층위 용어인 '우도'의 탈선이기에 〈마장전〉에서 우리는 조선 중세사회의 붕괴를 알리는 비극의 발자국 소리를 듣는다.

고는 마음속으로 이미 값을 매겨 놓았으면서도 주인에게 먼저 부르라고 양보하더군. 나중에는 둘 다 포목에 관한 일을 잊어 버리고 딴전을 부리데. 그러더니 포목전 주인이 갑자기 먼 산을 바라보며 '구름이 나왔네'라고 웅얼거리고, 포목을 사려던 사람은 손을 뒷짐 진 채 서성거리며 벽 위의 그림만 바라보더군."

"자네가 벗을 사귀는 태도는 보았네만, 벗을 사귀는 방법에 관해서라면 아직 멀었어."

송욱이 퉁명하게 말을 받더구나. 너도 알다시피 송욱은 세 사람 중 가장 지식이 풍부하며 그래도 세상물정에 해박하지 않니. 나이는 서른이지 아마.

그랬더니 이제는 덕홍이 의논성 있게 말을 받았다.

"꼭두각시놀음을 할 때 장막을 가리는 짓은, 뒤에 숨어서 줄을 잡아 당기려는 꼼수이렷다."

송욱이 이 말을 듣고 슬며시 웃음을 놓으며 말하더구나.

"자네도 면교面交는 알고 있네만, 도에 이르려면 아직 부족해. 무릇 '군자君子의 사귐'에는 세 가지가 있고 그 구체적 방법은 다섯 가지란 말씀일세. 그러나 나는 이중 한 가지도 능하지 못해. 내 낫세가 서른이 되도록 친구 한 사람 없는 이유가 여기에 있네. 그렇지만 내 벗 사귀는 방법은 몰래 주워들은 적이 있지. 팔이 바깥쪽으로 굽지 않는 까닭은 확실히 술잔을 잡기 위해서야."

덕홍이 말했다.

"그렇고말고. 아, 《시경》에도 있잖은가. '우는 학이 그늘에 있으니 그 새끼가 이에 화답하고 내게 좋은 벼슬이 있으니 내 너와 함께 얽어 매리라'라고 하였으니, 바로 이를 두고 하는 말이 아니겠나."

덕홍은 송욱의 말을 재빨리 해득하였다. "시문을 인용할 정도로 지식도 적지 않더구나. 노래도 썩 잘 부르고."

송욱은 이 말을 듣고 활짝 웃었지.

"자네야말로 벗에 대하여 말할 만하군. 내가 방금 한 가지를 말했더니, 자네는 두 가지를 아네 그려. 온 세상 사람들은 '형세'를 따르고, 머리를 맞대고는 '명예'와 '잇속'을 짜내지. 술잔이 입과 공모해서가 아니야. 팔이 제 스스로 굽는 이치는 응당 '형세'가 그렇기 때문이지. 그렇다면 저 학이 서로 울어 화답하는 것은 '명예' 때문이 아니겠나? 대체 좋은 벼슬에는 '잇속'이 있지. 그러나 붙좇는 자가 많으면 형세가 분산되고, 모의하는 자가 여럿이면 명예와 잇속에도 제 차지가 없단 말이지. 그렇기 때문에 군자는 형세·명예·잇속, 이 세 가지에 대해서 오랫동안 말하기를 꺼린 게야. 내가 자네에게 은밀히 변죽만 울렸는데, 자네는 금방 알아듣는군.

내 자네에게 남과 사귈 때 조심해야 할 세 가지 방법을 일러 줌세.

첫째, 이미 지나간 일일랑 칭찬하지 말게나. 이미 지나간 일을 칭찬한대야 상대방이 싫증을 느껴 효과도 없거든.

둘째, 남이 미처 생각하지 못한 것은 아예 깨쳐 주지 말게나. 앞으로 그이가 그 일을 행하여 안다면 크게 낙담하기 때문이지.

셋째, 또 사람들이 많이 모인 곳에서는 어떤 사람을 '자네가 제일일세!'라고 첫손 꼽지 말게. '제일'이라고 함은 위에 더 나은 이가 없다는 뜻이니, 다른 사람들은 침울해지고 기운이 없어지거든. 그러므로 벗을 사귀는 데는 다섯 가지 방법이 있는 게야. 내 그 방법도 일러줌세.

첫째로 장차 그를 칭찬하려고 한다면 먼저 잘못을 드러내어서 꾸짖음만 못 해.

둘째로 장차 기쁨을 보여 주려면 먼저 성난 모양을 드러내야 해.

셋째는 장차 친하게 지내려고 한다면 먼저 꼼짝없이 서서 뚫어질 듯이 쳐다보다가 부끄러운 듯이 돌아서야 하고.

넷째는 남들이 나를 믿게 하려면 짐짓 의심을 사도록 해 놓고 기다려야 하는 게야.

마지막 다섯째는 대개 지조 있는 선비는 슬픔이 많고 미인은 눈물이 많아야 한단 말이야. 영웅이 잘 우는 까닭은 남의 마음을 움직이려고 하기 때문 아니겠나.

이 다섯 가지 방법은 군자의 조그만 꾀라 하겠으나 세상을 살아가는 방법[達道]에는 통달한 거야."

고개를 갸우뚱하니 송욱의 말을 듣던 탑타가 잔뜩 눈살을 찌푸리며 덕홍에게 말하더구나.

"대체 송 선생의 말이란, 그 뜻을 곧장 말하지 않고 빙 에둘러서 감추니 내가 통 알아듣지 못하겠어."

그러자 덕홍이 안타깝다는 듯이 혀를 서너 번 차더니 말하였다.

"자네가 어찌 충분히 알아듣겠나? 무릇 어떤 사람의 착한 일을 소리 내 책망하면 그보다 더한 칭찬은 없을 걸세. 대체로 노여움은 사랑하는 데서 생기고, 정은 나무라는 데서 나온단 말이지. 왜 한집안 식구끼리는 아무리 잔소리를 해도 싫어하지 않지 않은가. 이미 친하면서도 싫은 듯이 하면 그 친함이 이보다 더함이 없으며, 믿으면서도 아직 의심스러운 듯이 하면 그 믿음보다 더 이상 확실함은 없다는 말이지.

술자리가 저물어 밤이 깊어지면 사람들이 모두 잠들고, 두 사람이 말없이 서로 마주보다가는 취한 기운을 빌려 슬픈 심사를 자극하면 처연해져서 감동치 않을 사람이 그 누가 있겠나. 그래, 벗을 사귀는 데는 서로를 알아줌이 귀하고, 서로를 감동시키는 것보다 더 즐거움은 없다 이 말이지. 속 좁은 사람의 꽁한 마음을 풀어 주고 남을 해치려는 사람의 원망을 풀어 주는 데는 그저 울기보다 나은 게 없잖은가.

나도 남과 사귀면서 일찍이 울고 싶은 마음이 없지는 않았지. 그런데 울려고 해도 눈물이 안 나와, 내가 이 나라를 떠돌아다닌 지 서른하고도 한 해나 되었지만 아직도 벗이 없는 이유일세."

탑타가 고개를 주억거리더니 넝큼 말하더구나.

"그렇다면 충忠으로 벗을 대하고 의義로 벗을 얻는다면 어떻겠나?"

그러자 덕홍이 냅다 탑타의 얼굴에 침을 뱉으며 꾸짖었다.

"이런 말본새하고는. 더럽다! 더러워! 네 말이. 그걸 말이라고 해?

자네 내 말 좀 들어봐. 대체로 가난한 사람은 바라는 게 많기 때문에 한없이 의를 사모하는 거야. 왜 그런고 하니, 하늘을 쳐다보면 막막하건만 오히려 곡식이라도 쏟아질 듯 생각하고, 남의 기침소리만 들어도 '무엇을 주지 않나' 하고 목을 석 자나 뽑곤 하잖은가. 반대로 대체로 재산을 지닌 자는 인색하다는 이름쯤은 부끄러워하지도 않아. 남들이 자기에게 바라는 것을 아예 끊어 버리려 하기 때문이지. 대개 천한 사람은 아낄 게 없어 어려움도 마다하지 않고 충심을 다하는 게야. 아, 왜, 물을 건널 때 바지춤을 걷지 않는 이유는 헌털배기 바지를 입었기 때문이 아닌가. 거꾸로 수레를 타는 사람이 가죽신 위에 덧버선을 신는 이유는 진흙이 묻을까 염려해서고. 신발 밑창도 이렇게 사랑하는데 하물며 그 자신이야 오죽 아끼겠나. 이런 이유로 충이니, 의니 떠들어 대는 짓은 빈천한 사람들의 문제일 뿐이야. 부귀한 사람들에겐 논할 바가 아니지."

얼굴이 벌겋게 달아 덕홍이 말하니, 탑타는 정색을 하고 이렇게 벌컥 말을 하더구나.

"내 차라리 이 세상에서 벗을 사귀지 못할망정 군자의 벗 사귐은 안 하겠네."

그리고 그들은 서로 갓을 망가뜨리고 옷을 찢은 후, 때 묻은 얼굴에 머리를 풀어헤치고 새끼줄을 허리에 질끈 동여매고는 노래를 부르며 저잣거리로 갔다.

송욱과 탑타는 길에서 음식을 빌어먹고, 덕홍은 시장에서 미친 듯이 노래를 부를지언정, '말 거간꾼의 야비한 술수'는 쓰지 않을 게다. 하물며 글을 읽는 군자야 말해 무엇하겠느냐. 그래, 내가 이야기 끝에 골계선생滑稽先生으로 등장하여 우정론友情論을 펼쳤지.

여기까지가 〈마장전〉의 내용이다. 이야기를 마치고 연암 어른은 나에게 이런 말씀을 하셨다.

"오복아! 어떠냐? 이런 자들이야말로 비록 배우지 않았어도 나는 반드시 배웠다고 한단다. 세상에서 떠드는 쓸모있는 사람이란 반드시 쓸모없는 사람이며, 세상에서 떠들어대는 쓸모없는 사람이란 반드시 쓸모있는 사람인 경우가 많단다. 입성이 좋고 신분이 좋다고 인품이 높은 게 아니란다. 요堯임금은 황제이지만 일개 필부인 순舜을 벗하였고 두 딸을 시집보냈으며 후일 황제 자리까지 주었단다. 그러니 모쪼록 사람을 사귈 때 조탑타 같은 사람을 사귀거라."

그리고 이런 말씀도 하셨다.

"오복아! 친구朋友란 피를 나누지 않은 형제요, 한집에 살지 않는 부부란다. 그래 '제이오第二吾(제2의 자아)'요, '주선인周旋人(자신의 일처럼 돌보아 주는 사람)'이라고도 하지. 이런 까닭에 '깃 우羽'자를 빌려와서 '벗 붕朋'자를 만들고 '수手'자와 '우又'자로 '우友'자를 만들었지. 마치 새에게 두 날개가 있고 사람에게 두 손이 있는 것과 같단다. 그런데 요즘 사람들은 지금의 벗 사귐도 못하면서 '상우천고尙友千古(천고의 고인을 벗한다)'라고만 하니 답답하구나, 천고의 고인은 이미 죽어 변하여 흩날리는 티끌이나 서늘한 바람이 되지 않았겠니? 그러니 어찌 나를 위해 제이오가 되며, 내 주위를 맴도는 주선인이 되겠니. 그래 친구는 늘 내 곁에서 찾아야 한단다. 옛사람이 아니지."

그때, 내가 이렇게 물었다.

"그렇다면, 내 마음에 쏙 드는 사람을 사귀면 되나요?"

"이 녀석아, 네 마음에 쏙 드는 사람이 어디 있겠니. 친구간에는 '틈 間'이 있어야 한다. 산천이 가로막고 있어야 틈이 있는 게 아니요, 또 지금 우리처럼 무릎을 맞대고 함께 앉아 있다고 틈이 없는 게 아니잖니. 천지사물이 제 각각이기에 반드시 틈은 있게 마련이란다."

"아. 그러니까 이 서방네 부부가 만날 싸움질하는 것도 그 틈 때문인가요?"

"허, 이 녀석 보게. 그래, 그렇지. 이 서방네 부부 사이 틈이 너무 멀어. 그러니 너도 친구를 사귈 때는 반드시 이 틈을 잘 메우려 해야 한단다.……"

나로선 소에게 닭이지만, '연암 어른께서 양반이나 상놈, 나이, 서얼 등을 가리지 않고 사귀는 이유가 이 말씀 속에 들었구나'라고 어렴풋이나마 이해하게 되었다.

또 언제이던가. 홍덕보 어른의 벗함을 보고 벗 사귀는 도리를 알았다고 하시면서 "그가 누구를 벗하는지 살펴보고, 누구의 벗인지 살펴보며, 또한 누구와 벗하지 않는지를 살펴보는 것이 바로 벗 사귀는 방법이다"라는 말씀도 하셨다.

그건 그렇고, 나는 비록 언문 한 자 못 읽는 까막눈이지만 연암 어른에게 〈마장전〉을 듣고 '참, 글이 별거 아니로구나' 하는 생각을 했다. 난 그때까지 글은 공자님과 맹자님 이야기만 있는 줄 알았다. 사실 난 연암 어른의 글 읽는 소리를 건성으로 듣고도 선하품을 하거나 상갓집 국숫발처럼 몸이 늘어졌는데, 〈마장전〉 이야기는 너무 놀랐다. 내가 잘 아는 따라지목숨들이 글에 나오다니, 더구나 못 하고 더할 것도 없는 거지 중에 상거지 아닌가. 반벙어리 축문 읽듯 사는 나지만 내 벗들에게 이 〈마장전〉 이야기를 해 주며 어깨를 으쓱한 적이 한두 번이 아니다. 내 글눈치는 없지만 말눈치는 좀 있나보다. 그리고 보니 내가 영판 맹문이는 아니란 생각이 들어 우쭐하였다. 여하간 요즈음은 내친김에 〈호질〉도 들려준다. 아무튼 나는 조선 천지 글 중 이 〈마장전〉이 최고라고 생각한다. 내 벗들 이야기여서다. 가만 생각해 보니 연암 어른과 나 사이에 틈은 그날부터 사라진 것 같다.

5.
'문 앞엔 빚쟁이가 기러기처럼 줄 섰고'
... 이씨 부인

연암과 동갑내기인 이씨 부인은 51세로 사망하였다. 시집와서는 집이 좁아 친정에 가 있었으며, 중년 이래 몹시 가난하여 자주 이사 하는 등 고생이 심했으나 잘 견디어 내었다. 집안 살림을 주도한 큰동서를 공경하여 우애가 좋았으며 큰동서가 후사 없이 죽자, 당시 열 살쯤인 아들 종의를 상주로 세우도록 했다. 이 장에서 이씨 부인은 남편 연암의 첫 벼슬길을 배웅한 날, 연암의 인간적인 면모와 가풍으로 잇는 가난과 사랑을 이야기한다.

李氏夫人, 1737~1787

연암의 부인으로 동갑내기다.

연암의 집안에 시집와서 온갖 고생을 다하다 연암이 벼슬길에 나간 지 반 년도 못 되어 이승을 달리한다. 가난으로 이곳저곳으로 거처를 옮겨야 했지만 눈썹조차 찡그리지 않는 여인이었다. 사람들은 여자지만 독서군자 같다고 하였다. 겨우 궁핍을 면하자 곁을 떠났으니 연암의 마음이 여북했겠는가.

연암은 평생 이씨 부인 외에 여인을 마음에 두지 않았다. 지방 수령으로 있을 때 관기들이 무시로 시중을 들었으나 집안 식구처럼 지낼 뿐이었다. 가끔씩 술자리에 흥이 돌고 여인들의 노랫소리가 드높아지기라도 하면 연암은 장엄한 얼굴로 꾸짖어 물리쳤다. 이재성은 이를 두고 '마음다스림이 이 정도는 되니 대장부시다!'라고 하였다. 연암의 이러한 마음은 평생을 지속하여 첩조차 두지 않았다.

연암은 이씨 부인을 잊지 못했고 20여 편의 시를 남겼으나 현재 단 한 수도 남아 있지 않다. 연암이 후일 정3품 당하관堂下官에 올라 죽어서야 숙인淑人이 되었다. 반남 박씨 선영이 있는 경기도 장단 송서면 대세현 남향에 묻혔다. 1805년 12월 5일, 연암 또한 먼저 기다리고 있던 부인의 묘에 합장되었다.

붓으로 오악을 누르리라

"부인, 어서 들어가오. 이러다 병이 더치면 어쩌려고 그러시오. 종채야! 어서 어머니 뫼셔라. 내 다녀오리다."

문밖을 따라 나서려는 내 손을 꼭 잡아 준다. 따뜻하다. 언제나 그이의 손은 따뜻하다. 하얀 저고리 고름이 그이를 따라 골목을 돌아선다. 여인인 내가 보아도 뒤태가 고운 분이다.

"쓰람, 쓰람……"

아침나절부터 쓰람이 운다. 가을인가보다.

혼인을 한 지 두어 해 쯤이다. 그이는 아버지와 작은아버지께 공부하는 재미를 한참 붙여서인지 아예 생관甥館(사위가 거처하는 방)에서 숙식을 해결하였다. 하루는 부엌까지 들어와 내 허리춤을 끌며 싱글싱글하였다. 꿈을 꾸었다고 한다. 서까래만 한 붓대 다섯을 얻었는데,

그 붓대롱에 '붓으로 오악을 누르리라' 라는 글귀가 쓰였더란다. 그이의 손에 서까래만 한 붓대를 쥘 수 있으리라 믿었다. 이십대와 삼십대가 그렇게 흘렀다.

　연암협, 철골 같은 가난의 사십대 시절이 되었다. 가난이 오복조르듯 하는 가운데서도 벗들은 그이를 찾았고 술 한 잔 통음하고 세상을 이야기하다 쓰러져 잠이 들었다. 박제가의 〈기연암寄嚴集〉이란 글은 그이의 저러한 삶의 일면을 보여 준다.

영락한 시절 술미치광이라 불리니　落魄時時號酒狂

인간세상 어느 곳이 밭가는 곳이랴　人間何處稱耕堂

젊어서는 도리어 세상을 탄식하더니　少年却抱乘桴志

중년에는 도리어 신선이 되려 하네　豊歲還求辟穀方

차라리 경륜으로 세상에 지낼망정　寧以經綸爲市井

과거 보아 문장으로 인정받진 마소서　莫將科擧認文章

흰머리 남루한 옷 아이들도 비웃지만　白頭屢被兒童笑

벌열로서 이 같음에 부인께 부끄럽네　閥閱如今媿孟光

　한번은 그이가 '문 앞엔 빚쟁이가 기러기처럼 줄 섰고 방 안의 취한 놈들 고기 꿰미마냥 잠자네' 라며 웃었다. 이 시는 당나라 때 이파李播라는 시인의 작품이라 했다. 그이는 이 시인이 큰 호걸사내라고 했지만, 궁색하기로는 우리와 다를 바 없었나보다. 이 시절 그이는 서양금西洋琴을 쟁반 삼아 그 위에 꽁보리밥 사발을 놓고 먹으면서 젓가락으로 서양금을 호기롭게 두들기곤 해댔다. 그이의 말에 따르면 이 서양금을 우리 조선의 곡조에 맞추어 풀어내기는 홍덕보洪德保 어른이 처

음이라고 한다. 그해가 임진년(1772) 유월 열여드레, 유시酉時(하오 6
시)쯤으로 덕보 어른 집에서 직접 보았다고 하였다. 그이는 연주법을
개발하여 서양금을 탔는데 그 소리는 맑고도 투명하였다.

그이는 연암협의 계곡 이름을 엄화계罨畵谿(화려한 채색 그림으로 산
수의 뛰어난 경치를 말함)라 하고 집 북쪽에는 하당荷堂과 죽각竹閣이란
조그만 정자도 지었다. 집 이름은 고반정考槃亭이었다. 본래 고반이란,
《시경詩經》〈위풍衛風〉에 보이는 말로 산림에 은거하는 현자의 즐거움
을 노래한 시다. 그이는 이 고반을 '두드릴 고'와 '쟁반 반' 자인 고반
叩盤으로 풀이하고는 서양금을 젓가락으로 두드리며 세상에서 멀어지
고자 했다. 서양금에는 '오음서기五音舒記'라는 낙인이 찍혀 있었다.

이제 그이의 나이 쉰이다. 그이가 벼슬길에 처음 나간다. 종9품 벼
슬인 선공감 감역, 건물의 신축과 보수 업무를 감독하는 미관말직이
란다. 그이의 단정한 옷매무시 뒤태가 남기고 간 바깥 담장머리에 걸
친 앞집 지붕에 여물어 가는 박이 넝쿨에 힘없이 매달렸다. 그래도 계
절은 시나브로 넘어가는지 볕 사이로 가을을 알리는 쓰르라미 소리가
아침부터 들린다. '겨우 한철을 살아 그런가?' 그이와 동갑이니 내 나
이도 쉰이다. 몇 해 전부터 아픈 몸이다. 며칠 전에는 아예 거동을 못
했는데, 오늘은 그만해 배웅을 하니 참 다행이다. 몸도 개운하고 머리
도 맑지만 그이를 생각하니 가슴이 깎아내듯 에인다. 지금껏 곧은 선
비로 여일한 그이다.

그이가 스무 살이 되던 해, 한번은 강한江漢 황경원黃景源(1709~1787)
어른을 찾아뵌 일이 있었다. 당시 강한 어른은 대제학이셨다. 그이가
지은 글을 보이자 강한 어른은 크게 감탄하며 "뒷날 내 자리는 자네
것일세"라고 하더란다. 그런 그이가, 나이 쉰에 첫 벼슬, 그것도 종9

품이다. 그이는 내색은 않지만, 어찌 마음이 편하겠는가. 호구지책으로 하릴없이 나선 벼슬길이기에, 처음 이야기를 들었을 때는 마음이 선뜩했다.

박·지·원·이라는 이름 석 자를 처음 듣다

강산이 세 번이나 바뀌었건만 내 마음에 곱게 묶어 둔 인연의 기억은 새록새록 떠오른다. 동생 재성이를 업고 있는데 아버지께서 부르신 날도 이맘 때였다. 그날도 꽤 쓰르라미가 울어댔다.

"네 혼처를 정했다. 신랑감은 호조·병조참판을 역임하고 대사간으로 계시는 반남潘南 박 필弼 자 균均 자 어른의 장손자니라. 이름은 지원趾源이라는데 그리 알아라."

임신년(1752), 자줏빛 갑사댕기를 늘이고 잠자리 잡듯이 걷던 내 나이 열여섯, 나는 박·지·원·이라는 이름 석 자를 처음 들었다. 그날 이후 나는 그이와 함께했고, 그이의 아이를 낳고 오늘까지 살았으며, 그이의 옆에서 생을 마감하련다. 우리 부부는 그렇게 돌쩌귀 연분이 되었다.

그이를 처음 본 혼례일, 나는 너무 당황스러웠다. 나는 장녀였고 성격은 서글서글하였다. 더욱이 아버지께서는 여식이지만 매우 귀여워 해 주셨기에 또래의 곱살스러운 새침데기들과는 달랐다. 부끄러우면서도 '어떻게 생겼을까?' 하는 호기심이 생겼다. 합근례 할 때 술잔을 입에 대며 살짝 본다는 게 그만 그이의 눈과 마주쳐 버렸다. 생김생김이 시원시원하며 골격이 큼은 이미 보았고, 해끄무레한 얼굴에 영채

연암선생송하노선청폭지도燕巖先生松下老仙聽暴之圖

(연암 그림, 이가원 역, 《열하일기》 상, 대양서적, 1978, 삽화)

소나무 아래 늙은 신선이 폭포 소리를 듣는 그림이다. 노송老松 아래 늙은 신선이 저 아래 골짜기 물을 바라보고 있다. 연암은 〈김신선전〉에서 신선을 "어떤 사람은 "선이란 산에 사는 사람이지" 하였고 또 어떤 사람은 "산 속으로 들어가면 바로 선이 되는 게야" 하였다. 선이란 춤추는 모양처럼 가벼이 행동하는 뜻이라고도 하였다. 벽곡하는 자가 반드시 신선은 아닐 것이니 그 울울하니 뜻을 얻지 못한 자가 바로 신선일 게야"라고 하였다. 물은 선비들의 도가적 세계관이 투영된 것으로 최상의 선善으로 여겼다.

가 도는 동그마한 눈망울로 방그레 웃었다. 그 웃음이 두 살 된 내 동생 같았다. 사실 그이는 나를 처음부터 빤히 보고 있었다.

그날 밤에 그이는 인사성 있는 웃음으로 내 저고리를 벗기며 짓궂게 굴었다.

"아까 낮에 상 밑으로 나를 봤지요. 그런데 합근례 술은 다 마신 게요. 왜 그렇게 얼굴이 붉소?"

그이도 열여섯이었다. 다음날, 나보다도 일찍이 일어나 세수를 하고는 집 안팎을 쓸었다. 개구쟁이 같으면서도 제법 행동이 너볏하였다. 그이는 잠이 적었다. 언제나 닭이 홰를 쳐야 잠이 들고 새벽녘이 못 되서 일어났다. 일어나면 반드시 문을 활짝 열어 놓고 소쇄를 한 다음 책을 읽거나 마당가를 서성거렸다. 책 읽는 목소리는 담장을 넘길 정도로 크고 맑았다. 옷과 이불은 두껍거나 비단은 꺼렸으며, 한겨울이라도 가을 옷에 이불 역시 홑이불이었다. 신혼 다음날 본 정경이 오늘까지 매일이 같고 사계절이 판박이다.

집안사람들은 반달 같은 딸에 온달 같은 사위라고 덕담을 했다. 내 신혼 생활이 시작되고 그이는 아버지와 작은아버지 처소에 가서 학업을 닦았다.

혼례를 올린 얼마 뒤였다.

그이가 아버지를 모시고 앉은 자리에 친척 한 사람이 다녀갔다. 그이가 대뜸 "저분은 곧 돌아가실 겁니다"라고 하였다. 아버지께서는 놀라셔서 그이의 경솔함을 나무랐고 나 역시도 실망했지만, 그 친척의 부고는 이레가 못 되어 왔다. 아버지와 나를 포함한 집안 식구들은 모두 놀랐다.

행동거지를 보고 알았습니다

아버지가 그이의 경솔함을 나무랐을 때 그이는 "행동거지를 보고 알았습니다"라고 했다. 그이는 사람의 얼굴 표정, 옷차림, 대화 따위를 치밀하게 관찰하고 이를 다시 묶어 미루어 생각하는 버릇이 있다. 관상을 본다는 뜻이 아니다. 그이는 관상, 점치기, 풍수지리설은 물론 바둑이나 장기 같은 것을 멀찍이 하였다. 다만 젊었을 때 〈군선도〉나 〈일출도〉, 〈구룡연도〉, 〈신선도〉, 〈매화도〉, 〈국화도〉 같은 그림은 여기 삼아 그렸다. 지금도 기억에 남는 그림은 〈어촌쇄망도漁村曬網圖〉다. 그림은 매우 사실적이었다. 사람은 기척도 없는 물결만 쓸쓸한 어촌, 긴 낮에 버들개지는 미친 듯 흔들렸다. 복숭아꽃잎이 떨어지는 물가에는 고기들이 뛰고, 볕에 고기 그물을 말리니 흔들려 꼭 연기처럼 보였다. 이 그림에는 이무관李懋官(이덕무)의 〈연암 박지원의 어촌쇄망도에 쓰다題朴燕巖漁村曬網圖〉라는 시가 이렇게 적혀 있었다.

> 인기척 하나 없는데 물결만 쓸쓸하고 了無人響翠泠然
> 긴 낮 몽롱하고 버들개지 미친 듯해라 永晝矇矓柳絮顚
> 복사꽃 삼킨 고기들 모조리 깨었으니 唼呷桃花魚盡悟
> 볕에 말리는 어망이 흔들려 연기일세 漁罾閒曬漾如煙

늘 말하기를 "선악은 숨겨도 얼굴에 드러나고, 군자와 소인배는 마음에 달려 있소. 관상이 무슨 상관이겠소. 화와 복 또한 선을 추구함으로써 제 운명을 만들어 가지요"라고 하였다. 또 "진실하고 성실한 사람은 반드시 보응이 있고, 침착하고 조용한 자는 반드시 수양이 있고, 너그럽고 후한 자는 반드시 복이 있고, 부지런하고 검소한 자는 반드시 이룸이 있다." "근엄하고 공경한 자는 반드시 실수가 없고, 청렴하고 근신한 자는 반드시 허물이 없고, 자상하고 신중한 자는 반드시 뉘우침이 없고, 겸손하고 화순한 자는 반드시 욕보는 일이 없다"라는 말을 외우고 다녔다. 언젠가 물어보니 앞에 말은 감경甘京의 말이

연암선생국죽지도燕巖先生菊竹之圖
(연암 그림, 단국대도서관 소장)

고결함을 상징으로 하는 문인화의 대표적 소재인 사군자四君子(매란국죽) 중 국화와 대나무를 그린 그림
이다. 문인화란文人畫란, 학문과 덕망이 높은 선비가 풍류를 즐기면서 그렸던 그림인데 시·서·화詩書畫
를 두루 익혀야만 가능하였다. 두 송이 국화 사이로 대가 반원을 그리며 나란히 어울리고 좌측의 국화
위에는 두어 마리 나비도 보인다. 본래 이가원 선생이 소장하던 자료로 현재는 단국대도서관에서 소장
하고 있다.

고, 뒤의 것은 감경의 스승 정산程山의 말이라 한다. 이 말을 듣고 아
버지께서는 "어찌 반드시 그렇게 할 수 있겠느냐마는 기필코 이와 같
이 하려고 할 따름이지"라고 말씀하셨다.

한번은 그이가 포도대장 서유대의 얼굴을 보고 '포도청에서 사람이
죽을 것'이라 하고, 어느 종의 얼굴을 보고는 '기상이 매우 나쁘다'고
하였다. 과연 얼마 후에 포도청에서 사람이 죽었으며 종의 아비 부음이
왔다. 이외에도 그이의 사물을 꿰뚫어 보는 안목과 식견으로 놀란 적이
여러 번이다. 언젠가 그이는 웃으면서 "이것은 관상이 아닌 관찰이지
요. 관찰이야말로 내 글쓰기 비결이라오"라고 넌지시 말해 주었다.

내 아버지는 전주 이씨 유안재遺安齋 이보천李輔天(1714~1777) 어른
이시다. 아버지께서는 출세와 영달을 위한 과거를 매우 못마땅히 여
기셨지만 공부를 게을리 하지 않으셨다. 특히 첫사위인 그이에게는
한량없는 애정을 쏟으셨다. 그이는 우리 집에 거처를 마련하고는 아
버지께 나아가 비로소 《맹자》를 시작으로 학문에 정진하였다.

아버지는 그이의 첫 스승이다. 그이는 항상 "장인 어른께서는 진정
한 처사셨다"라고 말했다. 늘 나랏일을 걱정하셨고 법도에 맞는 행동
과 빼어난 기상으로 근엄하셨고 그이가 중도를 지나치면 준절히 책망
하셨지만 문밖에라도 나서면 부드러운 웃음으로 배웅하셨다.

그이는 한골 나가는 양반가 자제로서 일찍이 학업을 하지 못했다.
이유는 정치 참예를 바라지 않았던 조부의 뜻이라고 들었지만, 여기
에 가난도 한몫 단단히 거들었다. 그이의 집안은 본래부터 청빈했으
며 조부 장간공章簡公께서는 청렴결백하고 검소하셨다. 자연 집안은
가난하였다. 그이 형제는 책을 펴 놓고 공부할 방조차 없었다.

양반 자제로서는 늦깎이 공부를 시작한 셈이지만 그이의 공부를 해

내는 글구멍은 여간 아니었다. 작은아버지 양천亮天(1716~1755) 어르신도 학문이 높고 고결한 성품을 지닌 분인데, 그이는 작은아버지께도 수학을 했다. 작은아버지의 호는 영목당欒木堂이시며 문장에 뛰어나 "문장은 한퇴지의 뼈를 깎고 시는 두보의 뼈를 깎았다"라는 평을 들으실 정도였다. 나이 서른에 문과에 급제하여 홍문관 교리를 지냈으며 상소를 올렸다가 유배되셨다. 그때가 임신년(1752)으로 그이와 내가 혼례를 올린 해였다. 작은아버지께서는 흑산도로 유배 가셨다가 다음 해 풀려 나셨고, 세 해 뒤, 필선弼善으로 복직되셨으나 끝내 그해 사망하셨다. 그이가 작은아버지를 뵌 해가 네 해요, 가르침을 받은 것은 불과 두 해에 지나지 않았지만 이 시기 그이의 학문은 큰 진보를 이루었고, 작은아버지의 꼿꼿한 기개는 그이에게 큰 감화를 주었다. 작은아버지의 죽음은 그이에게 꽤 큰 충격이었다. 그렇지 않아도 우울증과 불면증에 시달리던 그이는 정신적으로 방황을 겪어야 했다. 그이의 〈제영목당이공문祭欒木堂李公文〉은 그이가 지은 작은아버지의 제문이다.

　나는 일평생 그이를 사랑했고 그이 또한 나에 대한 애정이 깊다. 이것이 그토록 궁색한 삶도 이겨내게 했는지 모르겠다. 생각해 보면 나는 시집 온 날부터 오늘날까지 모진 가난을 이고 살았다. 가난으로 인하여 눈물을 흘린 날은 셀 수조차 없다. 그 낱낱한 심정이야 필설로 다하지 못한다. 그럴 때면 언제나 그이는 따뜻한 숨결로 다가와 은근히 내 손을 꼭 쥐어 주었다. 그이는 부모님은 물론이고 형님, 형수님, 그리고 누이에게 각별한 애정을 주었다. 그이는 큰소리를 내는 성격도 아니었지만 특히 여인들에 대한 배려는 도타웠고 형수님께는 지극 정성을 다하였다. 아마도 형수님이 그이를 키우셔서인 듯하다.

그때 일을 생각하면 지금도 조금은 야속하다. 언젠가 한번은 그이가 밀랍으로 절지매折枝梅 11송이를 만들었다. 촛농으로 꽃받침을 만들고 노루털로 꽃술을 삼고 부들가루로 꽃심을 만들어 윤회화輪回花라 하였는데 꽤 보기가 좋았다. 그이는 이 꽃을 벗 서상수 어른에게 팔아 20전이라는 높은 값을 받았다. 그이는 나에게 3전, 딸애에게 1전, 형님 방 땔나무 값이라며 2전, 가난하기로는 우리보다도 더한 이덕무에게 1전, 당신 남령초南靈草(담배) 값으로 2전을 제한 나머지를 모두 형수님께 올려보냈다. 내색은 않았지만 셋집에 몸을 붙여 근근이 연명할 때였기에 살림을 꾸리는 나로서는 한 푼이 여간 아쉽지 않았다.

나와 그이 사이에는 2남 2녀를 두었다. 첫 아이를 얻은 것은 혼례를 치른 지 여섯 해만이었다. 맏딸(1759~1788)은 전주 이씨 이종목李鍾穆(1761~1833)에게 둘째 딸은 연안 이씨 이겸수李謙秀(1776~1841)에게 출가하였다. 둘 다 사는 것이 고만고만한데 맏딸이 요즈음 건강이 안 좋다는 기별을 받았다. 고생만 하다 시집을 가서 그런지 마음이 편치를 않다. 장남이 종의宗儀(1766~1815), 차남이 종채宗采(1780~1835)다. 종채는 이제 겨우 일곱 살인데 나이에 비해 숙성하여 제법 집안의 장남 역할을 하려 든다.

맏이 종의는 형님에게 출계出系(양자로 들어가서 그 집의 대를 이음)시켰다. 형수님은 후손을 두지 못하고 돌아가셨다. 나는 그이의 형수님 전주 이씨 부인(1724~1778)에 대한 각별한 정을 알기에 맏이 종의를 그날로 양자 보내어 상주로 삼았다. 당시 종채는 태어나지도 않아 우리에게는 종의뿐이었고 겨우 열 살에 불과하였다. 아주버니는 극력 반대하셨고, 그이도 아무런 말이 없었지만 내가 우겨야 된다고 생각했다. 그이의 속내를 알고 있기 때문이다. 그이가 세 살 때 시집와 가난으로 평생 조울증을 앓다 돌아가신 형수님은 그이에겐 어머니였다. 그이는 형수의 시신을 운구하여 구월 초열흘, 연암협 북쪽에 장례 치렀고 한동안 아무것도 먹지 못하였다. 그 형님이 병들어 계실 때 연암협에서 함께 살자고 하였으니, 생전의 약속을 사후에 지킨 셈이다.

하루는 나와 병문안을 가서 그이는 형수님의 손을 잡고 이런 말을 하였다.

"형수님, 형님도 이제 늙으셨으니 저와 함께 연암협으로 내려가 사시지요. 담장에는 빙 둘러 뽕나무 천 그루를, 집 뒤에는 밤나무 천 그루를 심지요. 문 앞에는 배나무 천 그루를 접붙이고, 시내의 위와 아래로는 복숭아나무와 살구나무 천 그루를 심어 보지요, 세 이랑 되는 연못에는 한 말의 치어稚魚를 뿌리고, 바위 비탈에는 벌통 백 개를 놓고, 울타리 사이에는 세 마리의 소를 매어 놓고서, 처는 길쌈하고 형수님은 여종이나 시켜 들기름을 짜게 재촉하세요. 밤이 되면 제가 옛사람의 글을 읽어드리겠습니다."

그이가 이런 말을 하자, 병으로 자리보전을 몇 달이나 하셨는데도 벌떡 일어나 웃으시며, "아이고 서방님, 이것은 제 오랜 뜻이었소!"라고 하셨다. 하지만 무술년(1778) 칠월 스무닷새 날, 끝내 이승을 하직하셨다. 그이는 〈제오천처사이장문祭梧川處士李丈文〉에서 형수님을 잃은 슬픔을 아래처럼 적었다. 오천梧川 처사 이장李丈은 형수님의 아버님이신 이동필李東馝(1724~1778) 어른이시다. 이 어른은 시아버님과 퍽 가깝게 지내셨다. 따님과 아버지가 같은 해 돌아가셨기에, 그이는 하나의 제문에 부녀의 사연을 함께 기록했다.

그이는 이 글에서 형수님에 대한 정을 어머니라고 한다.

아아! 嗚呼

어머님 같으셨지 先妣之似

나에게 형수님은 어머니 母我嫂氏

우리 집에서 형수님은 嫂氏於家

옛 충신과 같구나 如古藎臣

그이의 벗 유언호 규장각 직제학께서는 이런 사정을 잘 알아 묘지
명을 이렇게 썼다.

연암 골짜기는 산 곱고 물 맑은 곳 燕巖之洞山窈而水淥

여기에 시동생이 터를 닦아 놓았지요 繁惟小郎之所營築

아! 가족이 다 함께 살려 했었거늘 嗚呼鹿門盡室之計

마침내 여기에 몸을 맡기셨구나 竟於焉而托體

계시는 곳 안온하고도 굳으시니 既安且固

모쪼록 후손들을 돌봐 주소서 以保佑厥後

내 남편은 4남매 중 막내였다. 맏이는 희원 아주버님이시고, 둘째는
덕수德水 이현모李顯模(1729~1812)의 부인 박씨(1729~1771)요, 셋째는
대구大邱 서중수徐重修(1734~1812)의 부인 박씨(1733~1809)이고, 막내
가 바로 그이다. 막내이기에 집안의 귀염을 독차지하고 가족의 사랑
을 한량없이 받고 자랐겠지만, 도타운 정 또한 천연天然인 듯하다.

　큰누이가 돌아가셨을 때 그이의 애통함은 필설로 표현하기 어렵다.
큰누이 정부인 박씨에게 드리는 묘지명인 〈백자증정부인박씨묘지명
伯姊贈貞夫人朴氏墓誌銘〉은 누이에 대한 그이의 마음결이 그대로 드러난

《종북소선鍾北小選》의 〈망자유인박씨묘지명亡妹孺人朴氏墓誌銘〉

《종북소선》은 좌소산인左蘇山人 이덕무가 1771년 10월경, 연암의 글 10편을 뽑아 평점을 붙여 필사한 책이다. 좌소산인이란 호는 서유구의 호이기도 하지만 이덕무도 사용하였다. 위의 붉은 글씨는 이덕무의 평이다. 자기는 누님이 없다 하며 연암선생의 묘지명을 읽고 통곡하고 싶다고 적어 놓았다. 이에 관해서는 이덕무 평선, 박희병 외 옮김, 《종북소선》(돌베개, 2010. 124~131) 참조.

다. 큰누이의 운구를 실은 배를 보고 지은 글인데, 누이에 대한 정이 진솔하고도 낱낱하다.

아아!

누이가 처음 시집가는 날 새벽에 화장을 하던 일이 어제와 같다. 그때 내 나이 막 여덟 살이었다. 어리광을 피면서 떠나는 말 앞에 누워 뒹굴면서 신랑의 말을 흉내내어 점잖이 떠듬적거리니, 큰누이는 부끄러워 얼레빗을 내 이마에 떨어뜨려 맞추었다. 나는 골이 나 울면서 먹을 분가루에 개어 놓고 거울 가득히 침을 뱉어 놓았더니, 누이는 옥으로 만든 오리와 금으로 만든 벌을 꺼내서는 나에게 넌지시 건네어 울음을 그치게 하였다. 지금 벌써 스무여덟 해가 되었다.

말을 강가에 세우고 멀리 바라보니, 명정銘旌(죽은 사람의 관직과 성씨 따위를 적은 기)이 펄럭펄럭 날리고 돛대 그림자는 강물에 구불구불하더니 언덕에 이르러 나무를 돌아서자 가려서 다시 볼 수가 없게 되었다. 강 위의 먼 산이 검푸르러 마치 누이의 큰머리채와 같고 강물 빛은 누이의 거울과 같았으며 새벽달은 누이의 눈썹과 같았다.

가슴 저미는 누이에 대한 애틋함이다. 이 누이는 열여섯에 시집가서 1남 1녀를 두고 마흔세 해를 살았다. 이때 그이의 나이 서른하고도 다섯이었다. 그런데도 내면의 동심세계를 그대로 드러내었으니 그이가 품고 있는 그리움이 얼마나 깊은지. 동생 재성이도 이 글을 "정을 따른 지극한 예"라고 평한 바 있고 이무관李懋官은 '작은 겨자씨 안에 수미산을 품고 있는 형국'이라며 저도 모르게 글을 따라 눈물을 흘렸다고 한다. 이덕무는 그이의 제자 중 나이는 가장 많았지만 성격이 여린 샌님으로 책 보는 것 이외에는 아무것도 할 줄 모르는 손방이었다. 오죽하였으면 자신의 호를 간서치看書癡(책만 보는 바보)라 하였을까?

무관의 감성이 여린 면도 있지만 그이의 글에는 이렇듯 사람을 감동시키는 진정성이 있다. 난 글을 잘 모르지만, 이 진정은 그이의 행동과 글이 일치하는 데서 나온다고 생각한다. 그이의 형님에 대한 마음도 다를 바 없었다. 많은 이들은 그이를 종신토록 형형한 눈길로 노기 띤 숨 몰아쉬며 바람살 눈살 몰아치는 이 시절을 허랑허랑 걸어간다고만 안다. 그렇지 않다. 비록 잔재미라곤 없는 사내지만, 속정은 그윽하니 깊고도 깊다.

그래, 지금 아주버니 희원 어른도 병증이 깊어 걱정이다. 아주버니는 돌아가신 시아버님과 꼭 닮으셨다. 그래서 그이는 아버지가 그리우면 늘 형님의 얼굴을 물끄러미 바라보았다. 그 형님이 나하고 이승 떠나기를 앞서거니 뒤서거니 할 듯하다. 그이는 형님이 돌아가시면 형님을 그리는 글 한 편을 지어 두고두고 가슴 아파할 것이다(이씨 부인의 말대로 그해 7월, 형 희원이 사망하자 연암은 〈연암억선형燕巖憶先兄, 연암이 돌아가신 형님을 생각하여 지음〉을 짓는다).

> 내 형님의 모습이 꼭 누구와 닮았던고 我兄顏髮曾誰似
> 아버지 생각날 젠 우리 형님 보았다네 每憶先君看我兄
> 오늘, 생각나는 형님 어데서 본단 말가 今日思兄何處見
> 의관을 갖춰 입고 시냇가로 달려가네 自將巾袂映溪行

내 집은 가난했지만 생황이며 가야금 등 여러 악기가 있었다. 특히 담헌 홍대용 어른이 찾아온 날이면 한바탕 연주에 술상도 길어지고 그이는 풍류남아였다. 그이의 노랫소리는 맑고도 기개가 넘쳤고 악기소리는 저고리 곡선마냥, 버선코마냥 부드럽게 솟구쳤다. 이럴 때면 나는 술상을 차리다가 가만히 엿들었다. 가만 생각해 보니 그이의 노랫소리를 못 들은 지도 서너 해는 된 듯하다. 담헌 어른이 세상을 떠난 뒤 그이는 모든 악기를 치워 버렸다. 늘 혀끝에 담아 두던 담헌이라는 정겨운 이름도 들을 수 없었다. 백아절현伯牙絶絃이 이를 두고 하는 말임을 나는 그제야 알았다.

그이에게서 나 이외의 여인을 본 적이 없다

지금까지 그이는 나 이 외의 여인을 본 적이 없다. 오늘도 조선 양반들의 후원에선 노랫소리 드높고 기생집은 도처에 넘치지만 그이와는 별세계였다. 비록 혀끝에 바늘을 숨기고 눈썹 사이에 도끼를 희롱하는 여인이라도 그이의 처신을 욕되게 하지는 못한다. 그이가 가장 즐거워하는 일은 득의得意의 문자를 얻어 한 두 사람 술상을 마주하고 글을 읽고 감상하는 일이다. 술상을 차리는 나에게 상냥히 건네는 웃음도 늘 잊지 않았다.

　내 몸이 시나브로 쇠약해진다. 정신이 까무룩한 것이 잠시 마루에 앉아 있는 것조차도 아름차다. 그이와 내가 함께할 날이 얼마 남지 않은 듯하다. 내 죽은 뒤 그이를 모실 새 여인이 생겼으면 한다. 그이가 돌아오면 오늘은 말을 해야겠다.

　내 삶은 가난으로 시작해서 오늘까지 가난이란 두 글자와 산다. 가난한 선비 집안의 부인네들에게는 가난이 바로 병이요, 병이 바로 가난이라고 한다. 나는 친정도 가난했고 시집도 가난했지만 내 삶은 친정에서도 시집에서도 병이 들었다고 생각한 적은 한 번도 없다. 나는 가난이란 무서움보다 내 아버지와 그이의 사랑이 더 행복했기 때문이다. 나는 그렇게 가난을 사랑 속에 묻고 살았다. 그리고 그이의 말처럼 집안의 가학家學인 청빈을 본분으로 하고 '독서하는 후손'을 키운 삶이었기에 여한이 없다. 인생고초 누군들 없겠는가.

　'쓰람, 쓰람……'

　'어정칠월 건들팔월'이라는데, 쓰람은 제 목숨 다한다고 애처롭게 운다. 팔월의 햇살은 기세 좋게 마당가에 내리부어 쇠뿔도 녹일 듯하

다. 삶의 여운일랑 멍석에 널어 저 햇살에 말리면 좋겠다. 담장에 기
댄 해바라기는 노란 얼굴을 곱게 들었다. 그러고 보니 안마루에서 올
려본 추녀 끝의 하늘은 구름 한 점 없이 파랗기만 하다.

朴宗采, 1780~1835

연암의 둘째 아들로 《과정록過庭錄》을 지었다. 맏이는 종의宗儀인데 연암의 형에게 양자를 가서 장남이 되었다. '과정過庭' 이란 《논어論語》 〈계씨季氏〉편에 나오는 말이다. 공자의 아들 백어伯魚가 뜰을 지날 때 공자가 불러 세워 놓고는 '시詩'와 '예禮'를 배우라고 깨우쳐 준 데서 유래한다. 이 책에서는 박종채가 아버지의 언행과 가르침을 기록한 글이라는 뜻이다. 이 책은 연암을 연구하는 데 중요한 서적이다. 연암의 사상과 학문, 벗과의 교류와 벼슬살이, 성리학에 대한 부정적인 견해에 이르기까지 상세한 자료가 들어 있다. 특히 연암의 인간적인 체취를 《과정록》 전편에 잘 기록해 두었다. 《과정록》은 1813년 봄부터 자료를 수집(1822년 봄이란 본도 있음)하여 1816년 초가을에 탈고(1826년 가을이란 본도 있음)하였다. 《과정록》은 4권, 229조목으로 되어 있다.

종채의 자는 사행士行, 호는 혜전蕙田. 초명은 종간宗侃이다. 초시初試에 급제한 듯하나 연암의 뜻을 따라 대과와 소과에도 이름이 없다. 겨우 벼슬길에 올라서는 통훈대부와 경산현령을 지냈다. 학문에 대한 식견은 매우 높았다. 맏아들 박규수에게 아버지 연암의 학문을 가학으로 체승케 하였다. 후일 장자 박규수는 우의정에, 차자 선수는 공조판서, 형조판서 등을 두루 역임하였다.

6.
'개를 키우지 마라'
... 박종채

연암의 둘째 아들인 박종채는 형인 종의가 양자를 가 장자로서 연암학을 이었다. 학문에 대한 식견이 매우 높아 연암의 일대기를 엮은 《과정록》을 지었으며 맏아들 박규수에게 할 아버지 연암의 학문을 가학으로 계승케 하였다. 후일 장남 박규수는 우의정에, 차자 선수 는 공조판서, 형조판서 등을 두루 역임하였다. 이 장에서 박종채는 아버지를 어머니와 합 장해 드린 날, 아들로서 본 연암의 인품과 가족사를 중심으로 이야기한다.

깨끗이 목욕시켜다오

"깨끗이 목욕시켜다오"

아버지께서 돌아가실 때 남기신 한마디다. 그 날로부터 한 달 보름이 지난 을축년(1805) 섣달 초닷새, 오늘. 아버지를 장단 송서면 대세현에 있는 어머니와 합장해 드렸다. 아버지께서는 임술년(1802) 할아버지 장간공 묘소 문제로 유한준과 대두리가 났다. 이후 내내 몸이 좋지 않으셨다. 팔다리에 마비가 오는 풍담기와 가슴이 무시로 두근거리는 정충기도 보이셨다. 여기에 치질이 꽤나 아버지를 괴롭혔다. 작년 여름부터는 말씀까지 어눌해지시더니 환후가 심중해지고 끝내 올해 시월 스무 날 돌아가셨다.

염습할 때 보니 아버지의 피부는 희디희셨으며 안색은 마치 잠드신 듯하였다. 아버지께서 돌아가실 때 남기신 저 말씀 한마디에 당신의 명쾌하고 개결한 성품이 보인다. 아버지의 유언대로 반함은 하지 않았다.

"반고와 사마천 같은 문장을 타고 났지만 까닭없이 비방을 당한다." 집안사람이 북경의 점쟁이에게서 얻어낸 아버지의 점괘란다. 맞지 말아야 할 점이건만 아버지의 삶은 저 점괘에서 벗어나지 못하였다.

아버지는 많은 이들에게 평생동안 적의에 찬 빈정거림을 당했다. 그중 가장 대표적인 이가 창애蒼厓 유한준俞漢雋(1732~1811)이다. 이이가 일으킨 사단은 '네 집 쇠뿔이 아니면 우리 집 담장이 왜 무너지랴!'는 격으로 아버지의 명을 끝내 재촉하였다. 담옹澹翁 김기순金記淳(1749~1827) 어른께서 아버지를 송강 정철鄭澈(1536~1593)과 남명 조식曹植(1501~1572)에 비기며 마음속에 억눌려 감춘 게 있는데 풀어 버리지 못하여 뒷날 화병이 날 것이라 하셨다. 이 말이 꼭 들어맞은 셈이다. 유한준, 이 자는 우리 집안과 백대의 원수다.

할아버지 장간공 묘소 문제로 유한준이 우리 집안을 해코지한 일은 임금께서도 세상 사람들도 다 안다. 발단은 사실 작은 일에서 비롯되었다. 내가 후일 유씨 집안사람에게 들은 바로는 아버지께서 젊으셨을 때 유한준의 글을 두고 폄하한 일 때문이라 한다. 아버지께 들으니 유한준의 글이 전고典故가 맞지 않아 이를 넌지시 지적하신 일이 있다고 한다. 이 자는 끝내 분함을 삭이지 못하였고 이후 사사건건 아버지와 우리 가문을 욕보였다. 특히 아버지께서 포천에 증조할아버님 장간공의 묘지를 만들 때 일을 생각하면 지금도 치가 떨린다.

유한준은 일족을 시켜 고의로 증조할아버님 못자리를 파내 집안간에 돌이킬 수 없는 심각한 대립을 빚었다. 아마도 증조할아버지의 못자리가 풍수지리상으로 좋았나보다. 아버지께서는 다투기도 싫고, 또 후손들이 자신들의 복을 빌기 위해 못자리를 구하는 풍수지리설을 아주 싫어하셨다. 급히 못자리를 알아보고 양주楊洲 성곡리星谷里로 옮기기로 하였다. 그러나 유한준은 택일한 날을 겨우 아흐레 남겨 두고, 기필코 증조할아버님의 묘를 파헤쳐 관을 드러내 놓고야 말았다. 이 일로 아버지는 크게 상심하셨고 끝내 돌아가셨다. 속담에 '범도 상주는 잡아먹지 않는다' 하거늘 어찌 이런 일이 있는가. 우리 집안의 원수가 아닐 수 없다.

반함飯含을 하지 말라

아버지께서는 반함을 하지 않으셨다. 반함飯含은 염할 때 돌아가신 이의 입속에 구슬과 쌀을 물리는 저승노자다. 아버지께서는 꼬바른 삶을 사는 유자들로서는 낯뜨거운 짓이라며 반함을 말라고 단호히 말씀하셨다. 반함을 하지 말라는 아버지 말씀은 홍대용洪大容(1731~1783) 어른과 한 약속이기도 하다. 아버지께서 연암협에서 궁색한 살림을 이으실 때 당시 영천군수로 있던 홍대용 어른은 얼룩소 2마리, 공책 20권, 돈 200민緡 등을 보내면서 아버지의 저술을 격려해 주셨다.

　홍대용 어른의 자는 덕보德保, 호는 홍지弘之로 풍채가 좋고 은은한 수염이 꽤 멋진 분이셨다. 아버지께서는 이 어른을 천하지사天下之士라 하였고, 이 어른은 아버지의 '문장 품위와 인망을 저는 존경합니다' 하고 '역경에 빠져 알아줌을 만나지 못하였으나 사내다운 기개와 도량이 확트였다' 라고 하였다.

　덕보 어른의 스승은 미호渼湖 김원행金元行(1702~1772) 선생으로 낙론洛論의 대표적 학자였다. 한번은 아버지께서 소를 타고 미호 어른댁을 방문하자 "내 오늘 빼어난 인물을 보았다"라고 여러 제자들에게 말씀하셨다고 한다.

아버지가 돌아가신 뒤 족숙族叔인 준원準源 어르신이 지은 "소를 타고 미호 선생을 찾아 뵈었더니 빼어나다는 평이 그 자리에서 높았네"라는 만사輓詞(죽은 이를 슬퍼하여 지은 글)는 이를 두고 말함이다.

덕보 어른은 아버지와 매우 친분이 깊으셨는데 바로 이 미호 어른의 제자이시다. 덕보 어른은 을유년(1765) 북경을 방문하였고, 이때 중국학자들 및 독일계 선교사들을 만나 서양문물에 대한 견문을 넓혔다. 귀국 후 유학보다도 군국軍國과 경제에 관심이 깊었으며, 신흥상공인의 처지에서 사회개혁사상을 펴기도 하셨다. 덕보 어른은 과학사상이며, 수학, 천문에 대해서도 조예가 깊으셨다. 《주해수용籌解需用》과 《의산문답醫山問答》은 조선의 유자라면 모르는 이가 없다.

이러한 덕보 어른의 혁신적 개혁사상은 아버지 뜻과도 일치한다. 이 두 분 주위로 사람들이 모였고, 이들이 세칭 북학파北學派라 불리는 이덕무, 박제가, 유득공, 이서구, 서유구 어른이시다. '북학' 이라는 말은 《맹자孟子》 〈등문공 장구상〉의 "진량은 초나라 태생이니, 주공 및 공자의 도를 좋아하여 초나라의 북쪽인 중국에 와서 배움을 구하였는데, 북방 중국의 학자들도 그보다 앞선 자가 없었다"란 대목에서 따온 말이다.

풍석楓石 서유구徐有榘(1764~1845) 어른에게는 내 아들 규수를 보내어 학문의 연을 잇게 부탁하였다. 풍석 어른은 개인적으로 우리 집안과는 인척이다. 내 둘째 고모부가 서중수徐重修이고 아버지와 함께 연행한 집안 어른 박내원朴來源이 풍석 어른의 양부養父 서철수徐澈修 어른의 장인이 되신다. 어른은 〈자연경실기自然經室記〉에서 도道가 '기와, 벽돌에도 있으며 오줌에도 있으며 하물며 벼루, 안석, 종묘의 솥 등에도 있다'라고 하였다. 사고가 트이셨으며 광괴光怪(작가의 독특한 정신)를 매우 중요시 여긴 분이다. 풍석 어른은 늘 아버지의 말솜씨가 글솜씨보다 더 넉넉하다고 하셨다. 실상 아버지가 한번 말씀을 하시면 그 도도함은 장강長江이요, 변화함은 소나기가 퍼붓는 듯하고, 핵심을 찌르기는 번개가 내리치는 듯하고, 무궁한 언술은 안개가 피어오르는 듯하셨다.

특히 아버지께서는 덕보 어른과 만나면 현하지변懸河之辯이 끝간 데 몰랐다. 덕보 어른은 아버지께서 가장 믿고 따랐던 스승이며 벗이다. 아버지께서는 이 덕보 어른의 장례를 치를 때 아드님인 원薳(1764~1818)에게 반함을 못하게 하셨다. 원 어른은 아버지의 벗인 신광온申光蘊 어른의 사위다. 아버지께서 지으신 덕보 어른의 뇌誄 한 구절이다.

죽었지만 입안에 구슬도 머금지 않았으니 口中不含珠
보리시나 읊조리는 타락한 선비를 슬퍼해서라네 空悲詠麥儒

개를 기르지 말라

반함과 함께 아버지의 인품을 바투 들여다볼 수 있는 게 개다. 우리의 삶에 푼푼한 이야깃거리를 건넨 개들은 즐비하다. 개에 대한 속담도 그만큼 된다. 대부분 상대의 허물을 꾸짖는 비유로서 등장하지만, 우리와 삶을 같이하는 동물이라는 반증이기도 하다. 그중 "개 같은 놈"이니, "개만도 못한 놈"이라는 욕이 있다. 앞의 것은 그래도 괜찮은데, 뒷욕을 듣는다면 정말 삶을 다시 한 번 생각해 보아야 한다. 그런데 빈말이 아니라 후자 쪽의 욕을 잡수실 속유俗儒들이 지금 세상에는 넘쳐난다. 내 후대에는 그런 부류의 유자가 없었으면 하는 마음에서 이 이야기를 하나 지금도 이런 세상, 후손들이라고 다를까 싶기도 하다. 그래 내 말만 귀양 보냄을 알면서도 하니, 사람 사는 세상 그야말로 개가 웃을 일이다.

내 아버지께서는 "개를 기르지 마라"라고 하셨다. '개를 기르지 마라' 는 아버지의 성품을 단적으로 드러내는 결절結節이시다. 나는 이 말씀이 아버지 삶의 동선이라고 생각한다. 그래, 그렇다. 이 시대에 학문이라는 허울에 기식한 수많은 지식상 중, 몇이 저 개에게 곁을 주고 정을 주고받았나? 나는 아버지께서 켜켜이 재어 놓은 언어들 중, 저 말을 아버지의 삶을 따라가는 출발점으로 삼는다.

한번은 내가 그 이유를 물었더니 이렇게 말씀하셨다. "개는 주인을 따르는 동물이다. 또 개를 기른다면 죽이지 않을 수 없고 죽임은 차마 못 할 일이니 처음부터 기르지 않느니만 못하구나."

내 그때 여남은 살이었지만 말눈치로 보아 정을 떼기 어려우니 아예 기르지 말라는 소리쯤은 알아들었다. 이 시대, 양반이 아니면 '사람' 이기조차 죄스럽다. 그런데 누가 저 견공들에게 곁을 주겠는가. 학문을 하는 이조차 허명虛名과 부귀에 기식하는 지식상知識商이 된 지가 얼마이던가. 정녕 몇 사람이 저 개와 정을 농하였겠는가? 이미 저들의 자득지학自得之學은 말뿐이요, 이방의 외피만을 추수하는 의양지학依樣之學의 노예가 된 지 4백 년이다.

아버지는 또 기러기는 형제를 뜻한다고 잡숫지 않으시고 까마귀는 새끼가 자라서 늙은 어미에게 먹이를 물어다 주는 반포지효反哺之孝의 새라며 애틋하게 대하셨다.

나는 아버지 이 외에 이런 분을 뵌 적이 없다. 그리고 이 한마디가 아버지의 삶, 아버지의 문학, 아버지의 사상이라고 확언한다. 많은 이들은 아버지께서 불의를 보면 몸을 파르르 떠는 의협인이요, 경골한 硬骨漢으로 본다. 잘못 보았다. 이것은 아버지의 단면에 지나지 않는다. 아버지의 글도 그렇듯, 아버지의 심중은 여간해 헤아리기 어렵다.

아버지께서는 사방관이니 정자관이니 하는 사대부가의 격식 있는 옷차림을 평소에도 싫어하셨고 망건조차 오랑캐의 풍습이라고 하셨다.

흰옷은 우리의 풍속이 아니다

아버지께서는 〈허생전〉에서도 "소위 사대부가 뭐하는 것들이란 말이냐! 오랑캐 땅에서 태어나 자칭 사대부라 뽐내다니, 이런 어리석을 데가 있느냐? 의복은 흰옷을 입으니 그것이야말로 상인喪人이나 입는 것이고 머리털을 한데 묶어 송곳같이 만드는 것은 남쪽 오랑캐의 습속에 지나지 않는데, 대체 무엇을 가지고 예법이라 한단 말인가?"라고도 하셨다.

선학자이신 이수광李睟光(1563~1628) 어른도 《지봉유설芝峰類說》〈제국부諸國部, 풍속風俗〉에서 "우리나라 사람들이 즐겨 입는 것은 아마도 은나라 태사太師(기자箕子)가 남긴 풍습이 아니겠는가"라고 하였으니 그 연원이 꽤 오래이나 우리 본래의 것이 아님을 알 수 있다. 또 이수

광은 앞의 책에 '백의금난白衣禁亂,' 즉 흰옷 입는 것을 금지 단속하는 법이 있었고 흰옷을 입는 풍속이 완연하게 된 것은 "가정嘉靖(1522~1566) 을축년(1529) 이후 여러 번의 국상을 당하여 계속해서 흰옷을 입은 것이 드디어 풍속을 이루게 되었다"라고 적어 놓았다. 이로 미루어 볼 때, 국상으로 인한 잦은 소복이 내처 풍습으로 변한 것을 알 수 있다.

그래 아버지께서는 우리의 몸에 맞는 옷을 해 입으셨고 안의 벼슬길에 나아가서는 잔심부름을 하던 아이들에게 땋은 머리를 풀고 머리를 양쪽으로 갈라 뿔처럼 동여맨 쌍상투를 틀게 하였다. 이때 아버지께서는 나에게도 변발을 풀고는 쌍상투를 시켰으며 관례冠禮 때 입던 예복인 사규삼四揆衫을 입도록 하셨다. 상투에 대해서 아버지는 깊은 뜻이 있으셨다. 오랑캐 청나라는 명나라를 점령하고 우리와 같은 한족의 상투를 모조리 잘랐다. 지금 중국은 하나같이 변발을 한 자들뿐이다.

그런데 청은 우리 조선을 두 차례나 침입하여 능멸하였으나 상투만은 그대로 두었다. 아버지의 《열하일기》〈동란섭필〉을 보면 여러 번 신하들이 청 태종太宗에게 조선 사람들의 머리를 깎도록 명령하라고 권했다고 한다. 그때 청 태종이 "조선인은 예의를 중히 여겨 머리털을 자기 목숨보다 사랑하기에 만일 억지로 깎게 한다면 우리가 철수한 뒤에는 반드시 반복할 터이니, 그들의 풍속에 따라 예의로써 얽매어 두는 것만 못하다. 저들이 도리어 우리 풍속을 익혀 말을 타고 활쏘기에 편리해진다면 우리에게 이로울 게 없다"라고 하였다며, "우리 쪽으로 보면 상투와 망건을 하는 것이 더없이 다행이나 저쪽의 계책으로 보자면 우리들의 문약文弱함을 그대로 두려던 것이니 실상은 우리의 다행이 아니다"라고 하셨다.

또 같은 글에서 우리의 도포나 갓 또한 중국에서는 중의 옷차림이라 비웃음을 당한 일을 써 놓으셨다. 사람들은 아버지의 이러한 깊은 뜻을 전혀 모르고 객쩍은 비방들만 해댄다.

유한준이 아들 유만주를 아버지에게 보내 글쓰기를 물은 것도 그렇다. 유한준 부자는 아버지의 편지를 보고 몹시 불쾌했다고 한다. 글 짓는 법을 물었는데 아버지께서 "예禮가 아니면 보지 말고, 예가 아니면 듣지 말고, 예가 아니면 움직이지 말고, 예가 아니면 말하지 말라"라는 《논어》〈안연〉 구절을 일러주었기 때문이다.

사실 이 문제는 전혀 유한준이 화낼 일이 아니다. 아버지는 분명히 글 쓰는 방법을 가르쳐 주셨다. 그 구절은 이렇게 하여 나온 말이기 때문이다. 안연이 인仁을 묻자, 공자는 "극기복례克己復禮(자신의 사욕을 이겨 예로 돌아가는 것)가 인을 실행함이니, 하루라도 자신의 사욕을 이겨 예로 돌아간다면 천하 사람이 모두 어질다고 하겠지"라고 했다. 다시 안연이 그 실행 조목을 구체적으로 묻자, 공자께서는 "예가 아니면 보지 말고, 예가 아니면 듣지 말고 ……"라고 하셨다. 안연은 이 '네 가지를 하지 않음'으로써 극기복례를 한다. '극기복례'는 공자의 기본사상인 '인'이니, 우리가 세상을 살아가며 마땅히 추구해야 할 대상이다.

아버지께서 이 말을 끌어와 글쓰기 방법으로 알려준 것은 결국 '바른 마음으로 사욕없이 쓴 글', 그 글이 바로 인간의 궁극적인 가치인 '인'으로 이끈다는 뜻이다. 글을 써서 부귀영화나 명예와 잇속, 권세나 누리려는 사욕을 아예 버리고, 저 '인'과 '극기복례'의 마음으로 글을 쓰라는 주문이다.

유만주의 부친인 유한준은 진한고문秦漢古文을 추종하는 문장가로 진사시에 합격하였고 형조참의를 지낸 전형적인 조선 유자다. 응당 낮은 백성에게 눈을 돌리고 양반들에게 붓끝을 겨눈 아버지의 글쓰기와는 다른 과거글을 문장으로 여기는 이였다. 아버지의 글쓰기는 진한고문과는 멀찍이 있었으며 과거도 벼슬도 영 못마땅해 한다. 오직 맑은 마음으로 글쓰기에 임하여 사람 사는 세상을 그려낼 뿐 글을 통해 사욕을 취하려 하지 않았다. 그러니 만에 하나 유만주가 혹 제 아비처럼 과거나 생각하여 글만 웃자랄까 저어하는 마음으로 조심스레 '극기복례식 글쓰기 방법'을 일러준 것이다.

아버지는 때론 저렇듯 매몰차시지만 한편으로는 여린 심성을 동시에 지닌 분이다. 아버지는 상대에 따라 극단으로 다른 모습을 보인다. 위선자들에게는 서슬퍼런 칼날을 들이대는 단연함을 보이다가도 가난하고 억눌린 자, 심지어는 미물에게까지 목숨붙이면 모두에게 정을 담뿍 담아 대하셨다.

아내와 편지 한 자 주고 받지 못한 게 한이다

마흔 두 살 되신 해 아버지께서는 황해도 금천군 연암협으로 홍국영洪國榮(1748~1781)의 화를 피해 우리 가족을 이끌고 들어가 빈궁한 생활을 하였다. 아버지께서 연암 골짜기로 몸을 피한 이유는 다름아닌 당대 세도가 홍국영 때문이다. 홍국영은 효의왕후孝懿王后를 독살하려다가 발각되어, 집권 4년만에 가산을 몰수당하고 고향에 내려가 병으로 죽었지만, 선왕先王(정조) 시절, 한때 홍국영은 이 조선을 쥐락펴락했다. 그는 선왕의 두터운 신임을 받아 조정의 백관은 물론 8도감사나 수령들도 그의 말이라면 감히 이의를 제기하지 못했다. '세도勢道'라는 말도 이 사람에게서 생겼다. 그러나 개혁을 추구하던 그가 음험하게 자신의 누이동생을 후궁으로 바쳐 원빈元嬪으로 삼으면서 비틀걸음을 치기 시작했다.

원빈이 1년 만에 병들어 죽자, 선왕의 동생인 은언군恩彦君 인祠의 아들 담湛을 원빈의 양자로 삼아 완풍군完豊君에 봉하고, 다시 상계군常溪君으로 개봉改封하여 왕의 후계자로 삼도록 함으로써 자신의 권력을 유지하려 했다. 이에 비분한 아버지께서 같은 노론인 홍국영을 비난하는 상소를 올리셨고, 이 편지가 선왕이 아닌 홍국영의 손으로 들어갔다고 한다. 당시 절대권력을 누리던 홍국영이 아버지를 미워한 것은 당연한 일이다. 호시탐탐 별렀을 테고 이를 안 유언호 어른과 백동수 어른께서 황급히 아버지에게 몸을 피하게 하신 전말이 있으니, 가난은 이미 아버지의 삶과 같이할 숙명이었는지도 모른다. 이때가 아버지의 생애 중 가장 고립과 침잠의 시기가 아닌가 한다.

'연암燕巖'이란 호는 연암협, 제비바위골에서 비롯되었다. 아마 우리 조선의 청빈淸貧 열전列傳을 짓는다면 아버지께서는 반드시 이 연암협 생활을 그 목록에 올리실 것이다. 당시 우리 집은 얼마나 가난했는지 어머니께서 식구들을 데리고 광릉 석마향(지금의 경기도 성남시 분당 일대)에 있는 친정으로 가셨다. 아버지께서는 전의감동典醫監洞(지금의 서울시 종로구 낙원동)에 남의 집을 세내어 혼자 거처하며 연암협을 오가셨다.

그때 나는 이 세상에 태어나지도 않았는데 이서구 어른께 저 시절 이야기를 들었다. 이서구 어른이 한번은 전의감동 셋집으로 아버지를 찾아갔더란다. 아버지께서 사랑채 마당가에서 여기저기 구멍 뚫린 중치막을 걸치고 망건차림으로 조그마한 까치 한 마리와 농을 하고 앉아 계시더란다.

아버지는 까치에게 "맹상군은 전연 없고 다만 평원객만 있구나" 하셨다. 맹상군孟嘗君은 전국시대의 귀족으로 성은 전田, 이름은 문文이었다. 우리말로 돈을 전문錢文이라고 하기에 음의 유사를 들어 비유하셨고, 평원객平原客은 조나라 사람으로 손님을 좋아했기에 끌어오셨다. 결국 돈은 없는데 손님이 찾아왔다는 말씀이라, 이서구 어른이 그 연유를 물었단다.

"아, 며칠 전 보니 저 까치새끼가 마당에 앉았는데, 그 걷는 모습이 데똥데똥하는 게 되우 우습지 않겠나. 가만히 봤더니 다리가 부러졌지 뭐냐. 그래, 내가 마침 밥 알갱이를 몇 개 던져 줬지. 그게 그래서인지, 이놈이 이제는 매일 오지 뭔가. 그런데 내 저놈에게 줄 밥이 없어"라고 안쓰러워 하시더란다.

당시 아버지께서는 끼니 때우기조차 어려웠다고 한다. 이서구 어른의 말씀으로는 그때 아버지께서 사흘을 굶고 계셨다고 한다. 굶주린 아버지와 다리 부러진 까치새끼, 그 까치에게 밥알을 주며 농을 하시는 아버지. 아닌 말로 책력 보아 가며 밥 먹던 시절 아니신가. 당신도 사흘을 굶을 정도로 극도의 가난에 시달리면서도 아버지는 다리 부러진 까치 한 마리에게조차 애정을 거두지 않으셨다는 말씀이다.

이서구 어른은 이때 기록을 〈하야방연암장인기夏夜訪燕巖丈人記〉에 기록해 두셨는데 "내가 연암 어른을 찾아가 보니 사흘 동안이나 아무 것도 드시지 못하였다. 망건을 벗고 버선도 벗고서는 방의 창문틀에 다리를 올려 놓고 누워서는 행랑의 천한 아랫것들과 말을 주고받았다"라고도 적어 놓았다.

연암골에서 아버지의 삶은 이보다 더욱 심하셨다. 이웃집이라고 해야 숯을 구워 살아가는 가난한 민가 몇이 전부요, 호랑이가 출몰할 정도로 외진 산골이다. 아버지께서는 오두막을 지어 놓고 돌밭 약간을 개간하여 뽕나무를 심어 생계를 꾸리셨다고 하니, 굶는 날이 다반사요 서발 막대 거칠것없는 살림살이였다. 하기야 굳이 따지자면 이 가난은 아버지께서 초래하신 일이다. 아버지께서는 그렇게 세상에 대해 야멸차게 독을 품고 대들으셨으니 재물이 따를 리 없었다.

아버지의 인품을 알 수 있는 일은 이외에도 많다. 아버지는 효성도 깊으셨다. 이것은 큰누이에게 들은 이야기인데, 할아버지께서 병환이 위중하여 오늘내일 하실 때 일이란다. 아버지는 약탕기에 당신의 손가락을 잘라 피를 떨어뜨리셔서는 할아버지께 드렸다. 할아버지께서는 이 덕분인지 회복하시어 종의 형님의 돌까지 보셨다고 한다. 아버지께서 자식으로서 부모에 대한 효성이 어떠했는지는 이러한 행적으로 보암보암 미루어 짐작된다.

아버지께서는 어머니를 극진히 아끼셨다. 아버지는 어머니를 잃은 후 얼마 되지 않아서 또 형수님 상까지 당하셨다. 나는 그때 여덟 살이었는데 당장 음식을 챙겨 줄 사람이 없었다. 사람들이 혹 소실을 얻으라 권하였지만 아버지는 얼버무릴 뿐이시고 돌아가실 때까지 시중드는 첩조차 두지 않으셨다. 늘 어머니의 덕행을 말씀하면 불현듯이 처연하게 멍하니 하늘을 오래도록 올려다보신 기억이 지금도 새록하다. 어머니 이후 아버지에게 여인은 없었다. 아버지께서는 후일 지방 수령으로 계실 때도 시중드는 기생들조차 가까이 않으셨다. 기생들과 허여하며 집안 식구와 진배없이 지내셨지만 그 어떤 여인에게도 마음을 주지 않으셨다.

아버지의 글을 정리하다 〈답족손홍수서答族孫//壽書〉라는 글을 보았다. "내 평생 언문이라고는 한 글자도 모르기에, 평생을 해로한 아내에게 끝내 편지 한 글자도 서로 주고받은 일 없었다. 지금에 와서 한이 되는구나"라는 글귀를 보았다. 이해 못 할 일이지만 아버지께서는 언문을 확실히 깨치지는 못하신 듯하다. 언문만 아셨던들 어머니와 주고받은 편지가 적지 않았을 터였다.

고기볶음 한 상자, 고추장 한 단지 보낸다

아버지의 성품을 알 수 있는 편지 한 통이 있다. 아버지께서는 임지에 계시거나 멀리 집을 떠나 계시면 편지를 자주 보내셨다. 이 편지를 보면 가솔들에 대한 잔잔한 사랑이 그대로 드러난다. 이 편지는 병진년(1796) 삼월 초열흘날 형님께 보낸 편지의 일부다.

초사흘날 관아의 하인이 돌아올 때 기쁜 기별을 가지고 왔더구나. '응애 응애 하는 간난쟁이의 울음소리가 편지에 가득한 듯하구나. 인간 세상의 즐거운 일이 이보다 더한 게 어디 있겠느냐? 육순의 늙은이가 이제부터 손자를 데리고 즐거워하면 됐지 달리 무엇을 구하겠느냐?
또한 다시 초이튿날 보낸 편지를 보니 해산한 며늘아기의 증세가 아직도 몹시 심하다고 하니 아주 걱정이 되는구나. 산후복통에는 모름지기 생강나무를 달여 먹여야 한다. 두 번만 먹으면 즉시 낫는다. 이것은 네가 태어날 때 쓴 방법으로 노의老醫 채응우蔡應祐의 처방인데 신이한 효험이 있으므로 말해 준다. ……병진 삼월 초열흘 중부仲父.

이 편지를 보면 가솔들에 대한 잔잔한 사랑과 맏손자(효수)를 본 기쁨과 며느리의 산바라지까지 세세히 걱정하는 모습까지 깔아 있음을 알 수 있다. 저때 아버지의 연세 육순이셨다. 누구나 며느리의 산바라지까지 저며 넣은 편지를 쓰지 않기에 형님과 형수님이 아버지의 인품에 감격한 것이 어제일인 듯하다. 편지 맨 뒤, 형님 종의에게 쓴 편지임에도 작은 아버지인 '중부仲父'라 쓴 이유는 형님이 큰아버지께 양자를 가서다.

한번은 아버지께서 손수 담근 고추장과 고기볶음, 감 따위를 보내셨다. 그리고는 우리들에게 학문에 힘쓰라고 거듭 당부하는 편지를 보내셨다.

나는 고을살이 하다 한가한 틈이 나면 짬짬이 글을 짓거나 혹은 휘장을 내놓고 글씨를 쓰기도 하는데 너희들은 해가 다 가도록 무슨 일을 하였느냐? 나는 4년 동안 《자치통감 강목》을 숙독하였단다. 두루 재삼 읽었지만 나이를 먹어서인지 책만 덮으면 금방 잊어 버리니 부득이 작은 책자를 만들어서 요긴한 대목만을 가려 뽑아 적어 두었지만 그리 긴한 것은 아니란다. 비록 그러하나 기양技癢(지니고 있는 재주를 쓰고 싶어서 마음이 간질간질한 생각)이 시켜서 어찌할 수 없었단다.

너희들이 하는 일 없이 날을 보내고 허송세월로 해를 보낼 것을 생각하니 어찌 안타까운 마음이 심하지 않겠느냐. 한창나이에 이러면 나이 들어서는 장차 어쩌려고 이러는 게냐? 웃음가마리지, 웃음가마리야.

고추장 작은 단지를 하나 찾아 보내니 사랑에 두고 밥 먹을 때마다 먹으면 좋단다. 이건 내가 손수 담근 건데 아직 온전히 익지는 않았다.

보내는 물건.

포脯 세 첩

감편(침감의 즙에 녹말과 꿀을 넣고 조려 만든 떡) 두 첩

고기볶음 한 상자

고추장 한 단지.*

아버지는 안의현감이셨다. 굳이 보내고자 하면 아랫것들을 시키면 될 것을 아버지께서는 손수 고추장을 담그셨다. 자식에 대한 아버지의 사랑을 어찌 '고추장 한 단지'로 그치랴. 여기에 아버지께서는 우리들에 대한 따끔한 충고와 자신에 대한 경계도 잊지 않는다. 두 아들에게 공부를 면려하고 당신께서도 공부를 게을리 하지 않는다고 쓰신 것이 그것이다.

쩨쩨한 선비는 되지 말라

지금 내 나이 스물여섯이건만 지금까지 과거를 보지 않았다. 내 형님도 마찬가지다. 아버지께서는 우리 형제를 앉혀 놓고 '남이 과거 과거 하니까 나도 과거나 봐야지 하는 쩨쩨한 선비는 되지 말라. 웃음소리만 듣고 따라 웃는 격이다'라고 늘 말씀하셨기 때문이다. 물론 아버지

---

* 박지원 지음, 박희병 옮김, 《고추장 작은 단지를 보내니》, 돌베개, 2005. p.26의 번역문을 일부 수정하였다.

께서도 과거를 보지 않으셨다.

이런 나의 아버지시다. 그런데도 아버지를 '이단적' 혹은 '괴팍' 등의 치우친 성향의 어휘로 되질하려는 글을 본다. 아버지의 본 마음밭이 저렇게 순후하시거늘, 세상 말 잘 지어내는 호사가들의 말이 참 어리석다.

내 아버지의 출생 증명은 양반임에 틀림없다. 나의 7대조는 반남 박씨潘南朴氏 박동량朴東亮(1569~1635) 어른으로 금계군錦溪君에 책봉되고 호조판서를 지냈으며, 6대조 박미朴瀰(1592~1645) 어른은 선조임금의 다섯째 따님인 정안옹주貞安翁主와 혼인한 금양위錦陽尉이시다(반남은 지금의 전라남도 나주). 문자 그대로 우리 집안은 양반 가운데서도 으뜸가는 양반의 집안이다.

이 시대 양반이라는 신분으로 태어났다 함은 분명 선택받은 인생이나 다름없잖은가. 더욱이 내로라 '한골 나가는 양반가'이니 특권층임에 분명하다. 그러나 고문갑제高門甲第라 하더라도 '어떤 양반들'만이 더욱 양반이던 시대였다. 우리 집안은 그 '어떤 양반'에는 속하지 못하였다.

아버지께서는 정사년(1737: 영조 13)에 할아버지 사유師愈와 할머니 함평 이씨咸平李氏 사이에서 2남 2녀 중 차남이자 막내로 태어났다. 태어난 곳은 한양 반송방盤松坊 야동冶洞(풀뭇골, 현 서울시 중구 순화동과 중림동, 마포구 아현동 인근)이지만 스물두 살 때부터 백탑白塔(현 종로2가 근처)에서 주로 살다 재동齋洞(현 종로 재동)에서 운명하셨다. 춘추예순아홉이셨다.

아버지 삶의 터전은 그야말로 조선의 국중國中임에 틀림없으나 삶은 누옥을 전전하셨다. 할아버지는 벼슬살이를 못한 포의의 선비였기에 생활 능력이 없었으므로 증조부인 지돈녕부사知敦寧府事 필弼 자 균均 자 어르신께서 양육하셨다. 지돈녕부사는 정2품 벼슬이었다. 증조부께서는 당대 내로라하는 조선 예학의 대가인 종숙부 박세채朴世采 (1631~1695) 어른께 수학하셨다.

증조부께서는 공조참판 등 관직에 있으셨음에도 할아버지는 물론 아버지마저 과거 공부를 시키지 않으셨다. 할아버지께서는 당신의 종숙 되시는 여호黎湖 박필주朴弼周(1680~1748) 어른께 수학하셨는데, 이 어른은 이조판서와 우찬성을 두루 역임하셨다. 할아버지의 막내아우이신 사근師近(1715~1767)은 여호 어른에게 출계出系(양자로 들어 감)하셨다.

할아버지와 아버지의 과거에는 우리 집안의 가난도 한몫을 하였다. 아버지께 직접 들은 적은 없지만 살림이 어렵고 엄격한 가정환경으로 책을 펴 놓고 공부할 방조차 없었다는 것이 집안 어른들의 말이다. 오죽하였으면 아버지께선 몇몇 동무들과 마당가에 서까래를 세워 얼기설기 집을 지었다고 한다.

아버지의 학문이 늦은 것에는 저러한 사연이 있었다. 아버지께서는 임신년(1752) 어머니 전주 이씨全州李氏 유안재遺安齋 이보천李輔天의 따님과 혼인하면서 비로소 《맹자》를 중심으로 학문에 정진하게 되었다. 외할아버지 이보천 어른은 대학자이신 기원杞園 어유봉魚有鳳(1672~1744) 어른의 둘째 사위시다. 알다시피 기원은 김창협金昌協 어른의 제자이시다. 어유봉 어른은 과거 시험의 부정을 보고 대과 응시를 포기할 정도로 강직하셨다. 이 어씨 집안은 우리와 겹사돈 관계이니 내 대고모부 되시는 분이 바로 이 어유봉 어른의 장남인 어용림魚用霖 (1721~1774)으로 아버지와는 고종 4촌간이다. 더욱이 차남이신 어용빈 魚用賓(1737~1781) 어른은 아버지와 동갑으로 그 외척간의 친밀함이 남

다르셨다. 어용빈 어른은 아버지께서 연암협에서 은둔하실 때도 편지를 주고받는 등 인척을 넘어 우애를 보이셨다.

외할아버지께서는 아버지의 첫 스승인 셈이다. 아버지께서 당시 양반네로서는 늦깎이 공부를 시작한 셈이지만 공부를 해내는 힘인 '글구멍'이 여간 아니었다.

가난이 가학이다

우리 집안은 본래부터 청빈했다. 가난이 가학家學이었다. 증조부 장간공章簡公은 청렴결백하고 검소하여 집안일에 마음을 쓰지 않았다. 집안의 법도 또한 엄격하여 조부님들 형제가 온종일 한 방에서 증조부님을 모셨으니 아버지 형제는 방이 있을 턱이 없으셨다. 말 그대로 뽕나무 지게문과 깨진 독 주둥이로 만든 봉창으로 매우 궁핍한 생활이었다. 그러나 가계의 빈곤이 아버지께서 학업을 하는 데 어려움을 주었을지라도 전부일 수는 없다. 더욱 큰 이유는 정치 참예를 극히 꺼리신 조부의 뜻 때문이다. 조선의 국심에서 평생을 살다간 아버지시지만, 세상 풍파에 대껴나서 어수룩함이라고는 찾아볼 수 없이 되바라진 '서울까투리'로 지내시지 않은 이유는 모두 이러한 내력이 있어서다.

아버지께서 스물셋 되던 해 할머니가 돌아가셨고 서른하나에 할아버지마저 여의셨다. 아버지께서 스물넷 되던 해 증조부 장간공께서 돌아가셨는데 이때부터 우리 집안은 더욱 궁핍한 생활을 하였다.

아버지의 〈증익장간공부군가장贈益章簡公府君家狀〉에는 이러한 곤궁함이 잘 드러나 있다. 이 글은 아버지께서 남긴 최후의 글로 내 손에 의해 쓰였다. 을축년(1805) 정월 초이레, 금상今上(순조)께서 증조부께 장간章簡이라는 시호를 내리셨다. 아버지께서는 이 기회에 증조부님 의 행장行狀을 쓰시려 하였으나 이미 눈이 어둡고 팔은 마비되셨다. 허나 당신이 아니면 쓸 사람이 없기에 내 손을 빌려 구술을 받아쓰게 하셨다. 아버지께서는 이해 시월 스무날 별세하셨다.

30년 벼슬살이에 밭과 재산은 물론 백금百金의 재산도 없었다. 성 아래의 낡은 집은 값이 궤미에 꿴 돈 30전에 지나지 않았으나 돌아가 시도록 거처를 바꾸지 않았으며 한 명뿐인 늙은 사내종에게 변변치 못한 밥조차 배불리 먹이지 못했다.

증조부님은 타고난 성품이 고결하고 담박하셨다고 한다. 일생동안 세속의 영욕을 멀리하셨으며 예조, 공조참판, 동지돈녕부사同知敦寧府 事 등의 벼슬을 두루 역임하셨으나 가난을 가훈인 양 남기셨다. 그래 도 우리 조선의 양반들에게는 삶을 전환할 수 있는 기회가 한 번은 주 어졌다. 과거라는 제도다. 아버지의 빼어난 글재주에 우리 집안이 노 론임을 덧댄다면 아버지의 궁핍한 생활은 얼마든 면할 수 있음은 물 론이요, 더하여 집권자들에게 보비위만 적당히 하면 일신의 영달도 얼마든 꾀할 터였다.

그러나 아버지께서는 벼슬자리에 욕기慾氣를 부리지 않았으며, 과 거조차 탐탁스럽게 여기지 않으셨다. 사람들의 권유로 스물아홉 무렵 부터 과거를 보셨으나 여러 번 백지를 제출하신 것은 이 때문이다. 서 른넷에는 감시監試(생원과 진사를 뽑던 소과)에 응시하여 1차 시험에 해 당하는 초시初試 장원을 하기도 하셨으나, 몇 달 후 치른 2차 시험인 회시會試에는 아예 시험지를 내지 않으셨다.

아버지의 이러한 단안 속에는 증조부 장간공의 가르침이 컸으나 과거 시험의 병폐와 제 편만의 이익을 농단하는 자들의 붕당정치도 적지 않게 작용하였다. 당시 조정에는 아버지의 문재文才를 탐하는 이들이 적지 않았다. 이들은 아버지를 회시에 끌어들여 조정에서 자신들의 입지를 강화하려 하였다. 아버지는 배를 주릴지언정 저들과 한패가 될 수 없어 백지답안을 내신 것이다.

꿈에 중을 보면 문둥이가 된다

아버지께서 연세 쉰에 벼슬에 나가신 것은 유언호 어른의 천거에 의해서였다. 그 첫벼슬은 선공감 감역이란 말단벼슬이었지만, 이때가 되어서야 비로소 우리 집안은 세 끼 밥을 챙겨 먹을 수 있었다.

아버지께서는 어머니께서 돌아가신 뒤, 종5품 한성부판관이 되셨으나 유한준이 원칙 없는 승진이라 상소하여 안의현감으로 좌천되셨다. 아버지 연세 쉰다섯이 저물녘 일이다. 나는 겨우 열두 살로 아버지를 따라 임지에서 생활하였다. 아버지는 이곳에서 쉰여섯 되신 1월에서 예순 살 봄까지 계셨다. 언급한 바처럼 아버지께서는 심부름을 하던 아이들과 같이 나도 땋은 머리를 풀고 머리를 양쪽으로 가르고 양쪽으로 뿔처럼 동여맨 쌍상투를 틀게 하고 옷도 사규삼을 입게 하셨다.

아버지께서는 우리의 복식에 대해서 남다른 데가 있으셨다. 앞에서도 말한 바, 흰옷을 입고 일할 수 없다며 자신도 학창의를 만들어 입고는 관아에서 일을 보셨다. 사실 이 학창의는 지체 높은 사람이 입던 웃옷의 한 가지로 흰 창의의 가를 돌아가며 검은 헝겊으로 넓게 꾸민

옷이지 별다른 것은 아니었다. 그러나 복식에 대해 잘 모르던 사람들은 이를 오랑캐의 풍습으로 여겼다.

　여기에 아버지께서 청나라에서 배운 벽돌로 정각을 신축하자, 사람들은 오랑캐 풍습을 조장한다며 수군들댔다. 급기야는 이웃 함양군수였던 윤광석이 아버지께서 오랑캐 복장을 하고서 백성을 다스린다는 '호복임민胡服臨民'설을 지어 한양에 퍼뜨렸다. 들은 말로는 윤광석이 아버지의 선정을 경계하여 이러한 못된 짓을 꾸몄다고 한다. 윤광석은 이외에도 아버지께서 살인 옥사를 처리하지 않았다고 비방하는 등 망령된 행동을 여러 차례 하였다.

　이 말은 이내 《열하일기》에 대한 비방으로까지 비화됐다. 사실 《열하일기》는 애초부터 세상에 전하려 쓴 것이 아니었다. 그런데 반도 탈고 못한 것을 남들이 전하고 베껴 세상에 두루 돌아다니게 되었고 아버지를 헐뜯어댔다. 아버지는 《열하일기》에서 청나라의 연호를 썼는데 이것이 사단이었다. 유한준은 이 '호복임민'에다가 명에 대한 의리를 망각하고 오랑캐인 청을 추종한 연호를 썼다는 '노호지고虜號之藁'를 덧붙여 비방하였으니, 아버지께서는 한 치의 명예를 얻자마자 두 자의 비방을 받은 셈이다.

　당시 공식문건이나 외교문서에는 이미 청나라의 연호를 사용하였기에 사실 그리 큰 문제는 아니었지만 반청反淸 감정이라는 사회 풍조에 편승해서 아버지를 꽤 난처하게 하였다. 당시 선왕先王(정조)께서는 아버지가 문체에 대한 자송문만 바치면 크게 쓰시겠다고 하셨기에, 유한준이 이를 듣고 질투해서 저지른 일이 아닌가 한다.

　'호복임민'에 '노호지고'까지 더하자 아버지를 미워하는 측들의 비방은 더욱 거세졌다. 처벌을 원하는 상소까지 올렸으나 선왕의 지혜

연암 박지원의 흉상
(경상남도 함양군 안의면 상림숲)

연암은 1792년에서 1796년까지 5년 동안 함양의 안의현감으로 재직하였다. 연암은 이 시절 자신의 실학을 실천에 옮기는 한편 문집을 정리하였다. 관아를 중국식으로 짓고 베틀 양수기, 물레방아 등 새로운 농기구를 제작하는 한편, 〈인상각선본姻相閣選本〉, 〈공작관문고孔雀館文稿〉 등도 이 시절 작품이다.

로움이 없었다면 아버지에게 어떠한 화가 닥쳤을지 모른다. 이러한 일이지만 아버지께서는 〈답이중존서答李仲存書〉에서 '꿈에 중을 보면 문둥이가 된다夢僧成癩(쓸데없는 것으로 미루어 엉뚱한 것을 생각한다는 속담)'라는 말로 일소에 붙이셨을 뿐, 소인배들의 행위에 일절 반응을 보이지 않으셨다. 우리 형제에게도 결코 남들에게 이러니저러니 변명을 말라는 당부의 말씀도 잊지 않으셨다. 이 글에서 아버지께서는 '호복임민'을 의심받은 자신의 용모를 곽광霍光에 비기셨다. 곽광은 전한의 대장군이다. 황후의 외할아버지 신분으로 조정 일을 전담하여 20여 년간이나 여러 개혁을 꾀했다. 훤칠한 키에 얼굴이 해맑고 눈썹이 또렷하며 멋진 수염을 지녔다고 한다. 아버지께서 오랑캐 복장을 하고 백성을 다스린다고 수근들대니 아마도 이 곽광을 끌어 비유하신 듯하다. 그나마 이 편지도 외삼촌 재성 어른이 참다 못해 아버지께 올린 편지에 대한 회신이다.

이때 한양 김이도 어른의 집에서 모임이 있었다. 이 자리에서도 이 말이 난 듯하다. 김이도 어른은 "상투 틀고 학창의 입은 오랑캐가 어디 있소. 또 오랑캐 연호라는 말도 가소롭소. 연암 어른은 오히려 오랑캐의 습속을 바꾸었고 《열하일기》는 오히려 춘추대의春秋大義(공자가 매우 엄중히 저술한 《춘추》에서 나온 말로 대의명분을 밝혀 세우는 큰 의리라는 뜻)에 밝은 책이오"라고 좌중에 일침을 놓았다 한다.

지금도 안의에는 유명한 것이 있는데, 풍악이 그것이다. 아버지께서는 음악에 조예가 깊으셨지만 담헌 어른이 돌아가신 뒤로는 끊으셨다. 아버지의 글 중 〈하야연기夏夜讌記〉나 《열하일기》의 〈망양록忘羊錄〉은 그 음악 세계의 깊이를 잘 보여 준다. 특히 〈망양록〉은 중국인 윤가전尹嘉銓, 왕민호王民皥와 음악의 원리와 음악이 정치 문화 현상에까지 영향을 끼침을 논하는 글이다. 아버지께서는 왕민호의 입을 빌려 음악은 내용은 있지만 형태는 없기에 신비롭다며 음악을 들으면 "소름 끼치도록 두렵고 떨리도록 놀랍다"라고까지 하셨다.

아버지께서는 안의 지방은 산수가 빼어난데, 음악이 없다 하시고는 고을을 떠돌던 악공을 불러들여 서울의 음악을 모두 전수해 주셨다. 이 악공이 고을마다 다니며 전수해서 안의의 풍악이 유명해졌다. 아버지께서 임기를 마친 뒤 고을 사람들이 선정비를 세우려 했지만 주모자는 처벌하고 비는 깨부수겠다고 엄히 말하신 기억이 어린 나이였지만 아직도 잊히지 않는다.

박 등내等內(수령의 별칭)만큼이야 하겠어

갑신년(1824)에 안의 고장의 한 할미가 계산동桂山洞(濟生洞) 내 집에 들었다. 이 집은 바로 안의 고을 정자와 같이 벽돌을 구워 만든 중국식 집이었다. 아버지께서는 서쪽에 작은 집을 지어 창문을 내고는 총계서숙叢桂書塾이라 하였다. '총계' 란 은사가 사는 곳을 뜻한다. 할미는 안의의 관청 정자와 내 집이 비슷해서 찾아들었다고 했다. 할미는 쌍쌍투를 틀고 있던 내 모습도 자세히 기억하였으며 지금도 고을 사람들은 새 사또가 오면 "박 등내等內(수령의 별칭)만큼이야 하겠어"라고들 한다 했다. 아버지 시절을 그리워함이다.

정사년(1797) 연세 예순하나 되던 해에 면천沔川(충청남도 당진군 면천면)군수로 자리를 옮겨 선정을 베푸셨다. 이때 내 나이 열일곱이었다. 아버지께서는 이 면천군수 시절에 〈한민명전의限民名田義〉, 〈안설按說〉이 첨부된《과농소초課農小抄》를 지어 올렸는데 이는 아버지께서 직접 보고 다스린 농촌의 실태를 소상히 적고 앞날의 대안을 제시한 농업서적이다.《과농소초》에 대해서 몇 자 더 첨언하자면 내 자형姊兄인 서능보徐能輔(1757~1824)께서 암행어사를 수행한 결과를 복명復命할 때였다. 금상今上(순조)께서 백성들의 생활을 묻고 "이는 마땅히 박연암의 작품처럼 기술해야겠다. 가장 잘 된 것은《열하일기》이고,《과농소초》는 좋은 의논이 많더라"라고 말하셨다고 자형이 전해 주었다.

아버지께서는 세 해 뒤인 경신년(1800) 8월에 강원도 양양襄陽부사로 승진하셨다. 부사는 정3품의 대도호부사大都護府使이니 과거에 급제하지 않고 벼슬을 하는 음서제도의 혜택자로서는 결코 오를 수 없는 자리였다. 양양에는 황장목黃腸木 숲이 많았다. 황장목은 관곽으로는 최고로 치기에 제아무리 청렴한 수령이라도 이것만은 마련하였다. 사람들은 아버지에게 자못 궁금해하며 여러 번 황장목 이야기를 하였다. 아버지께서는 이를 의식하신 듯 후하게 장사 지내지 말라고 다짐을 두셨다. 아버지께서 돌아가셨을 때 관은 잣나무 송판이었고 덕보 어른처럼 저승노자인 반함도 없었다. 물론 모든 장례절차도 유언대로 간소하고 검소하게 치렀다.

아버지의 양양부사 수행은 겨우 다음 해(1801)로 끝났다. 예순다섯 되신 봄이었고 마지막 관직 생활이기도 하셨다. 그 일은 신흥사神興寺(현재 강원도 속초시 설악산 동쪽 기슭 국립공원 내에 위치한 절)의 승려 창오暢悟와 거관巨寬(1762~1827)이란 중으로 인해서였다. 이 중들이 궁궐의 높은 이들과 결탁하고 왕실 일가붙이들의 명함을 얻어 사람들을 현혹하더니 심지어 관속을 구타하여 죽인 일이 발생하고야 말았다.

아버지는 이를 감사에게 알렸으나 감사는 꺼리는 바가 있었던지 흐지부지하였다. 아버지께서 몹시 노하셔서 "관장으로서 궁속과 중의 무리에게 제어당하면 백성을 어찌 다스리겠느냐!"라고 하시며 병을 핑계 대고 사직하고야 만다. 이 사건만으로도 알 수 있지만, 벼슬길은 결코 녹록치 않았다. 굳이 따지면 아버지의 직업은 독서인이었으니 이만하면 부업치고는 괜찮은 삶인 듯도 싶다.

당시 사람들은 관리 봉급의 많고 적고를 따져 우열을 가리곤 했다. 아버지께서 양양부사를 다녀와서는 부쩍 사람들이 이에 대해 물었다. 그럴 때면 아버지께서는 "금강산과 맞서지요"라고 말씀하셨다. 사람들이 의아스러워 하면 "바다와 산의 빼어난 경치가 만 냥이요, 고을 봉급이 또 이 천 냥이니 그야말로 금강산 일 만 이 천 봉과 맞서지 않겠소"라고 웃어 버리셨다. 나라의 녹을 먹는 사람들이 녹봉 운운하는 것을 못마땅하게 여기신 때문이다.

벼슬살이 10여 년에 좋은 책 한 권을 잃어버렸다

아버지께서는 연암협에 사실 때 늘 냇가에 앉으셔서는 무엇인가를 읊조리고 문득 깨달은 바가 있으면 기록해 두셨다. 어느날 아침이었다. 아버지께서는 푸른 나무 그늘진 뜰에서 이따금 새가 지저귀니 부채를 들어 서안을 치며 외치셨다.

"이게 바로 내가 말하는 날아가고 날아오는 글자요, 서로 울고 서로 화답하는 글자로다. 오늘 아침 나는 참 좋은 책을 읽었구나." 내가 아버지께 그게 무슨 말씀이냐고 여쭈니, "오채색을 문장이라고 하잖니. 검붉고, 파랑, 노랑, 잿빛인 새의 빛깔이 보이느냐. 이것이 오채색이 아니고 무엇이냐. 그러니 저 새가 곧 문장이고 더욱이 펄펄 살아 날잖니. 그러니 문장으로 이보다 더한 것이 어디 있겠느냐'라고 하셨다.

아버지의 사물 보시기는 이렇듯 남다른 데가 있었다. 언젠가 보니 감나무잎에 깨알같이 쓴 글씨가 글항아리를 차고도 넘쳤다. 뒷날 아버지께서 이 글들을 다시 꺼냈을 때는 이미 노안으로 보지를 못하셨다.

그래서인가 아버지께서는 벼슬에서 물러나 연암골에 살던 시절에 지은 글들을 꺼내 보실 때면 "안타깝도다! 게도 잃고 구럭도 잃는다더니, 벼슬살이 10여 년에 좋은 책 한 권을 잃어 버리고 말았구나'라고 탄식하시곤 끝내 냇물에 모조리 띄워 보내셨다. 아버지께서는 "혹, 헛되이 사람들을 어지럽히게 될지도 모른다'라고 하셨다. 그 생각을 적 바림해 놓은 글들이 지금 있다면 《연암집》은 더욱 거질巨帙이 되었을 것임은 분명하다.

아버지께서는 벼슬길에 나간 것을 몹시 안타깝게 여기셨다. 아마도 '차라리 책이나 지었으면 한 권은 족히 될 터인데 ……' 하는 생각이시리라. 그렇다면 아버지께서는 어떠한 책을 지으셨을까?

III.

학문, 기와조각과 똥거름,
이거야말로 장관일세 !

7.
'글쓰기는 전쟁이다'
... 이재성

연암은 처남 이재성의 문장에 날카로운 기상이 없다 하여 자신과는 맞지 않는다고 하였다.
다만 문장을 평론하는 데는 일가견이 있다며 매번 글을 지어 그에게 보여 주었다. 종채는
《과정록》에서 "아버지의 글을 제대로 논하고 마음을 안 사람은 외삼촌인 지계공뿐"이라고
하였다. 이 글에서 이재성은 연암의 제삿날, 처남이자 글벗으로서 본 연암의 학문세계와
사상을 〈역학대도전〉·〈북학의서〉 등을 중심으로 평한다.

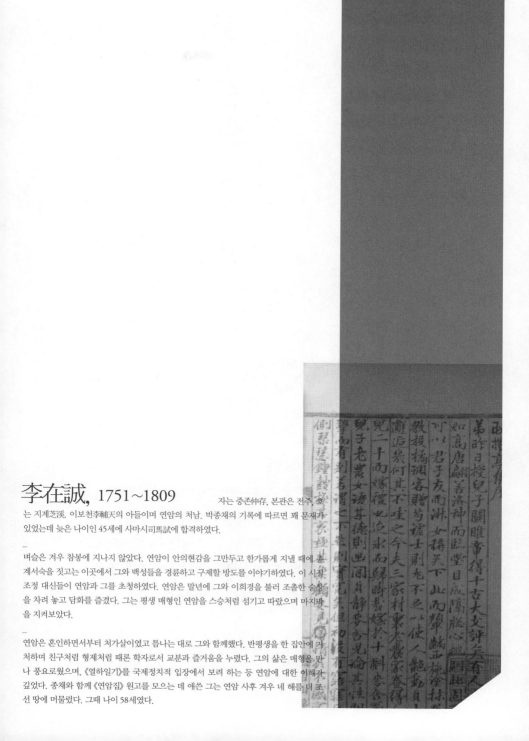

李在誠, 1751~1809

자는 중존仲存, 본관은 전주. 호
는 지계芝溪. 이보천李輔天의 아들이며 연암의 처남. 박종채의 기록에 따르면 꽤 문재가
있었는데 늦은 나이인 45세에 사마시司馬試에 합격하였다.

벼슬은 겨우 참봉에 지나지 않았다. 연암이 안의현감을 그만두고 한가롭게 지낼 때에 총
계서숙을 짓고는 이곳에서 그와 백성들을 경륜하고 구제할 방도를 이야기하였다. 이 시절
조정 대신들이 연암과 그를 초청하였다. 연암은 말년에 그와 이희경을 불러 조촐한 술상
을 차려 놓고 담화를 즐겼다. 그는 평생 매형인 연암을 스승처럼 섬기고 따랐으며 마지막
을 지켜보았다.

연암은 혼인하면서부터 처가살이였고 틈나는 대로 그와 함께했다. 반평생을 한 집안에 따
처하며 친구처럼 형제처럼 때론 학자로서 교분과 즐거움을 누렸다. 그의 삶은 매형을 만
나 풍요로웠으며, 《열하일기》를 국제정치적 입장에서 보려 하는 등 연암에 대한 이해가
깊었다. 종채와 함께 《연암집》 원고를 모으는 데 애쓴 그는 연암 사후 겨우 네 해를 더 조
선 땅에 머물렀다. 그때 나이 58세였다.

가장 참지 못한 것은 두루뭉술 인물을 상대하는 일

가장 참지 못한 것은 最所不能
두루뭉술 인물을 상대하는 일 酣媚鄉愿
굽은 바늘 썩은 겨자씨 무리들 曲鍼腐芥
모두들 너무나 미워하였네 胥致尤怨

나는 매형의 제문을 이렇게 지었다.

오늘이 매형께서 돌아가고 첫 기제忌祭다. 10여 년 전인가 보다. 저
바깥마당 반송 아래에서 지팡이와 짚신 차림으로 백성 구제를 토담할
때가 엊그제 같은데. 그때 매형은 '우리들은 늙어서 이제 머리칼이 다
허옇게 세었네. 어찌 더 이상 세상일을 경영하겠는가? 어디 한적한
곳을 골라 자네와 함께 노니는 것이 남은 생애의 즐거움이겠네' 라고

하셨다. 이 약속은 매형이 면천군수로 부임하면서 지키지 못하였지만 미련만은 늘 함께했다.

내 매형, 연암은 나와는 학문적 동지이며 평생의 지우요, 글 스승이셨다. 매형은 평생토록 우울증을 안고 사셨다. 나는 매형의 우울증을 제문에 저렇게 써 넣었다. 아버지께서는 식견이 높고 다른 사람을 인정하는 일이 드무셨지만 이런 매형만은 인정하셨다. 종종 이런 말씀을 하셨다.

"네 매형은 재주와 기상이 범상치 않다. 틀림없이 훗날 큰사람이 될 게다. 다만 악한 자를 지나치게 미워하고 그 뛰어난 기상이 너무 드러나니 이 점이 걱정스럽구나."

"네 매형은 진원룡陳元龍의 호기가 있어 이를 없애야 할 텐데······."

아버지께서 매형을 진원룡에 비기심은 매형에 대한 칭찬과 경계를 함께 아우르는 말씀이다. 저《삼국지》를 보면 허사가 "진원룡은 자잘한 일에 매이지 않은 선비로 호기로움을 없애지 않았더군요"라고 하니, 유비가 그에게 "무슨 일이 있었기에 그대가 호기 운운하는 게요?"라고 하였다. 허사가 다시 "지난번에 난리를 만나 하비下邳를 지나다가 원룡을 찾아보았는데, 주인으로서 손님을 대하는 뜻이 전혀 없었소. 서로들 말도 나누지 않다가 자신은 큰 침상 위로 올라가서 눕고 나는 아래 침상에 눕게 하지 않겠소"라고 대답하자, 유비가 "그대는 국사國士의 이름을 지닌 인물이오. 그런데 지금 온 천하가 모두 난리통이라 제왕이 있을 곳을 찾지 못하고 있는데, 세상을 구제할 뜻은 전혀 없이 집안일만 챙길 뿐이니 들어 쓸 말이 하나도 없소. 이것이 바로 원룡이 그대를 꺼리게 된 까닭이오. 그러니 무슨 말을 꺼내어 그대와 함께 이야기를 나누겠소. 나라면 아예 백 척의 누대 위에 눕고 그대는 땅에 눕게 하겠소. 어찌 위아래 침상의 차이뿐이겠소"라는 고사가 있다.

원룡元龍은 의로운 선비로 어려서부터 혼란한 세상을 바로 잡으려 하였기에 고금의 전적을 두루 통달하였다. 여포를 잡는 데도 큰 공을 세워 복파장군伏波將軍이란 칭호를 얻었다. 아버지께서 원룡을 매형에 비긴 것은 썩 적절한 비유라고 생각한다.

학문을 팔아먹는 큰 도둑놈의 전

매형은 이러한 아버지를 한평생 장인 겸 스승으로 섬기셨다. 제자이자 사위에 대한 아버지의 말씀은 안타깝게도 오차가 없으셨다. 아버지께서 악한 자들이라 지칭한 인물이 바로 '두루뭉술 인물' 인 향원鄕愿이다. 향鄕은 고을이요, 원愿은 성실이니 '고을의 성실한 사람' 이란 뜻이다. 매형은 이 향원을 무척이나 싫어하였고 저들로 인해 마음의 병을 얻었다. 향원이 실상 겉과 달리 '옳고 그름을 가리지 않고 아첨하는 짓거리를 하는 자' 이기 때문이다. 향원은 말이 행실을 돌보지 않고 행실이 말을 돌보지 않는 겉치레만 능수능란한 자들을 지칭한다. 이 말은 《논어》〈양화陽貨〉 편에 나오는, "향원은 덕의 도둑이니라"라는 데서 빌려온 것이다. 공자님은 덕이 있는 체하지만 실상은 아첨하여 모든 것을 좋다고 넘어가기에 덕을 훔치는 짓이라며 '사이비似而非' 라고 경멸하셨다.

나와 매형의 이 시절은 사이비 양반인 '향원' 이 조선의 거리마다 넘친다. 매형이 서른한 살 즈음에 지은 〈역학대도전易學大盜傳〉은 바로 이 사이비 향원을 꾸짖는 소설이다. 〈역학대도전〉은 '학문을 팔아먹는 큰 도둑놈의 전'이라는 뜻이다.

학문을 팔아먹는 큰 도둑놈이라. 매문賣文이란 뜻이다. 벼슬을 얻기 위해서 실속 없는 글을 써서 팔아먹음이 어디 어제 오늘의 일이련마는 지금의 글들은 가관이다. 이런 매문을 늘 개탄하시던 매형이 마음을 도스르고 붓을 잡아 쓰신 글이 바로 〈역학대도전〉이다.

〈역학대도전〉을 지을 당시에 이름깨나 얻은 한 선비로 세상의 이득을 파는 자가 있었다. 매형은 뒷날 그 사람이 무너지자 "노천老泉(1009~1066)이 죽은 뒤에 꼭 '간사한 사람을 분별하였다'라는 명성을 얻을 필요는 없지" 하시고는 마침내 그것을 불사르셨다. 하편 격인 〈봉산학자전〉을 없애신 뜻도 이 때문이다. 매형이 말하는 '그 사람'이 누구인지는 정확히 알 수 없지만 새로운 개혁정치를 외쳤으나 실상 뜻을 이루지 못한 궁중의 저들임을 굳이 짚을 필요는 없다.

"노천(소순)이 죽은 뒤에 반드시 '간사한 사람을 분별하였다'라는 명성을 얻을 필요는 없지"라는 매형의 이어지는 이야기를 통해서도 미루어 짐작이 간다. "노천(소순)이 ……" 운운에 대해 잠시 보자면 이렇다. 소순이 〈변간론辨姦論〉을 지었는데, 〈변간론〉이란 '간사함을 분별하는 글'로 여기서 간사한 사람이란 왕안석王安石(1021~1086)을 말한다. 왕안석은 중국의 역사에서 개혁을 꾀한 사람이다. 따라서 이해 당사자가 누구냐에 따라 지탄을 받기도 칭탄을 받기도 한다.

매형은 〈자서〉에서 "세상이 말세로 떨어지매, 선비가 허위를 꾸며 시로 남의 무덤을 파고 구슬을 빼내며, 덕을 해치는 향원(여기서는 정의를 지키는 자세가 없는 것)과 주색朱色(정색正色을 어지럽히는 자색紫色. 간색間色), 종남終南(장안의 남산인데, 이곳에 은거함이 벼슬의 첩경이란 말이 있음. 당나라 노장용의 고사)의 첩경과 같은 태도는 자고로 추악하게 여겼다. 이에 〈역학대도전〉을 쓴다"라고 하셨다.

"선비가 허위를 꾸며 시로 남의 무덤을 파고 구슬을 빼낸다"라는 말 결부터 보자. 이 구절은 〈호질〉과 〈홍덕보묘지명洪德保墓誌銘〉에서도 언급할 정도로 매형이 꽤 잡고 있었던 사회적 폐단이었다. 이 문장은 《장자》〈잡편〉 '외물' 편의 '무덤을 파던 유자'에서 연유한다.

'외물' 편의 내용은 대유大儒와 소유小儒가 죽은 유자儒者의 무덤을 파헤쳐서 수의와 입안에 넣어 둔 구슬을 훔치는 데 우습게도 《시경》에 보이는 시구를 끌어온다. 시경에 보이는 구절은 "살아 베풀지 않았는데 죽어서 어찌 구슬을 입에 머금었는가'라는 일실된 구절이다.

'외물' 편은 결국 《시경》과 《예기》를 핑계 삼아 나쁜 일을 행하는 유자들을 풍자한 시다. 야음을 틈타 무덤을 도굴하는 도둑이 '대유'와 '소유'라는 설정도 한껏 유자들을 풍자할 만한데, 입안에 반함飯含(저승노자)으로 넣은 구슬마저 훔친다. 매형은 이 '외물' 편의 내용에서 조선 속유俗儒들을 보셨다. 매형이 반함을 하지 않은 이유이기도 하다.

또 다음 구절에 보이는 '덕을 해치는 향원'이란 앞에서 이미 말했듯이, 주색朱色은 정색正色을 어지럽히는 색이고 종남終南은 장안에 있던 산으로 이곳에 은거함이 벼슬의 첩경이란 말이다.

결국 매형은 당대, 학문을 내세워 파당을 짓고 자기만 옳다고 여기는 한편, '향원'을 미덕으로 여겨 두루뭉술하니 자기의 주견을 밝히지 않고 권력의 주변인 서울의 남산에서 지내는 자들을 경계하기 위하여 〈역학대도전〉을 지으신 것이다. 그러니 '학문을 팔아먹는[易學] 큰도둑놈[大盜]'이란 바로 썩어 문드러진 조선의 선비들이다. 딱히 내 남없이 북벌책을 붙잡고 자신과 당파의 안위만을 챙기던 위선적인 학자 모두를 지칭한다 해도 큰 무리는 아닐 듯싶다.

매형의 글쓰기는 이렇듯 매섭다. 밤새 고인 아침가래 뱉듯, 한여름 우물둥치에서 막 길어 마시는 샘물처럼. 매형은 "만약 남을 아프게도 가렵게도 못하고, 구절마다 쓸데없이 너저분하고 데면데면하여 우유부단하다면 이런 글을 장차 어디에 쓰겠는가?"라고 하였다. 애석하게도 매형의 소설 9전 중 〈봉산학자전鳳山學者傳〉과 함께 이 〈역학대도전〉은 현재 유실되었다.

잠시 〈봉산학자전〉을 보자. 〈봉산학자전〉은 진정한 학자에 관한 글이다. 증자曾子의 제자 공명선公明宣은 선생의 문하에서 3년 동안 책 한 권 읽지 않았지만 천하에 가장 잘 배운 학자다. 선생의 행동거지를 읽어서다. 매형은 〈봉산학자전〉에서 진정한 학자상을 저 공명선에게서 찾았다.

매형의 학문하는 자세를 좀 더 엿보자면 박제가의 《북학의北學議》에 써 준 〈서〉부터 보아야 한다.

학문하는 길에는 방법이 따로 없다. 모르는 것이 있으면 길을 가는 사람이라도 붙잡고 묻는 것이 옳다. 어린 종이지만 나보다 글자 하나라도 더 알면 우선 그에게 배워야 한다. 자신이 남과 같지 못한 것을 부끄러워하여 자기보다 나은 사람에게 묻지 않는다면 이것은 종신토록 고루하고 무식한 경지에다 자신을 가두어 두는 것이 된다. ……그러므로 순임금과 공자가 성인이 된 것은 남에게 묻기를 좋아하고 잘 배운 데에 불과한 것이다. 우리나라의 선비들은 세상의 한모퉁이에서 태어나 한편으로 치우친 기질을 가지고 있다. 한번도 하夏나라의 땅을 밟아 보지 못했고 눈으로도 중국 사람을 보지 못했다. 나서 늙고 병들어 죽을 때까지 이 나라 땅을 떠나 본 적이 없다. 그래서 학의 다리가 길고 까마귀의 날개가 검은 것처럼, 각기 타고난 품성을 바꾸지 못한 채, 마치 개구리가 우물 안에 있듯, 두더지가 밭흙을 뒤지 듯, 홀로 그 땅만을 지켜 왔다. ……진실로 법이 좋고 제도가 아름다우려면 아무리 오랑캐라 할지라도 나아가서 스승으로 삼아야 한다. ……우리와 저들과 비교한다면 진실로 한 치만큼도 나은 것이 없는데, 다만 한 줌의 상투를 묶어서는 스스로 천하에서 제일인 체하며, "지금의 중국은 옛날의 중국이 아니다" 하고는 그 산천은 비리고 노린내가 난다고 탓하며, 그 인민들은 개나 양 같다고 욕하며, 그 언어는 뜻이 통하지 않는 오랑캐의 소리라고 모함하고는 아울러 중국 고유의 아름답고 좋은 법과 제도마저도 부정하니 그렇다면 장차 어느 나라를 본받아서 진보해 나아갈 것인가?

매형의 저 도도한 말길을 따라가 보면 학문하는 길에는 방법이 따로 없다. 모르는 것이 있으면 길 가는 사람이나 어린 종에게라도 배워야 한다. 자기의 의견만 옳다고 여기는 '자시지벽自是之癖'으로 넘쳐나는 이 조선이기에 매형 말씀이 더없이 귀하다. 매형은 세상의 한모퉁이인 조선에서 태어난 선비들의 치우친 기질을 못마땅해 한다. 그야말로 한 줌의 상투를 틀어 쥔 한 줌밖에 안 되는 양반들이, 조선의 공인된 권리를 등에 업고 나라를 아수라장으로 만드는 모습이 생생하다. 매형은 때론 도수屠獸쟁이 정수리부터 찍듯, 글에 새파란 결기를 저렇게 노골적으로 드러냈다. 매형은 청나라를 인정하고 배우는 실학을 통해 백성들의 삶을 윤택하게 만든다고 생각했기에, 학문의 방법도 실질적이며 적극적인 자세여야 한다고 여겼다. 매형은 그래 글쓰기를 전쟁으로 생각했다.

글쓰기는 전쟁

나는 매형이 쓴 〈백척오동각기百尺梧桐閣記〉를 "세상 사람들은 모난 것을 싫어하고 둥근 것을 좋아한다. 글자를 써서 글을 만드는 데에도 무너지고, 풀어지며, 기름지고, 미끈하나, 실은 다 아슬아슬하여 계란을 포개 놓은 것 같다. ……매형은 글자를 쓸 때 삐쭉하건, 모나건, 비스듬하건, 바르건, 못 쓰는 것이 없다. 다만 둥근 것을 싫어한다"라고 비평했다.

〈백척오동각기〉의 내용이다.

마침내 날마다 노복을 시켜 벽돌을 걷어 치우고 계단을 고르게 하며, 모든 둥근 돌멩이들은 실어다 내버리고 무너진 벼랑과 갈라진 비탈 사이에서 돌을 골라 오게 했다. 마치 쪼개진 얼음장, 깎인 옥돌, 모난 술잔 같은 돌들이 추녀와 처마 아래 다투어 와서 갖은 재주를 자랑하는 듯하였다. 개 이빨이 엇물린 듯, 거북 등이 불에 갈라진 듯, 도자기에 금이 가고 가사를 꿰맨 듯, 모난 결로 아귀를 맞췄더니 먹줄과 칼날을 대지 않아도 완연히 도끼로 쪼갠 것 같았고, 섬돌을 따라 반듯하고 곧으니 모와 각이 분명했다. 이리하여 당에는 제대로 된 층계가, 문 앞에는 제대로 된 뜰이 생기게 되었다.

매형은 위에서 둥근 돌을 모두 버리고 쪼개지거나 각이 난 돌을 갖다가 누각을 만들었다. 모난 돌이기에 바로 아귀가 맞추면 각이 질 수밖에 없다. 매형의 글 속의 문자들도 쪼개진[坼], 깎인[削], 모난[楞], 쪼갠[劈] 따위의 각진 문자들이 흥성거린다. 매형의 두루뭉술 향원에 대한 미움은 저렇게 글쓰기에도 그대로 이어진다.

매형의 이러한 글쓰기법을 잘 정리한 글이 〈소단적치인騷壇赤幟引〉
이다. 매형은 〈소단적치인〉에서 글쓰기를 전쟁의 수사학에 빗댄다.
이 글은 내가 과거 시험에 합격한 사람들의 글을 모아 엮은 《소단적
치》에 써 준 글이다. 소단은 과거 시험장이요, 적치는 장군을 뜻하는
붉은 깃발이다. 매형은 이 글에서 글자는 '병사'로, 뜻은 '장수', 제목
은 '적국'으로 '전장典掌과 고사故事'는 싸움터의 진지로 비유하였다.
전쟁터의 장수는 목숨을 걸어야 하는 법, 매형에게 글쓰기는 바로 전
쟁이었다. 매형이 글을 쓰는 데 마음다짐이 어떠했는지를 알려 주는
자료다. 특히 매형의 20대에서 30대의 글들은 《맹자》와 《사기》의 영
향을 받았다. 문장에서 펄펄한 기운을 느낀다면 바로 이 때문이다.

여담 같은 이야기련만, 이러한 글쓰기는 매형의 기억력과 관계가
있다. 매형은 자주 "나는 기억력이 천성적으로 아주 나빠, 늘 책을 보
다 덮는 즉시 잊어버리니 말이야. 머릿속이 멍한 게 한 글자도 남아
있지 않단 말이지"라고 말씀하셨다. 매형께는 송구하지만 사실 저 말
한 마디가 내가 매형을 좋아하는 이유인지 모른다. 매형의 기재奇才를
알기에 저 말을 곧이 믿는 것은 물론 아니지만, 내가 매형을 모시고
계속 공부할 수 있도록 붙잡아 주는 든든한 손임에는 분명하다.

바특한 증거에 지나지 않지만 매형께서는 책을 매우 더디게 보셨
다. 내가 서너 장을 읽을 때에 겨우 한 장을 읽을 뿐이고, 또 기억하여
외우는 재주도 나보다 좀 떨어지시는 것이 사실이다. 그런데도 매형
의 글 앞에 조선의 내로라하는 문장가들도 기를 못 편다. '기억력이
나쁘고 책 읽는 속도가 더딘' 매형이 글쓰기에 얼마나 많은 노력을 기
울였을지 미루어 짐작이 간다.

증조부로부터 물려받은 매형의 가난은 글쓰기와 연결되어 있다. 매형의 소설과 잇댄다면 갖가지 논의도 가능하다. 양반이지만 극도의 궁핍한 삶 그리고 정치의 부조리에 대한 체험은 매형의 소설에 무한한 소재를 공급해 주었다. 매형에게 낮은 백성들은 몸에 늘 붙어다니는 그림자였다. 매형은 저 백성들의 삶이 살아 있는 세계인 활물活物이요, 저들의 삶을 읽어야 활독서活讀書요, 저들의 삶을 써야 살아 있는 글인 활서活書가 된다고 생각했다.

우담優曇이 한 번 꽃 피고
용도龍圖가 한 번 웃음

매형의 글은 주로 문文이다. 널리 알려진 《열하일기》가 그렇고, 9전傳이 그렇고, 이 외에 수백 편이 모두 문이다. 매형이 그리고자 하는 것은 조선의 백성들이다. 백성들의 삶은 이야기이고, 이야기를 담아내기에 문이 적절해서다. 〈호질〉, 〈민옹전〉, 〈발승암기〉, 〈양반전〉 등 4편은 《속제해지續齊諧志》라는 책에도 실렸다.

공조참의를 지낸 홍원섭洪元燮(1744~1809) 같은 이는 술 빚는 것을 금하는 정책에 대해 쓰신 〈주금책酒禁策〉이 얼마나 좋은지 횟수를 표시하며 읽었다고 한다. 홍공은 글과 사람을 아끼는 이로 매형과 가끔 문주文酒로 사귐을 가졌다. 그가 한번은 충주 원으로 있을 때 관사에 불이 나 겨우 몸만 빠져 나왔는데, 그때 매형의 시 한 수를 잃었다고 한다. 홍공은 이 시를 쉽게 구할 수 없는 보배를 잃었다고 두고두고 한탄하였다.

매형은 문文에 비하여 시고詩稿는 극히 적어 42편 남짓에 불과하다. 오죽하였으면 무관 이덕무 어른은 《청장관전서》에 매형의 아래 시를 수록하고는 포용도包龍圖에 비견하였을까.

푸른 물 명징한 모래 외로운 섬에 水碧沙明島嶼孤
하야로비 같은 신세 티끌 한 점 없네 鵁鶄身世一塵無

무관 어른은 이 시를 "비단 시상만 오묘한 것이 아니라 자신의 성격도 완전히 드러냈다. 시란 이토록 거짓이 없다"라고 하였다. 푸른 물, 명징한 모래, 외로운 섬, 하야로비(해오라기) 신세, 티끌 한 점에 매형의 성격이 그대로 보인다. 무관은 매형의 제자들 중 가장 연장자이기도 하지만, 매형의 시문을 가장 깊이 이해한 이이기도 하다. 매형은 평소에 이덕무는 재주아치지만 거작은 쓰지를 못했다고 안타까워하셨는데, 무관 어른의 죽음을 들었을 때 "꼭 나를 잃은 것 같구나"라는 편지를 나에게 보내올 정도로 아끼셨다. 무관은 자신이 서얼이라는 사실을 감추곤 하였다. 매형은 "무관이 서얼임을 당당히 밝혀야만 글의 요령을 얻을 텐데……"라고 종종 말씀하셨다.

포용도는 포청천包靑天(999~1062)이란 청백리다. 그는 북송 때의 인물로 '청천'은 '푸른 하늘'도 되지만 '청백리'를 뜻한다. 실지 그의 성품이 얼마나 강직한지 그가 조정에서 벼슬하는 동안에는 귀척貴戚이나 환관들이 발호하지 못하고 그를 무서워하였다 한다. 또한 그가 얼마나 근엄한지 한 번도 웃는 일이 없어서 "포용도가 웃으면 황하黃河의 물이 맑아질 것이다"라고 하는 말까지 있었다.

이덕무는 포청천이 잘 웃지 않음에서 매형의 시문 또한 얻어 보기 어려움을 비유하였으나 조금 비껴 생각한다면 포청천과 매형의 올곧은 성격의 유사함은 거저 얻는다.

재선(박제가)도 "우담優曇이 한 번 꽃피고 용도龍圖가 웃을 때 바로 선생님이 시 쓰실 때지요"라고 하였다. 용도는 포용도이고 우담은 3천 년에 한 번 핀다는 우담발화라는 꽃이다. 매형의 시는 고체와 금체시를 합하여 겨우 50여 수에 지나지 않는다. 그중 가장 빼어난 〈농사꾼 집田家〉이다.

늙은이 참새를 지키느라 남쪽 두둑에 앉았는데 翁老守雀坐南陂

개꼬리 같은 조이삭 노란 참새마냥 축 늘어졌네 栗拖狗尾黃雀垂

장남, 둘째 모두 밭에 나갔으니 長男中男皆出田

시골집은 한낮에도 온종일 사립문이 닫혀 있고 田家盡日晝掩扉

솔개가 병아리 채가려다 제 뜻대로 못했으니 鳶蹴鷄兒攫不得

닭들은 박꽃 울타리 아래서 꼬꼬댁! 울어댄다 群鷄亂啼匏花籬

어린 새댁 새참 담긴 광주리 이고 시내는 건넜을라나 小婦戴棬疑渡溪

코흘리개와 누렁이가 술래잡기 하는구나 赤子黃犬相追隨

바특한 살림의 농촌 풍경이 정겹게 그려져 있다. 누렁이와 술래잡기하는 코흘리개 위로 텅 빈 집의 닭을 노리는 솔개, 노인은 언덕에 앉아 새를 쫓고 갓 시집 온 며느리는 남편형제들을 위해 새참을 이고 시내를 건너간다. 농가를 중심으로 요기조기 그림을 그려 보여 준 이 시에는 풍족하지는 않지만 구순한 정이 넉넉히 흐른다. 단순한 시마詩魔로써 음풍영월이나 화조월석을 읊조린 시가 아니라, 사람 사는 세상을 그린 인정물태人情物態의 시다.

오른손은 갑, 왼손은 을

인정물태란 일상을 떠난 삶이 없듯, 삶을 떠난 글도 존재하지 못한다는 뜻이다. 글쓰기는 천상에서 겨자씨를 뿌려 지상의 바늘 끝에 꽂는 비기가 아니다. 매형은 글쓰기는 인정물태, 글은 곧 그 사람이니, 빗방울처럼 많은 그 사람 사는 세상을 쓰면 된다고 생각했다. 숨을 쉬고 밥을 먹어야 하듯 글은 사람들의 삶에 일용이 되고 세상을 바로잡는 데 도움이 되어야 한다고 여겼다. 매형의 글에서 낮은 백성들을 자주 접하는 것은 이 때문이다.

양반에게 있어 저들은 함께 하늘을 이고 살아 가는 같은 인간이 아니다. 하지만 매형의 소설에 삭여낸 이들은 모두 삶의 당위성을 지닌 존재들이었다. 매형은 그렇게 신분을 초월하여 저들과 정담을 나눌 줄 알았다. 매형은 상사람들에게도 유학의 이상적 인간상인 군자의 자질이 있음을 자각했다. 〈마장전〉이니 〈예덕선생전〉 등은 그 실례의 소설들이다. 사실 매형의 소설 소재원은 모두 우리 조선인의 주변에 화석처럼 남아 있는 것들이다. 매형의 소설에서 잠시 전에 붓을 두고 간 듯한 묵향墨香과 선명한 필선筆線을 볼 수 있는 것도 삶의 진정성을 찾을 수 있는 것도 모두 이 비밀스런 공통점 때문이다.

그래서인지 매형의 글은 무척이나 자세하다. 예를 들자면, 나뭇잎을 표현하기 곤란하니 매형은 이렇게 '꿰뚫으(자세히 나뭇잎의 힘줄을 보면 '천자만년天字卍年'이란 글자가 있다. 《열하일기》〈황교문답〉에 보인다)' 나뭇잎을 그려 넣음으로써 읽는 이의 이해를 높이고자 하였다. 글자의 이름을 굳이 붙이자면 '나뭇잎 잎' 자 아닌가? 매형은 또한 퇴고를 꽤 중히 여겼다. 자구를 고쳐야 할 곳이 생기면 비록 한 편의 글을 다 썼다 할지라도 반드시 종이를 바꾸어 첫머리부터 새로 쓰셨다. 지은 글을 정서淨書하는 것조차 저러하였으니, 글 고침이야 굳이 언급할 필요조차 없다.

매형께서 글을 구상하는 방법을 보면 여간 흥미롭지 않다. 하루는 빗줄기가 하염없이 처마를 때리는 봄날이었다. 매형은 대청마루에 쌍륙雙六을 펼쳐 놓고 놀이를 하셨다. 쌍륙은 여러 사람이 편을 갈라 가지고 차례로 주사위 둘을 던져서 나는 사위대로 판에 말을 써서 먼저 궁에 들여보내는 놀이라 혼자 할 놀이가 아닌데도 한참을 그러더니, 이내 누군가에게 편지를 쓰셨다.

사흘간이나 비가 주룩주룩 내립니다. 어여쁜 살구꽃이 모조리 떨어져 마당을 분홍빛으로 물들였습니다. 나는 긴 봄날 우두커니 앉아서 혼자 쌍륙놀이를 하지요. 오른손은 갑이 되고 왼손은 을이 되어 '다섯이야! 여섯이야!' 소리칩니다. 그 속에 나와 네가 있고 이기고 짐에 마음을 쓰니, 문득 상대가 있고 짜장 적이라는 생각도 듭니다. 알지 못하겠습니다. 내가 내 두 손에 대해서도 사사로움을 두는 건지. 내 두 손이 갑과 을로 나뉘었으니 사물이라 할 수 있고 나는 그 두 손에게 조물주의 위치입니다. 그렇건마는 사사로이 한쪽 손을 편들고 한쪽 손을 억누름이 이렇습니다.

어제 비에 살구꽃은 모두 떨어졌지만, 꽃망울을 터뜨릴 복숭아꽃은 이제 화사함을 뽐내겠지요. 나는 잘 모르겠습니다. 조물주가 복숭아꽃을 편들고 살구꽃을 억누르는 것 역시 사사로움을 두어서인지.

그제야 나는 매형이 잡기놀이를 하신 게 아니라 글을 구상하였음을 알았다. 매형은 이렇듯 글의 구상조차 삶에서 찾았다. 삶, 그렇다. 매형은 조선의 상사람들의 삶과 함께했다. 매형의 벗과 제자들에 서얼이 많다는 것도 글 속에 낮은 백성들이 살아 움직이는 것도 모두 삶 속 구상이어서다.

기와조각과 똥거름, 이거야말로 장관

매형은 제자를 여럿 두었고 매우 아끼셨다. 스승을 찾아 떠나는 계우季雨에게 준 〈증계우서贈季雨序〉에는 매형의 사제관이 잘 정리되어 있다. 매형은 우리 조선의 '사도師道가 버려진 지 오래'라며 탄식하시고 공자와 맹자의 사제관을 끌어왔다. 공자는 '삼參아!', '회回야!' 등 제자의 이름을 불렀고, 맹자는 반드시 제자를 높여 '그대'라 칭했다. 공자가 제자의 이름을 부른 것은 아비와 자식관계로 여겨서고, 맹자가 '그대'라 부른 것은 제자를 높여 학문을 하는 벗으로 여겨서다.

매형은 이런 공맹의 사제관으로 제자들을 대했다. 제자들의 이름을 부르고 학문을 하는 벗으로 여겼다. 여러 제자 중 생각나는 이가 이기득이다. 작년 매형이 서거한 날이다. 한 여인이 여막을 찾아와서 곡을 하고 심상心喪(상복은 입지 아니 하나 상제와 같은 마음으로 말과 행동을 삼가고 조심함)을 자청하였다. 이 여인이 바로 이기득李驥得의 처였다. 이기득은 중인 서리층이었다. 이기득의 아내는 남편의 평소 뜻을 지키기 위해서 찾아온 것이라 하였다. 기득은 열두어 살쯤부터 매형을 찾아와 제자 되기를 청했다. 기득의 자질이 우매하나 사람이 속내가 있음을 보시고 산수부터 가르쳐 글을 깨치게 하였다. 결국 기득의 실력은 날로 달로 자라나 여문 글 한 편쯤은 쓸 수 있게 되었다. 기득은 매형을 부형처럼 따랐고, 끝내 연암협까지 따라가서는 천한 일을 마다 않고 온갖 고초를 겪었다. 그런데 이 기득이 스무 살 남짓으로 결핵에 걸려 숨을 몰자 매형은 찾아가서 영결까지 직접 하였다. 그러고는 이 제자의 죽음을 애석해하며 그가 필사한《소학감주小學紺珠》를 늘 서안에 놓아두고는 어루만지곤 하셨다.

매형이 지니고 있는 농·공·상을 중시한 실학사상도 따지고 보면 여기에 뿌리를 두고 있다. 떠듬떠듬 매형의 글을 짚어 보면, 매형의 의식 내부에 낮은 백성들을 따뜻하게 품어 안는 장자長子의 면모를 만나는 것이 어렵지 않다. 매형은 그의 글 속에서 낮은 백성의 선한 의지를 전경화하여 '조선의 희망의 지렛대'로 삼았다. 매형의 글은 이렇듯 한 자 한 자가 종이 위의 백성이요, 점 하나 획 하나는 종이 위의 조선의 오늘이요, 조선의 앞날이다.

매형은 〈일신수필馹迅隨筆〉에서 "똥이란 지극히 더러운 것이지만 밭에 거름을 준다면 마치 금처럼 아까워한다. 길에 버린 재가 없고 말똥을 줍는 자는 삼태기를 메고서 말꽁무니를 따라다니고. 이것을 네모나게 쌓거나 혹은 팔각으로 혹은 여섯 모로, 혹은 누대의 모형처럼 만들었다. 똥거름을 보니 천하의 제도가 이곳에 서 있구나. 그래 나는 이렇게 말한다. '기와조각과 똥거름, 이거야말로 장관일세!'라고" 하였다. 매형은 '똥이란 지극히 더러운 것'이라 하면서도 가로되, '장관!'이라고 한다. 매형이 중국을 여행하면서 볼거리가 없어서 퇴비더미에 관심을 갖은 것이 아니다. 또《열하일기》소재 〈금료소초金蓼小鈔〉는 어떠한가. 우리 조선의 의료 현실이 척박함에 도움을 주고자 열하에서 의서醫書를 찾아 초록抄錄한 것 아닌가. 내용에 '구기자枸杞子로 기름을 짜서 등불을 켜고 책을 읽으면, 시력을 더 좋게 한다'라는 말이 있어 그대로 해 보니 과시果是 효험이 있었다. 이 모든 것이 이용후생과 정덕이 우리 조선의 미래라고 생각하셔서다. 매형은 《서경書經》〈대우모大禹謨〉에 보이는 이른바 삼사三事인 이용利用·후생厚生·정덕正德을 항상 강조하셨다. 이용과 후생으로 산업을 잘 다스려 민생의 일용에 이롭게 하고 생활을 풍족하게 만들면 정덕으로 떳떳한 도덕을 갖추게 된다고 늘 말씀하셨다. 대상을 필요에 따라 이롭게 써야 생활이 넉넉해지며 생활이 넉넉해야만 바른 마음을 갖는다는 말이다.

《열하일기》에서 매형의 이 실학과 이용후생정덕 사상은 천하로까지 시야를 넓혔다. 매형은 중국을 살펴 천하의 형세를 짐작했고 나라의 안위를 생각함에 있어서는 중화와 오랑캐를 엄정히 구별하셨다. 〈막북행정록〉, 〈일신수필〉, 〈행재잡록〉, 〈심세편〉 등은 천하의 형세를 짐작함이요, 〈허생전〉은 우리의 안위를 밝히고 중화와 오랑캐를 엄정히 구별한 글들이다. 매형이 〈심세편〉에서 "중국의 동남 지방은 개명했으므로 반드시 이곳에서 천하에 앞서 큰 일이 일어날 것"이라 하고, 또 〈구외이문〉에서도 "어찌 오직 중화에만 군주가 있고 이적에는 군주가 없겠느냐? ……천하는 천하인의 천하이지 한 사람의 천하가 아니다"라고 말씀하셨다.

매형의 이 예언은 곧 현실이 되었다. 매형이 건륭제乾隆帝(1711~1799) 생일연 사절로 열하를 가셨을 때만 해도 청 황실은 강성했으나 곧 건륭제가 총애하던 화신의 전횡과 관리의 부패가 극에 달하자 결국 중국 남부의 묘족苗族의 난을 시발로 병진년(1796)에 백련교白蓮敎의 난 등이 각처에서 일어났기 때문이다. 화신和珅은 가경제嘉慶帝(1760~1820)가 즉위하며 처단되었고 이제는 동남 지방으로 여러 서양 세력들이 들어온다고 한다. 지금 청나라의 정세를 보면 매형의 말씀이 모두 들어맞는다. 매형은 중국과 조선을 넘어서 천하 속에서 조선을 보고자 하였다. 그러하자면 언급한 바 이용후생정덕으로 나라를 부강하게 만들어야 한다고 늘 말씀하셨다. 구체적인 이용후생은 생산기술과 상업유통이어야 한다. 그러나 우리 조선에는 《열하일기》〈도강록〉에 나오는 정 진사와 같은 이들 천지다. 정 진사는 매형이 중국의 벽돌 성곽에 놀라 "이 성이 어떻소?"라고 하자 시큰둥하게 "벽돌은 돌만 못하오"라고 한다. "벽돌은 돌만 못 하고, 돌은 잠만 못하지요." 한 대 쥐어박고 싶었다는 매형의 대답이다. 벽돌의 효용을 눈으로 보고도 못 보는 정 진사에게 차라리 '잠이나 자게!' 라는 일갈이다.

그런데도 몇 사람을 제외하곤 칭찬하는 이나 성내는 이나 한결같이 정 진사뿐이다. 조선의 정 진사들은 오직 매형의 문체만 운운하며 기문이라느니, 패설이라느니, 우언이라느니 하곤 웃어대거나 손가락질을 해댄다. 내가 제문에 "우언은 궤변으로 세상을 농락한 것이요, 우스갯소리는 실상이 아니고 거만히 세상을 조롱한 것이거늘. 알아 주는 사람이나 꾸짖는 사람이나 속 모르기는 똑같지"라고 써 놓은 이유도 다 이에 연유한다.

그중 죽촌竹邨 이우신李友信(1762~1822)은 매형 글의 성격을 가장 예리하게 평한 이 중 한 사람이다. 죽촌은 대학자인 김양행金亮行의 문하로 학문을 인정받아 경연관과 서연관에 중용된 이다. 그는 매형 글을 "연암 어른의 문자를 지금 사람들은 아는 이가 없습니다. 대개 그 사실을 핍진하게 그렸으며 진부한 말은 쓰지 않으셨지요. ……지금 사람들은 이 어른의 글을 요즘 사람의 글로만 읽기 때문에 대수롭지 않게 여겨 그 진가를 모릅니다. ……간혹 글을 아는 사람일지라도 단지 한두 글귀만 전하고 말하는 데 불과할 뿐, 글의 요지와 대의가 어디에

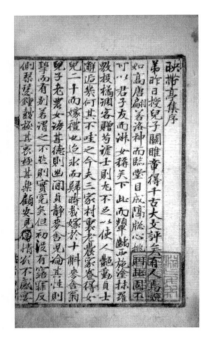

《영대정집》의 서문인 〈영대정집서〉
(단국대학교 연민문고 소장)

《영대정집》은 건·곤 2책으로 단국대 사학과 김문식 교수가 연민 이가원 선생의 기증도서인 '연민문고'에서 찾아 세상에 알렸다. 이 책에는 연암 집안에서 소장하였음을 보여 주는 '연암산방' 이란 도장이 찍혀있다. 〈영대정집서〉에서 연암은 문장을 흥미롭게 남녀간 사랑에 견주는데, 남녀간 사랑에 세 가지 형식이 문장에도 있다고 한다.

첫 번째 사랑은 〈고당부高唐賦〉나 〈낙신부洛神賦〉와 같은 작품에 등장하는 아름다운 여인을 만나 눈길을 주고받는 사랑이다. 〈고당부〉는 송옥宋玉의 작으로 회왕懷王이 고당에서 놀 때, 꿈속에 무산의 여신과 동침을 노래한 글로 남녀의 정교情交를 뜻하는 '운우雲雨'라는 말이 여기서 나왔으며, 〈낙신부〉는 조식曹植의 작으로 낙수의 여신과 애끓는 사랑을 노래한 글이다. 연암은 이러한 사랑은 군자와 숙녀의 만남일 수 없다고 잘라 말한다.

두 번째 사랑은 귤을 던지거나 작약꽃을 주며 남자와 장난을 치는 여인과의 사랑이다. 연암은 정숙한 사람이 이런 여자를 보면 토악질을 하지 않겠느냐고 역시 못마땅해 한다.

세 번째 사랑은 산골 마을에 사는 늙은 농부가 키운 딸과 보리 열 가마를 수확하는 농사꾼 집 아들의 사랑이다. 연암은 사랑으로 잠 못 이루며 전전긍긍하는 일도 없고, 슬픔이나 즐거움이 극에 달하지 않았으니 이러한 시골 사람의 사랑이야말로 문장의 유형과 비슷하다고 한다. 연암의 이러한 비유는 자신의 문장이 촌스런 남녀 간 사랑을 표현한 것이지만 인정물태, 즉 세상 사는 일을 더도 덜도 없이 진솔하게 썼다는 의미로 이해할 수 있다.

있는지는 알려고 하지도 않으니 어찌 이 어른의 글을 안다고 하겠습니까. 하지만 세월이 흐르면 흐를수록 더욱 그 글을 알아줄 사람이 있을 겁니다. 더군다나 그 글은 실용에 힘썼으니 후세에 가장 오래 전해지리라 믿습니다"라고 평가했다.

또 김기서金箕書(1766~1822)는 "이 어른의 문자는 책을 펼치면 만길이나 하는 빛이 솟구쳐 사람의 가슴을 활짝 열어젖뜨린다"라고 평하였다. 김기서는 그림에 뛰어난 재질을 보인 이로 영의정을 지낸 김상복金相福 어른에게 출계하였다.

나 역시 매형의 글들이 후세에 반드시 널리 읽히리라는 것을 믿는다. 매형은 조선이란 '닫힌 사회'를 글이란 '열린 형식'으로 사유의 매듭을 풀어 갔기 때문이다. '열린 형식'이라 함은 매형의 글이 조선의 고문가들이 추앙하는 버젓한 '문文'이 아닌 관습으로부터 벗어나 내일을 지향하고 있다는 뜻이다. 이것은 매형 글 속에 등장하는 낮은 백성들에게서도 찾을 수 있다. 이 시절, '상하귀천' 넉 자가 지배하는 조선 사회다. 매형은 양반과 낮은 백성의 참과 거짓을 가려 이 조선의 진정성을 글로 드러내었다. 후세에 매형의 글에 나오는 인물들이 마음 놓고 살아가게 이 조선이 아름다운 세상이 되었으면 한다. 나의 꿈이요, 매형의 꿈이다.

白東脩, 1743~1816

본관은 수원, 자는 영숙永叔, 호는 인재靭齋 또는 야뇌野餒를 썼다. 신임사화에 연루되어 죽은 평안도 병마절도사 증 호조판서 충장공 백시구白時耉의 증손이며, 백상화白尙華의 손자다. 아버지 백사굉白師宏은 무인이라기보다 글을 읽는 선비였고, 이덕무가 큰 매형이다. 조부인 백상화가 증조부 백시구의 서자였기에 신분상 서얼에 속한다. 《과정록》에서 종채는 연암과 동갑이라 하였으나 수원 백씨 족보에는 1743년 생으로 되어 있으니 연암보다 여섯 살 아래다. 그는 신묘년辛卯(1771) 무과에 급제하여 선전관에 제수되었으나 서얼이라 관직 진출에 제한을 받았다. 1773년 기린협으로 들어가 직접 농사를 짓고 목축을 하는 등 오랜 낙백 시절을 거친다. 1776년 정조가 즉위한 후에야 비로소 부사용副司勇이 된 후, 집춘영集春營 초관哨官, 어영청御營廳 초관 등을 역임했다.

—

1789년 4월 검서관이었던 이덕무, 박제가와 함께 장용영 장관으로서 《무예도보통지武藝圖譜通志》의 편찬에 참여한다. 이 《무예도보통지》는 전투동작 하나하나를 그림과 글로 해설한 조선 최초의 실전 훈련서였다. 후일 훈련판관, 충청도 비인현감, 평안도 박천군수에 제수되고, 군기시정軍器寺正으로 벼슬길을 마친다. 순조 시절엔 부정의 혐의를 받아 경상도 단성현에 유배되기도 하였다.

—

〈야뇌당기〉에서 이덕무는 "영숙은 고박古樸하고 질실한 사람이다. 차마 질실한 것으로써 세상의 화려한 것을 사모하지 아니하고, 고박한 것으로써 세상의 간사한 것을 따르지 않으니 굳세게 우뚝 자립해서 마치 저 딴 세상에 노니는 사람 같다. 세상사람 모두가 비방하고 헐뜯어도 그는 조금도 야野한 것을 뉘우치지 아니하고 뇌餒한 것을 부끄러워하지 아니하니 이 사람이야말로 진정한 야뇌라고 이를 수 있지 않겠는가"라고 하였다. 본래 집이 부유했으나 어려운 사람들만 보면 나눠 줘 곤궁한 생활을 했다. 연암의 임종을 지킨 오복은 그의 집에 있던 하인이었다.

8

'세상에 사내는 오직 너뿐이다'

... 백동수

어릴 적 동무이자 매형인 이덕무가 붙여 준 '들판에서 굶주린다'는 뜻의 '야뇌野餒'란 호를 즐겨 쓴 백동수. 그는 연암의 제자 중 스승을 가장 경외敬畏한 이로 비장이 장군을 섬기는 듯하였다. 무인으로서 협객의 기질도 지닌 호걸로 전서篆書와 예서隸書에 능하고 전고典故에도 밝았다. 연암은 겨우 19살인 백동수에게 〈야뇌당기野餒堂記〉를 지어 줄 정도로 아꼈고 스스럼없이 백동수를 벗이라 칭하고 기위奇偉한 선비인데 비이鄙夷하게 자처한다고도 했다. 이 장에서 백동수는 연암에게 볼기를 맞은 사건으로부터 백탑파를 중심으로 벗과 제자의 면면을 이야기한다.

이놈, 어서 엎드려라!

"이놈, 어서 엎드려라!"

난 지금도 그때 일이 어제인 듯 선연하다. 그 시절 나는 술을 꽤나 마셨고, 술을 마시면 세상을 원망하였다. 나는 서얼이다. 이 조선에서 서얼이란 존재로 산다는 것은 인생의 9할을 저버려야만 한다는 의미이다. 박제가나 이덕무, 서상수, 그리고 이희경 등도 서얼이었지만 그들은 그래도 제법 살아냈다. 박제가는 비상한 두뇌로, 내 매형인 이덕무는 서얼을 숨기고, 서상수는 재능으로 살았다. 나는 고집도 세고 남과 잘 어울리지도 못하였다. 연암 스승님은 우리 서얼들을 벗으로 챙겨 주셨지만 나는 진정으로 여기지 않았다.

수풀 속의 꿩은 개가 내쫓고 폐부 속의 말은 술이 내몬다든가. 그날도 술을 꽤나 먹고 되는 소리 안 되는 소리 떠들어 대며 연암 어른 댁을 지나가다 사람들과 시비가 붙었다. 나는 일찍 무과에 급제해서 선전관宣傳官이 되었으나 관직 진출에 제한을 받았다. 서얼은 무고한 사람들에게 가하는 능력없다는 억울한 혐의였다. 집안 대대로 서얼이지만 용력만큼은 남에게 뒤지지 않았기에 탑골 공원 근처에서는 나에게 대적할 자가 없었다.

그날도 나는 닥치는 대로 사람을 팰 때였다. 누군가 "이놈"하는 소리에 쳐다보니 스승님이었다. 나는 그날 스승에게 볼기를 열 대나 맞았다. 이날 이후로 나는 주정을 부리지 않는다. 그때 스승은 단 세 마디만하셨다. "서얼이라서인가? 사내대장부가! 나는 과거도 버렸네." 그날 매질을 하는 스승이나 나나 내내 눈이 시렸다. 과거를 보지 않은 스승은 사는 것으로 따진다면 나보다도 더 바특한 살림이니 과거 포기가 서얼보다 낮춰 볼 일도 아니다. 이 일이 내 나이 서른이던 해였다.

연암 어른은 서른 중반쯤에 과거를 포기하시면서 술을 드셨다. 주량이 얼마나 대단한지 단 한 번도 술에 취한 적을 본 적이 없다. 연암 어른과 주량을 논하기는 미호 김원행 형제 분 정도였다. 미호 어른 형제는 술항아리를 밤새 다 비우고도 오히려 정신은 활기에 넘쳤으며 다음날 저녁에는 술찌끼를 짜서 드셨다고 하니 연암 어른의 주량을 어림작할 뿐이다. 연암 어른의 결곧은 성격은 집안사람이라고 피해 가지 않았다. 한번은 중존 재성이 어린 자식과 겸상한 것을 보곤 "군자는 손자를 안아 주지만 자식은 안아 주지 않는 법"이라고 호통치셨다고 한다. 자식을 응석받이로 키울까 하는 염려였기에 중존은 매형에게 사죄하였다. 이 말은 내가 중존에게 직접 들었다.

세상에 사내는 오직 너뿐이다

한번은 김이도 형제와 필운대에 올랐을 때다. 어떤 이가 큰 바가지에 술을 가득 따라서는 연암 스승님에게 불쑥 내밀며 "자네가 눈이 온 북한산 꼭대기에 올라가 술 한 동이를 다 마시고 시를 읊조렸다는 박연암인가? 지금 세상에 사내는 오직 너뿐이다" 하였다. 우리 일행은 직감적으로 이재함李在涵인 줄 알았기에 참 난감하였다. 이재함은 거짓으로 미친 척하며 높은 자리에 있는 이들에게 가리지 않고 욕을 퍼붓는 왈짜였다. 사람이 원체 엄장과 몸집이 좋은데다 성격이 드세고 무람없어 용력으로나 욕설로나 대적할 수 없었다. 제아무리 높은 벼슬아치라도 '똥 밟았다' 하고 피하는 게 상책이다. 나도 힘깨나 쓰지만 만만한 상대가 아니기에 머뭇거리는 사이에 연암 스승님은 천천히 술한 바가지를 비우더니 "에끼! 무람없는 어린 녀석이. 어른에게 예를 차리지 않고 함부로 농지거리를 해. 썩 비켜서지 못할까!"라고 호통을 쳤다. 이재함은 연암 스승님의 호통에 뒤로 물러섰고, 후일 사람들에게 "박연암이 영걸찬 사내라 하더니 정말이더군. 아, 내가 피할 수밖에 없었지!"라고 하더란다.

연암 어른의 보짱 큰 면모는 〈수소완정하야방우기酬素玩亭夏夜訪友記〉에도 보인다. 연암 어른이 지독한 가난에 시달릴 때 글이시다.

자다가 깨어 책을 보고 책을 보다가 또 자도 깨워 주는 이가 없다. 혹은 종일토록 실컷 자기도 하고, 때로는 글을 저술하여 의견을 새겨 넣기도 했다. 자그마한 철현금鐵絃琴을 새로 배워, 권태로우면 두어 가락 타기도 한다. 혹은 친구가 술을 보내 주기라도 하면 그때마다 흔쾌히 따라 마신다. 술이 얼큰히 취하고 나면 자찬自贊을 짓는다.

내가 나를 위함은 양주와 같고	吾爲我似楊氏
만인을 고루 사랑함은 묵적과 같고	兼愛似墨氏
양식이 자주 떨어짐은 안회와 같고	屢空似顔氏
꼼짝하지 않음은 노자와 같고	尸居似老氏
활달함은 장자와 같고	曠達似莊氏
참선함은 석가와 같고	參禪似釋氏
공손하지 않음은 유하혜와 같고	不恭似柳下惠
술을 마셔댐은 유영과 같고	飮酒似劉伶
밥을 얻어먹음은 한신과 같고	寄食似韓信
잠을 잘 잠은 진단과 같고	善睡似陳搏
거문고를 탐은 자상과 같고	鼓琴似子桑
글을 저술함은 양웅과 같고	著書似揚雄
옛 인물과 비교함은 공명과 같으니	自比似孔明
나는 거의 성인에 가깝도다	吾殆其聖矣乎
다만 키가 조교만 못하고	但長遜曹交
청렴함은 오릉만 못하니	廉護於陵
부끄럽고 부끄럽도다!	慚愧慚愧

이러한 연암 스승이 나에게 곁을 주셨다. 이 일을 계기로 나는 강원도에 있는 기린협麒麟峽(현재의 강원도 인제군 기린면)으로 들어가 농사를 짓고 목축을 하며 지냈다. 잠시 한양을 떠나 마음을 추스르고자 함이었다. 이때 스승께서는 〈증백영숙입기린협서贈白永叔入麒麟峽序〉를 쓰셔

서 나를 배웅하셨다. 계사년(1773)의 일이다. 그 글의 말미에 "사람의 떠남이 이처럼 슬피 여길 만한데도 도리어 슬피 여기지 않았으니, 선뜻 떠나지 못한 자에게는 더욱 슬피 여길 만한 사정이 있음을 짐작할 수 있다"라고 쓰셨다. 스승께서도 포의선비다. 나를 떠나보내시면서 아프신 마음을, 당신 또한 떠나지 못한 자라는 심경에 비기신 글이다. 떠나는 자의 슬픔보다 떠나지 못하는 자의 슬픔이 때론 더 슬프다.

하늘이 인재를 내리심이 그토록 다르지 않사옵니다

스승은 훗날 〈의청소통소擬請疏通疏〉라는 장문의 글을 상감께 올렸다. 스승께서 평소 간직하셨던 천인이나 서얼에게 벼슬길을 터주는 조치를 적은 글이다. 이 소에서 스승은 "삼가 엎드려 생각하옵건대, 하늘이 인재를 내리심이 그토록 다르지 않사옵니다"로 시작하여 적서차별의 폐단을 적나라하게 지적하셨다. 그 일부를 보면 이렇다.

> …… 아아, 왕조에서 서얼을 쓰지 않은 지가 300여 년입니다. 크게 나쁜 정사로 이보다 더한 것이 없습니다. …… 무릇 서얼庶孼(서자와 그 자식)과 정적正嫡(본처가 낳은 아들)은 진실로 차등이 있습니다만 문벌 대대로 내려오는 그 집안의 지체로 보면 또한 사족士族입니다. 진실로 국가에 무엇을 저버렸기에 금고禁錮(죄과 혹은 신분에 허물이 있어 벼슬에 쓰지 않음)하고 폐기해서 벼슬한 사람이 늘어선 자리에 참예치 못하게 하는 것입니까.

스승께서 적서의 문제를 '사대부로 한정'하는 것은 못마땅했지만 이 정도만으로도 충분히 조정은 시끄러웠다. 서얼을 쓰지 못한다는 서얼금고법은 그 연원도 오래되어 태종太宗 15년에 서선徐選의 주장에서 비롯되었다. 시작은 미천한 서얼 출신인 정도전鄭道傳 때문이었지만 이것이 《경국대전》에 법제화되며 우리네 서얼은 태어날 때부터 이미 배경이 어둠뿐이었다.

우리 영명하신 금상今上(정조)께서는 정유년(1777) '서얼허통절목'을 발표하고 두 해 뒤에는 규장각에 검서관직檢書官職을 설치하여 박제가를 비롯한 서얼 출신의 청준한 인재들을 검서관으로 발탁하였다. 황공하게도 후일 그 은택은 나에게도 내렸으니, 이 또한 스승의 은혜다.

나는 스승을 평생 존경하고 따랐기에 언젠가 존경하는 이에 대해 물었다. 스승께서는 "제갈량, 한기, 왕양명 세 분의 위인찬偉人贊을 짓고 싶고, 우리 조선에서는 조헌, 유형원, 오재순, 김창협 형제 분이지"라고 하셨다. 제갈량諸葛亮(181~234)은 삼국시대 촉나라의 승상이다. 유비劉備의 삼고초려를 받아들인 뒤 그와 평생을 함께한 이다. 한기韓琦는 송나라의 혁신파 재상이다. 덕과 재주가 뛰어나 종종 조정에 없어서는 안 될 사람으로 거론된다. 왕양명王陽明(1472~1529)은 명나라 사상가다. 양명학陽明學의 시조로 주자를 탈피하여 새로운 격물치지格物致知의 해석을 제시한 이다. 스승께서는 구체적으로 이들의 어떠한 점을 기리고자 했는지는 말씀하시지 않았지만 지혜, 혁신, 학문을 본받고자 한 것이 아닌가 한다.

중봉重峰 조헌趙憲(1544~1592) 어른은 이이李珥의 문인으로 강직한 성품의 소유자다. 임진왜란에는 옥천에서 의병을 일으키고 금산전투에서 의병들과 장렬하게 산화한 분으로, 선생께서는 조헌이 지부복궐持斧伏闕(상소할 때 도끼를 가지고 대궐문 밖에 나아가 엎드리던 일)로 동환

봉사東還封事(조헌이 1574년(선조 7)에 명나라 신종神宗의 생일을 축하하기 위한 성절사행聖節使行으로 중국에 다녀와서 그가 본 중국의 문물제도 중에서 조선에서도 실시하였으면 하는 것을 상소로 초한 글이다. 서얼에게 사회적 지위를 주는 등 조선의 여러 폐단을 조목조목 지적하였으나 받아들여지지 않았다)를 올렸던 것을 상기하고 탄식하며 그를 흠모하고 존경한다고 하셨다.

반계磻溪 유형원柳馨遠(1622~1673) 어른은 평생 야인으로 지내면서 학문 연구와 저술에 전념한 이다. 그는 왜란과 호란으로 인해 피폐해진 민생을 구제하고 국력을 회복하기 위해서는 획기적인 개혁 없이는 불가능하다고 진단한다. 그리고 《수록隨錄》을 통해 국가제도 전반에 걸친 개혁을 구상하였다. 중농사상重農思想에 입각하여, 백성들에게 기본적인 경작지를 확보케 하는 토지개혁의 실시, 균등한 세제의 확립, 과거제의 폐지와 천거제의 실시 및 신분·직업의 세습제 탈피와 기회균등의 구현 등 하나같이 혁신적인 내용이었다. 선생께서는 이러한 유형원을 '통유通儒(세상사에 통달하고 실행력이 있는 유학자)' 라고 부르며 존경하셨다.

순암醇菴 오재순吳載純(1727~1792)은 임금의 총애를 받으면서 오랫동안 대제학과 이조와 병조판서를 맡은 이다. 왕은 그의 겸손하고 과묵함을 가상히 여겨 '우불급재愚不及齋' 란 호를 내리기도 하였다. 시문을 빨리 짓지는 못하였으나 문장이 간결하고 옛 정취가 있었다.

김창협과 김창흡은 형제 분으로 김수항 어른의 둘째, 셋째 자제다. 문곡文谷 김수항金壽恒 어른은 창집昌集-창협昌協-창흡昌翕-창업昌業-창집昌緝-창립昌立, 여섯 형제를 두셨는데 모두 재주가 뛰어나 나라 안에서 육창六昌으로 이름이 드높았다. 농암農巖 김창협(1651~1708)은 송시열의 문하로 이이李珥 선생의 계통이나, 학설에서는 이황李滉 선생과 이이를 절충했다. 스승께서는 평소에도 농암 선생에 대한 말씀을 많이 하셨다. 삼연三淵 김창흡(1653~1722)은 벼슬길을 버리고 유불도에 심취하여 산수를 유람하고 나라 안을 두루 돌아다녔다. 성리학에 뛰어나 형 김창협과 함께 이이 이후의 대학자로 명성이 높았다. 스승께서는 늘 "선생의 풍모를 꿈에 그렸다"라고 말씀하실 정도였다. 다섯째 창립昌立 어른이 잠시 후에 언급할 김용겸의 부친 되신다.

연암 선생을 비롯한 우리 백탑파의 학맥과 백과전서적 지식은 이분들과 잇닿아 있다. 백탑은 원각사의 옛터에 빙 두른 성이 있고 하얀 탑이 그 중앙에 있어 멀리서 보면 눈같이 하얀 죽순이 불쑥 솟아난 듯해 붙여진 명칭이다.

청장관靑莊館 이덕무李德懋(1741~1793)의 사립문은 탑의 북쪽으로 나있고 그 앞으로 몇 걸음만 가면 연암 어른의 거처다. 이서구의 행랑채는 탑의 서쪽에 솟고 여기서 수십 보를 더 가면 서상수徐常修(1735~1793)의 서루書樓가 있다. 그리고 북동쪽으로 꺾어지면, 유득공柳得恭(1748~1807)과 숙부 유금柳琴(1741~1793)의 거처다. 이서구李書九(1754~1825)를 제외하곤 모두 나와 같은 서출이다. 이 시절 백탑을 찾은 이들 중 원중거元重擧(1719~1790)와 제자 윤가기尹可基(1745~1801), 윤가기의 사돈인 박제가朴齊家(1750~1805), 이덕무와 교류가 많았던 성대중成大中(1732~1812), 이희경李喜經(1745~?)과 동생 이희명李喜明(1749~?) 또한 서출이다. 이덕무가 감화를 가장 많이 받았다는 김용겸金用謙(1702~1789)과 임배후林配垕(1718~1784), 홍대용洪大容(1731~1783), 정철조鄭喆祚(1730~1781) 어른, 유금의 제자이기도 한 서유본徐有本(1762~1799)과 서유구徐有榘(1764~1845) 형제, 박제가의 적형嫡兄으로 가끔씩 모임에 참석하는 박성언朴聖彦(1743~1819) 정도만이 적출이었다.

여오汝五 서상수는 시·서·화에 모두 능했으며 특히 감상지학과 음률에는 빼어난 실력을 보였다. 나이 마흔에야 겨우 생원시에 급제하여 봉사벼슬을 지냈다. 어떤 이가 3년 동안 팔지 못한 오래된 그릇을 그에게 보이자 "이것은 필세筆洗(붓 씻는 그릇)이다"라며 값의 고하를 따지지 않고 즉석에서 8,000냥을 내주었다. 연암 스승은 감상이란 구품중정九品中正의 학문이라 하고 "지금 여오는 감상에 뛰어나서, 뭇사람들이 버려둔 가운데서 이 그릇을 능히 알아보았다. 아아, 그러나 여오를 알아 주는 자는 그 누구이랴?"라고 탄식하셨다. 연암 스승의 〈필세설筆洗說〉 내용이니, 바로 서상수의 감상학鑑賞學을 안타까이 여기며 쓴 글이다. 〈관재기觀齋記〉라는 글도 서상수의 서루를 기념한 글이다. 언젠가 이 관재에서 연암 스승을 모시고 시를 짓고 음률을 들은 적이 있다. 그때 연암 스승은 퉁소의 맑고 청아한 음률을 백이·숙제의 절개에 비유하는 시를 지으셨다.

원중거의 맏아들인 원유진의 부인이 바로 이덕무의 누이다. 이덕무는 원중거 어른을 깍듯이 섬겼으며 우리 연암 스승 제자들 또한 그러하였다. 연암 스승을 위시한 우리 대부분이 북학에 관심이 많고 연행燕行을 하였다. 을유년(1765) 홍대용 어른을 시작으로, 병신년(1776)엔 유연 어른이, 무술년(1778)엔 이덕무와 박제가가, 경자년(1780)엔 연암 어른이 드디어 연행을 다녀오셨다. 이후 임인년(1782)엔 이희경, 경술년(1790)엔 유득공과 박제가의 2, 3차 연행 등이 이어졌다.

반면 원중거 어른은 일본에 관심이 깊었다. 그 어른의 《화국지和國志》와 《승사록乘槎錄》은 일본에 대한 기록이다. 이덕무의 《청령국지蜻蛉國志》 그리고 유득공, 박제가 등의 일본에 대한 관심은 이와 무관치 않다. 물론 연암 스승의 일본어 역관 이언진李彦瑱(1740~1766)의 짧은 삶을 그린 〈우상전虞裳傳〉도 그렇다. 〈우상전〉에는 일본인들이 문장이나 서화를 잘하는 사람을 높게 대했다는 등, 일본의 풍습이 잘 드러나 있다. 문장이 높았던 우상은 일본에서 극진히 대접을 받았고 '붓으로 써 일본 산하를 뽑아 왔다' 라는 말까지 들었다. 하지만 조선에서 그는 인생의 흑자를 기대하기 어려운 역관일 뿐이었다. 우상에겐 희망이 없는 삶이었기에, 연암 어른은 늘 가슴이 메이고 맥맥하니 한숨을 토하며 조선 후기의 어둑한 미로를 퀭한 눈으로 헤맸을 그, 아니 신의 희작戲作인 우상의 전을 한숨으로 써내려 갔다.

유금 어른의 초명은 연璉인데 거문고를 좋아하여 금琴으로 개명하고 자를 탄소彈素라고 하였다. 어른의 서재인 기하실幾何室을 연암 스승을 따라가 즐긴 것이 여러 번이다. 기개가 컸고 음률을 몹시 좋아했으며, 특히 전각은 따라올 자가 없었지만 평생을 우울한 포의로 지냈다.

"돌을 꼭 움켜쥐고 무릎에 받치고서는 어깨를 비스듬히 하고 턱을 숙인 채, 눈을 깜빡거리며 입으로 후!후! 불면서, 먹 자국을 따라 누에가 뽕잎 갉아먹듯 파 들어간다. 마치 실처럼 가늘면서도 획이 끊어지지 않고 잇닿는다. 입술을 오목하니 모으고 칼을 밀고 나가는 데 눈썹을 찡긋찡긋하며 힘을 쓴다. 이윽고 허리를 받치고 하늘을 쳐다보며 '휴!' 하고 긴 숨을 토해 내는구나." 연암 스승이 〈유씨도서보서柳氏圖書譜序〉에다 넣어 둔 유금 어른이 전각하는 모습이다.

연암 스승을 위시한 우리들을 세상에선 백탑파라 부른다. 원각사 10층석탑에 달빛이 찾아들면 하얗게 빛이 나 백탑이 되었고 우리는 백탑에 둘러앉아 시절을 고민했다. 연암 스승은 시대적 요구에 민감했다. 조선 사회 자체 내에서 새로운 문학이 발흥되어야 조선의 미래를 연다고 예언했다. 연암 스승을 위시한 우리들은 조선의 새로운 학문을 세우려 하였다. 민중의 편에 선 '고민하는 지식인'으로, 이 지식을 민중의 이익을 대변하고 생활조건을 개선하기 위하여 활용코자 하였다.

안타깝게도 그 한계성은 분명했다. 민중의 실생활 속에 우리들의 사상이 깊이 파고들지 못하였다. 다만 연암 스승의 글을 통해 양반과 낮은 백성이 공생할 수 있는 가능성만 열어젖혔을 뿐이다. 이 시절이 무자년(1768)에서 기축년(1769) 간의 일이다. 박제가는 〈백탑청연집서白塔淸緣集序〉에다 이 시절을 잘 기록해 두었다.

연암 스승의 사람 사귐은 인물 면면으로 미루어 짐작이 간다. 연암 스승께서는 적서嫡庶뿐 아니라 겸종傔從들에게도 관심을 보이셨다. 그 사람을 유심히 보았다가 재능과 기술을 찾아 생계를 영위할 방도를 마련해 주기도 하셨다. 개인의 재능과 기술은 작게는 개인의 삶을 영위하는 수단이지만, 넓게 본다면 우리 조선을 부국으로 만드는 자산이기 때문이라고 하셨다. 연암 스승에게 염색, 갑옷, 혼례옷 등을 만드는 방법을 배운 공인이나 장인들은 손으로 헤아릴 수 없다. 지금도 그들은 이 땅 조선에서 자신의 생업에 종사하고 있다.

9.
'이것이 주인의 예일세'
... 유언호

유언호는 연암에게 경제적으로 많은 도움을 주었던 벗으로 첫 벼슬도 그의 천거에 의해서였다. 유언호가 우의정이 되었을 때 연암이 찾은 적이 있었다. 겨울이건만 침구는 얇고 낡았으며 자리 곁에는 문방도구와 책 몇 권만이 놓였고, 술상도 이가 빠진 낡은 사발에 만두가 전부였으니 포의지사로 지날 때와 조금도 다름이 없었다. 이 장에서 유언호는 친구로서 본 연암의 삶과 선비정신, 벼슬살이와 애민정신을 호를 중심으로 이야기한다.

俞彦鎬, 1730~1796

자는 사경士京. 호는 칙지헌則止

軒. 본관은 기계杞溪. 증조부가 영의정을 지낸 유척기俞拓基(1691~1767)로 노론 명문가였다. 정시문과에 급제하여 사간원·홍문관을 지냈다. 1771년 영조가 사림세력을 당론의 온상이라 하여 이를 배척하는 《엄제방유곤록儼堤防裕昆錄》을 만들자 항소하여 경상도에 유배되었다. 당시 왕세손인 정조를 춘궁관春宮官으로 정성껏 보살펴 정조가 즉위한 뒤 여러 요직을 지냈다. 1787년(정조 11) 우의정에 올랐을 때 경종과 희빈장씨를 옹호하고 영조를 비판한 남인 조덕린趙德鄰이 복관되자 이를 반대하다가 정조의 정책을 부정한 죄로 제주도 대정현에 유배되었다가 3년 뒤 풀려나 1795년 좌의정에 올랐다.

—

그는 정조에게 "필부도 세상을 다스리는 치인지학을 배워야 합니다"라고 말할 정도로 세상을 트인 눈으로 바라보았다. 스스로 '우부愚夫'라고 부르기를 자처했으며 저서에 《칙지헌집則止軒集》이 있다. 시호는 충문忠文. 연암은 안의현감으로 있을 때 그가 위중하다는 말을 듣고 인삼 몇 뿌리를 구하여 보냈다. 병중에 자주 연암의 안부를 묻고 "내 벗을 보지 못해 한스럽다"라고 하였지만 끝내 만나지 못했다. 후일 연암은 사경의 집을 찾아 직접 영결하지 못함을 애석해하고 통곡한다. 사경의 아들 한재漢宰는 연암을 부형처럼 섬겼고 연암 또한 그를 아들처럼 아꼈다. 연암의 〈우부초서愚夫艸序〉는 유언호에 관한 글이다.

—

유언호는 사후, 1802년(순조 2)에 정조 묘에 배향配享(공신의 신주를 종묘에 모시는 일)될 정도로 정조에게 신임을 얻은 인물이다. 정조는 《홍재전서弘齋全書》 권173 〈일득록日得錄〉 13 '인물人物 3'에서 "청명하고 강직한 성품으로 국가를 경영하는 도를 이루어 임금에게 인정을 받아 지위가 삼사三事에까지 올랐다. 평이하거나 험난하거나를 막론하고 한결같은 절개를 지켜 시종 일관 변하지 않았으니 이렇듯 현명한 사람이도다"라고 하였다. 연암과 절친한 유언호는 연암을 그토록 싫어했던 창애 유한준의 재종숙이 된다.

용과 뱀이 칩거함은 몸을 보존하기 위함일세

"연암 어른을 빨리 피하시게 해야 됩니다."

웬만해선 꿈쩍도 않는 무인 백동수가 얼굴이 벌겋게 붉어지도록 달려와서는 하던 말이 엊그제 같다.

정의와 진실의 어깨동무는 불가능한 것일까?

정말 진실을 외치는 모난 돌은 정을 맞아야만 하는가? 용가마에 삶은 개가 멍멍 짖어야만 그런 날이 올까?

연암, 나와 몇 살 차이는 있지만 파피리를 불고 대말을 타고 놀던 옛날의 동무로 글동접이요, 허여하는 평생지기다. 연암은 내 벗이기도 하지만 우리 조선을 이끌어 갈 만한 주석지신柱石之臣으로 조금도 부족함이 없는 인재다. 그런 연암이 벼슬살이는커녕 도망자의 신세가 된 적이 있었다.

무술년(1778) 7월, 삼복더위가 한양을 달궜다. 한여름의 열기만큼이나 연암에게 화가 급박했다. 이 달 연암을 홍국영의 화를 피해 황해도 금천 연암 골짜기로 이주시켰다. 이유인 즉은 이렇다. 금상今上(정조)의 비인 효의김씨가 생산을 하지 못하자 홍국영洪國榮(1748~1781)은 이 틈을 노렸다. 그는 자신의 누이를 후궁으로 배치해 놓고 원자를 얻은 뒤 득세하려 하였다. 이를 차마 볼 수 없었던 연암이 상소를 올리나 상감께 전달되기 전에 홍국영의 손아귀에 들어가 버렸다.

당시 홍국영은 금상(정조)을 보위하여 즉위를 시키는 데 큰 역할을 하였다 하여 세도정치가 대단하던 때다. 홍국영은 불같이 노했고 연암에겐 화가 급박했다. 그러나 백동수의 말을 듣고도 연암은 눈도 깜빡이지 않았다. 나는 연암의 손을 잡고 간절히 말했다.

"여보게, 홍국영이 몹시 독을 품고 있네. 그악한 그의 품안에 자네 글이 들어갔으니 동티는 이미 났네. 그가 자네를 해치려 한 것은 벌써 오래전부터라는 것쯤은 자네도 잘 알고 있지 않은가. 지금까지 자네에게 화가 미치지 않은 것은 조정 벼슬아치가 아니기 때문이네만, 이제 대궐에는 그의 적수가 없네. 자네 성격을 모르는 것이 아니지만 이러다가 집안이 풍비박산되네. 아, 오늘도 어쩌다 자네 이름이 나오자 그의 눈초리가 여간 험악하지 않았어. 그러니 내 말을 듣게. 《역易》에도 '용과 뱀이 칩거함은 몸을 보존하기 위함이다' 라고 했잖은가."

내 강권에 못 이겨 연암은 며칠 뒤 가족을 거느리고 연암협으로 떠났다.

알다시피 '연암' 이란 호는 황해도 금천협(개성시 장풍군에 있는 '제비바위골')에서 따온 별호로 큰 의미는 없는데도 연암도 사람들도 이 호를 애용했다. 서른다섯쯤부터였다. 그 이전에는 공작관孔雀館, 골계선

生滑稽先生 등을 사용했다. 내 생각에도 연암만큼 연암을 잘 표현하는 호는 없다고 생각한다. 연암협의 생활에서 연암을 가장 잘 읽을 수 있어서다.

연암의 목축업 구상은 끝가는 줄 몰랐다

연암이 제비바위골에 은거하던 무술년(1778), 나 역시 조정에 뜻을 잃어 개성유수로 내려왔다. 관 일을 대충 정리하니 시월도 얼마 남지 않았다. 나는 더 추워지기 전에 서둘러 연암협을 찾았다.

연암이 머무는 황해도 금천군金川郡(현재 개성시 장풍군) 화장산華藏山의 동편 불일봉佛日峯 아래에 있는 한 골짜기는 이미 겨울로 접어들었다. 송도에서 삼십 리쯤 떨어진 곳이었는데, 동구 왼쪽의 절벽에 항시 제비들이 둥지를 틀었다 하여 제비바위라는 뜻의 '연암골짜기'로 불린다. 아침 일찍 행장을 꾸려 떠났지만 점심때가 훨씬 기울어서야 겨우 연암협에 이르렀다. 연암협으로 가는 길은 산이 휘돌고 물이 겹겹이 감싸 사방에 촌락이라고는 없었다. 한길을 벗어나 7, 8리나 걸어 들어가니 저만큼 오두막 몇 채가 보였다. 호랑이가 출몰할 정도로 외진 산골이다.

지난 가을부터 불러 모은 이웃이라 해야 고작 서너 가구쯤 되었다. 산기슭을 깎아 개간한 돌밭에는 뽕나무 몇 그루가 심어져 있었다. 한 움막에서 주절주절대기에 들여다보니 모두 해진 옷에 귀신 같은 몰골로 숯을 굽고 있다. 연암의 가난은 벌써 짐작이 되었다. 연암이 있는 곳을 물으니 한 곳을 가리킨다.

시커먼 그림자가 하나는 섰고 하나는 앉았다. 연암도 그 자도 망건도 쓰지 않고 버선도 신지 않은 것은 물론 홑바지 동저고리 차림이었다. 가만 들어보니 쪼그려 앉은 연암이 이 미천한 자에게 예절을 이야기하는데 제법 간곡하다. 문득 〈수소완정하야방우기酬素玩亭夏夜訪友記 (소완정의 '여름밤 친구를 찾아서'에 대한 기문)〉란 연암 글이 생각나 슬며시 웃음이 난다.

지금으로부터 육칠 년 전인 임진년(1772) 간의 일이지만, 〈수소완정하야방우기〉에도 연암의 저러한 모습이 그대로 있다. 당시 연암은 전의감동의 다 찌그러진 집에 혼자 거처했다. 식구들을 모두 광릉廣陵 (경기도 광주) 처가로 보냈는데 사흘은 보통 굶는 가난 때문이었다. 연암은 당시 여종 하나만 데리고 있으며 끼니를 해결했는데 그 아이마저 눈병이 심해져 미쳐서는 나가버렸다. 연암은 이때 행랑아범이 품삯 대신 얻어온 밥 몇 덩이로 허기만 달래곤 했다.

하루는 행랑아범이 몹시 성이 나서 밥사발을 엎어 버리고는 아이에게 몹쓸 악담을 해대더란다. 연암은 행랑아범에게 평소 가르치지 않고서 도리어 꾸짖기만 하면, 커갈수록 부자 간의 의리가 상하는 법이라고 준절히 일러주었다나. 하기야 그 글에서도 어쩌다 땔나무를 파는 자나 참외 장수가 지나가면, 불러서 효제충신과 예의염치에 대해 장황하게 이야기했다고 하였다. 그러면 사람들이 세상물정에 어둡고 얼토당토않은 이야기라며 사래질을 쳐대고 아내가 있는 중이라고 놀림가마리를 삼았지만 연암은 굴하지 않고 가르쳐 주었다고 적어 놓았다.

연암은 저 시절 자다가 깨면 책을 보고 어떤 날은 진종일 자기도 하였다. 혹은 새롭게 생각나는 것이 있으면 책을 쓰고 철현鐵絃과 소금小

쫑을 연주하거나 또 이것저것도 싫으면 수학 공부도 하고 누가 술 한 잔 낸다 하면 흔연히 마주앉았다. 어찌 보면 연암은 그 젊은 나이에 세상은 경영치 않고 생각 없이 하루하루를 사는 것 같았지만, 그 깊은 속내를 내 모를 바 아니다. 이미 손가락 다섯만 더 꼽으면 불혹인 나이다. 벼슬길을 포기한 연암으로서 딱히 세상 사는 요량이 무에 있겠는가? 나 역시 그 시절, 그렇게 하늘만 바라보며 나날을 보내지 않았던가.

그로부터 시간이 몇 해 더 흘렀고 서울과 이 연암협이 거리가 있다지만, 연암의 성정이 바뀌지 않은들 그의 가난 또한 달라질 리 없다. 저 모습으로 미루어 보건대 아마 귀신 같은 몰골의 아랫것들이 무람없는 행동을 하여도 희영수하며 껄껄 웃고 넘어갈 동태다. 비록 연암이 자잘한 의리나 예절 따위에 얽매이지 않는 '불구소절不拘小節'이 있다지만 설핏 그 모습이 잔망스러운 듯도 싶다. 하기야 저런 연암이기에 내가 좋아하는지도 모르지만 말이다.

"여보게 연암!, 연암!"

내가 다가가 두어 번을 부르고서야 인기척을 느꼈는지 고개를 들어 나를 봤다.

"아니! 이게 누군가. 사경, 자네가 여기까지."

"아이고! 이 사람아. 옷차림이 이게 뭔가. 사경이고 오경이고, 한참을 걸었더니 배가 고프네. 아랫것들을 떼버리고 온 처지라 요기도 못 했으니 밥 좀 주시게."

내 농에 연암은 반색을 했지만 그날 나는 점심을 끝내 먹지 못하였다. 풍문대로 연암의 살림살이는 형편없었으니 계량하기조차 어려웠다. 세간붙이라야 밥주발만 부뚜막 위에 덩그렁했다. 식구들도 옷차림하며 몰골이 말이 아니었다.

이경이 지나서야 고즈넉한 연암협 시냇가 대臺에 앉았다. 시내는 집에서 100여 걸음 하는 곳에 있었다. 대는 바위가 겹겹이 쌓여 우뚝 솟은 아래에 얼기설기 만들었는데 시내가 그 밑을 휘감아 돌았다. 연암은 이곳을 조대釣臺(낚시터)라 하였다. 은하수는 하얗게 뻗쳐 있고 하순달을 둘러싸고 별무리가 야단스러웠다. 그 별이 그 별이련만, 그날 따라 밤하늘 별이 유난히도 밝았다.

"여보게! 연암. 자네가 이곳에 집을 지은 이 연암협이 물이며 돌하며 경관이 참 아름답긴 하네만, 흰 돌멩이를 삶아 먹을 수는 없잖은가. 자네, 안사람하며 얘들도 저게 뭔가. 내, 내려가 자네 살 집을 알아보고 돈 몇 푼이라도 올려보내겠네."

"무슨 소린가. 여기 버젓이 내 집이 있는데. 그리고 내 무슨 명목으로 국록을 먹고 있는 자네의 돈을 쓴단 말인가. 내 머리를 깎지 않은 비구승이요, 아내를 둔 행각승으로 범과 이리를 이웃하고 다람쥐를 벗하며 사는 삶도 괜찮다네."

연암은 정색을 하며 거절한다.

"아, 이 사람아. 누가 그냥 준댔나. 나중에 갚으면 되지. 그리고 지금 자네 형편으로 젖고 마른 걸 가리겠나. 얘들하고 자네 처를 좀 생각해 보게. 그리고 이게 어디 집인가."

"일 없네. 내 이미 명성·이익·권세를 따르는 이 세 벗을 버린 지 오래일세. 이 집은 띠로 지붕을 엮고, 소나무로 처마를 만들었네. 겨울엔 따뜻하고 여름엔 서늘하지. 또 조와 보리로 한 해를 무사히 넘길 수 있고 채소와 고사리가 왕성히 자라 한 번 캤다 하면 대바구니를 금방 가득 채우지. 그리고 집 뒤에다 이미 형수님의 묘까지 썼으니 내

《마경언해馬經諺解》('말을 진맥하는 그림')

《마경언해》는 활자본 2권 2책으로 인조 때 무신 이서李曙(1580∼1637)가 엮은 수의학서獸醫學書이다. 논마유부모論馬有父母·상량마도相良馬圖·상량마가相良馬歌 등 100여 항목이 수록되어 있다. 연암이 이책을 읽었는지는 확실치 않으나 연암 이전에도 조선에서 말에 대한 관심이 없었던 것은 아니다.

이곳을 떠나지 못하겠네. 그리고 말일세. 사경, 내 이곳에 들어온 것은 홍국영만을 피해서가 아닐세. 사실 목축에 뜻이 있어서라네. 그리고 이제야 말하네만 자네가 지어 준 형수님 묘지명 고맙네."

"이 사람, 딴소리를 붙이기는. 그리고 새삼스레 웬 하례인가. 그런

데 목축? 목축이라 함은, 아! 그리고 보니 《열하일기》〈태학유관록太學
留館錄〉에 자세히도 써놓았더구만. ……"

"그렇지. 〈태학유관록〉 8월 14일 조이지. 사경, 저기 좀 보게. 첩첩
산중에 양쪽이 평평한 골짜기인데다가, 수초가 매우 우거져 있잖나.
마소·노새·나귀 등 몇 백 마리를 치기에 넉넉해. 자네도 알다시피,
우리 조선이 이토록 가난한 것은 대체로 목축이 제대로 되지 못해서
네. 목장이라야 가장 큰 곳이 겨우 탐라(제주도) 아닌가. 더구나 그 말
들은 모두 원 세조元世祖가 방목한 종자이고. 그 종자들이 아마, 한 4,
500년은 되었을 거네. 종자를 한 번도 갈지 않으니 조랑말밖에 더 되
는가. ……"

연암의 연암협 목축 구상은 끝가는 줄 몰랐다. 목축 구상을 풀어내
는 동안 별똥별 몇이 연암협 저 뒤로 넘어갔다. 연암은 〈우부초서愚夫
艸序〉에서 나를 '무소뿔에 불을 붙여 비추어 보고 구정九鼎에다 그림
을 그려넣을 사람'이라고 했다. 무소뿔을 태워 물 속을 비추었더니 괴
물들이 모조리 정체를 드러내고, 구정에다 온갖 사물들을 그려넣어
백성들이 괴물들을 알아 피해를 당하지 않도록 했다는 뜻이다. 두 비
유 모두 사물에 대한 통찰이 비범할 때 쓰는데, 이제 연암에게 저 말
을 되돌려줘야겠다.

연암의 목소리가 밤하늘 별빛을 따라 흘렀다. 연암이 말하는 게 꿈
인지 아니면 내가 꿈을 꾸고 있는 건지. 꿈 같은 연암의 이야기는 꿈
같이 이어졌다.

거참, 정말 쓸데없이 되었군

연암의 성미를 모르는 바 아니고, 당자도 태평이지만 거들지 않을 수 없었다. 돈을 올려보내지는 못했지만 일단 가족들의 거처만은 옮겨 주어야 했다. 마침 개성 유지인 양호맹, 최진관은 연암의 명망을 사모 하던 차였다. 연암협을 여러 차례 방문하더니 기어코 연암을 양호맹 梁浩孟의 금학동 별장으로 불러내는 데 성공하였다. 연암은 금학동에 머무르며 한석호韓錫祜와 그의 아들 재렴在濂, 이현겸李賢謙, 이행작李行 綽 등을 가르치며 지냈다. 물론 이 모든 것은 내 계획대로였다. 사제의 교분이 얼마나 두터웠는지 연암이 다시 연암협으로 들어가자 그들은 아예 동행한다. 이때 일은 그의 〈산중지일서시이생山中至日書示李生〉과 〈답홍덕보서제사答洪德保書第四〉에 그대로 보인다. 문생들을 가르치며 은거하던 연암의 외로운 시절이었다.

연암협에서 삶은 여러모로 연암을 시기하는 자들에게는 좋은 입담 거리였다. 내가 조정에 들어갔을 적 일이다. 마침 홍국영도 있고 하여 짐짓 속을 좀 뽑아 보느라고 연암 말을 꺼냈다. 그리고는 "참 세상의 궁달은 알 수 없는 일이외다. 아, 지원이 학문을 좀 한다 하여 어떠했 습니까. 내가 개성에 가 들으니, 그래 식솔을 이끌고 돌아다니다가 끝 내 개성 한 부잣집의 늙은 훈장이 되었다고 합디다"라고 하였다.

좌정한 사람들은 내 말이 끝나기도 전에 가가대소를 하였고 홍국영 은 "거참, 정말 쓸데없이 되었군 그래, 이제 논할 것도 없구려"라고 하였다. 이 일 이후로 홍국영은 연암에 대해 경계심을 크게 늦추었다.

한 해 뒤 기해년(1779)에 개성유수 직을 물러날 때, 중국 칙사 접대 를 하기 위한 예비비 칙수전勅需錢 1천 꿰미를 기어이 연암협으로 올려보냈다. 관가의 돈도 백성이 있은 뒤에야 나오는 것 아닌가. 연암의 궁핍을 더 이상 외면할 수 없었다. 연암에게 빌려준 칙수전은 곧 돌려받았다. 양호맹과 한석호 등이 빚물이(남의 빚을 대신 갚아 주는 일)를 해 주어서다. 연암은 이들과 자제들을 가르치며 단 한 푼도 월사금을 받지 않았다. 저들이 연암의 칙수전을 갚아준 것은 이러한 이유에서였다. 그러나 매사를 어름어름 넘기지 않는 연암이다. 이 빚물이야 연암도 응당 받을 것이기에 세월의 흐름에 따라 헤실바실 잊어버리는 법이거늘, 연암은 이를 잊지 않고 있다가 후일 안의현감으로 가서 받은 첫 녹봉을 떼어 그 돈을 갚아 버린 것이다. 나와 벗들은 연암에게 그러지 말라고 수차례 일렀으나 소용없었다.

연암의 성격으로 당연하면서도 빚물이를 해 준 벗으로는 좀 멋쩍다. 연암협 시절, 연암은 많은 것을 생각하고 기술하였다. 그런데 안타깝게도 이 시절의 기록들이 몇 편 남아 있지 않다.

지금 모두들 미중을 연암이라고 부르는데, '연암'이란 호와 연암협은 사실 아무런 연관이 없다. 다만 고려 때 목은 이색과 익재 이제현이 살았던 곳이라는 역사성이 없지 않지만, 이미 버려진 지가 수백 년이 된다. 그런데도 많은 사람들이 '연암'이라는 호로 그를 부른 데에는 이 시절 저런 이야기가 암암리에 얽혀 있지 않나 싶다.

껄껄선생과 골계선생

연암골짜기의 성과가 이것만은 아니다. 《열하일기》와 더불어 연암의 대표적 저술인 《과농소초課農小抄》는 바로 이 연암골짜기 시절 작품이다. 연암이 국내외의 농서農書를 두루 구해 읽고 초록해 두었던 것을 본밑으로 지었는데, 영농법을 체계적으로 저술한 것이다.

사실 연암은 이 시절이 우리 노론 일당전제 시기란 점과 그 또한 노론의 벌열이라는 점을 꿴다면 이토록 궁벽한 삶을 살지 않아도 된다. 나 역시 그렇지만 이 조선 선비들은 사실 기면증嗜眠症에 걸린 이들이 많았다. 홍국영에게 대드는 것부터가 실수였다. 비록 명예를 구하지 않는 '불구문달不求聞達'의 성미라도 당대 실세에 버텨 서서 제 스스로 화를 부를 위인이 어디 있느냐 말인가.

병오년(1786), 연암은 나이 쉰흔에 나의 천거로 겨우 선공감 감역에 나아갔다. 물론 이것조차도 음서蔭敍의 혜택이었다.

연암의 학문이야 금상께서조차 과거를 보라고 종용할 정도였으나 연암은 끝내 과거를 제대로 치르지 않았다. 임배후 같은 이도 "과거는 장사꾼이나 하는 짓"이라고까지 극언을 하였지만 연암과는 경우가 다르다. 연암이 결코 벼슬살이가 싫어서라기보다는 부조리한 시대가 연암에게 그러한 선택을 하게 했음이 합당하기 때문이다. 두보가 지은 〈천말회이백天末懷李白(하늘 끝에서 이백을 생각하다)〉이란 시에 "글월이 뛰어난 사람은 대개 운수가 트이지 않아 영달하지 못한다는 뜻"이란 말이 보이는데 연암이 꼭 이러하다.

여하간 연암은 그후 관리의 길을 걷게 된다.

조선의 양심, 감히 나는 연암을 조선의 양심이라 부른다. 연암의 짧지만 짧지 않은 벼슬살이는 조선의 양심을 보기에 충분하기 때문이다. 이 벼슬살이에서 연암은 또 하나의 호를 만들었다. '껄껄선생'이다. '껄껄선생'이란 자호自號는 〈답대구판관이후단형론진정서答大邱判官李侯端亨論賑政書(기민 구제에 관하여 대구판관 이단형에게 보낸 답장)〉의 맨 끝 구절에 보인다. 이 글은 이단형이 흉년으로 근심 어린 글을 보낸 데 대한 답장이다.

〈답대구판관이후단형론진정서〉의 내용은 한 달에 세 번씩이나 기민機民(흉년에 굶는 사람)을 먹이느라 즐거움이 이만저만이 아니라는 요지다.

연암은 흉년이 들어서 기민을 먹이는 고을 수령이다. 〈답단성현감이후론진정서答丹城縣監李侯論賑政書〉에서 연암은 "수천 수백 명의 굶주린 백성들이 관아 문으로 모여들었으나 관아 문은 안으로 닫히고 문지기 한 사람도 없었다. 뭇사내와 여인들은 늙은이를 부축하거나 어린애를 이끌고, 혹은 문을 두들기며 크게 부르짖고 혹은 이러쿵저러쿵 떠들며 조금도 꺼리는 기색이 없었다. 그 외모를 보면 모두 몸을 가누지 못하고 숨 넘어가는 형상"이라고 적어 놓았다. 기민의 상황이 저러할진대 무슨 즐거움이 그리도 넘치겠는가?

이때 연암이 받은 이웃 고을 수령들의 편지도 모두 극심한 흉년으로 인한 근심과 걱정들뿐이다. 하지만 끌탕으로 해결할 문제가 아니다. 한 달에 세 번씩 뜰에는 수십 개의 가마솥을 걸어 놓고 1,400여 명의 못 먹어 부황 들어 죽어 가는 백성들을 불러다가 먹이는 것이 어찌 즐거움이겠는가? 잠시 허기만 달래주는 연암의 마음이 편할 리 없다. 편지 속 저들의 목소리와 다를 바 없고, 즐거움이 연암의 참마음일 리 없다.

이웃 고을 수령의 편지에 대한 이야기와 '껄껄선생'이라고 한 부분이다.

매번 이웃 고을 수령들의 편지를 받으면 끌탕이 너무나 심하여 눈살을 찌푸리고 얼굴을 찡그리는 것이 편지지에 비치고 신음하는 소리가 붓끝에서 끊이지 않고 묻어났네. ……편지를 여는 날에 족하께서도 반드시 웃음을 참을 수 없어서 나를 껄껄선생笑笑先生이라 한들 사양치 않으리다.

과시 '연암다운' 글이다. 이웃 고을 수령들의 근심이 어찌나 대단한지, '그들의 근심과 걱정이 편지지에 비치고 신음소리가 붓끝에 묻어난다'라고 써 놓았다. 이어 연암은 장공예張公藝를 끌어 "참을 인忍 자 한 글자도 오히려 심한데 참을 인 자를 백 번이랴? 백 번 참을 인 자를 쓸 때 머리는 아플 것이요, 콧마루는 찡그려질 것이요, 온 얼굴은 주름살이 가로, 세로, 바로, 외로 나 있을 것이오. 양미간의 '내 천 자川'와 이마 위의 '아홉째 천간 임壬 자'도 상상할 수 있으리다"라고 우스운 이야기를 덧붙인다.

장공예는 당나라 사람으로 9대까지 한 집에서 살았다고 한다. 그래 당 고종高宗이 어떻게 그렇게 사느냐고 하자 '참을 인 자忍' 백 자를 써서 보여 준다. 9대가 한 집에서 사니 좀 일이 많겠는가. 방법은 참는 길밖에 없고, 그러자니 장공예의 속은 썩어 문드러진다. 허허! 웃음이 나올 수밖에 없다. 연암이 장공예 이야기를 끌어온 진실이 여기에 있다.

'껄껄선생笑笑先生'은 실은 웃어서가 아니라 참고 있어서다. 세상을 고민하며 살아가는 연암이다. 흉년이 들어 배곯는 백성에게 겨우 한 달에 세 번 기민을 먹이는 연암이다. 내일과 모레면 저들은 결국 굶주려 죽어갈 것이다. 피폐한 조선의 현실 속에서, 밤이슬 내리도록 신열에 들뜨고 이용후생정덕을 부르짖어도 어찌할 수 없다. 어찌할 수 없는 현실과 궁핍, 자조 섞인 웃음이 나올 수밖에 없다. 그래, 나는 껄껄선생이다. 연암은 이렇게 자호했다고 나는 생각한다.

이 '껄껄선생'은 그가 지은 소설 〈마장전〉에서 스스로를 칭한 '골계선생滑稽先生'과도 묘한 연결을 짓는 듯 싶다. '골계선생'은 〈마장전〉의 '사평史評'에서 역시 스스로를 칭한 호다. '골계'란 익살을 부리는 가운데 어떤 교훈을 주는 일이다. 《사기색은史記索隱》에 몇 가지 해석이 보인다. 그중 하나는 이렇다.

'골滑'은 '어지러움'이요, '계稽'는 '함께'다. 언변言辯이 민첩한 사람은 그릇된 것을 말하여도 옳은 것 같고 옳은 것을 말하여도 그릇된 것 같으니 같고 다름을 혼란시킨다.

저 말눈치로 미루어 보건대 '골계선생'이란 말을 잘하는 사람으로 '진실인 듯 하면서도 거짓이고, 거짓이면서도 진실한 이야기를 하여 다른 것과 같은 것을 혼란시키는 자'라는 의미다. 여기서 '말을 잘한다'는 의미는 세도勢道를 향한 잽싼 입놀림이 아님은 물론이다. 비록 연암이 해학과 풍자로 일관한 듯하나 이치에 맞지 않는 선소리는 없다. 이면의 의도는 항상 바른 이치를 겨냥하니 이것이 바로 골계다. 유화柳詠(1779~1821)는 연암의 글이 '해학과 웃음 사이'에 뜻을 둔다고 정확히 지적하였다.

속담에 "다리 아래서 원을 꾸짖는다"라는 말이 있다. 직접 만나서 당당하게 말하지는 못하고 안들리는 데 숨어서 뒷공론이나 한다는 말이다. 그 사람을 조롱하고 꾸짖고는 싶으나 대놓고 이야기한다는 것은 어렵고 또 두려워 차마 못할 일이니, 아무도 듣지 않는 다리 밑을 찾아 들떼놓고 빈정거리는 짓이나 하는 것일 게다. 우리네 얄망궂은 한 품성을 적적히 담아낸 말이지만, 이래서야 소용없는 일이다. 듣지 않는 데서 백날을 떠들어야 의미 없는 말놀음에 지나지 않기 때문이다. 연암은 이러한 면장질만 해대는 짓은 생각지 않는다. 대신 슬쩍 틀어 골계선생이라는 대리인을 내세워서는 약간의 희학과 골계를 담았다.

연암의 〈호질〉은 골계선생이 되어 쓴 작품이다. 연암이 〈호질〉이란 소설의 원거原據가 되는 글을 베끼자 무얼 하려느냐고 옆에 있는 사람이 물으니 연암은 이렇게 말한다.

> 돌아가서 우리나라 사람들에게 한 번 읽혀서는 모두들 허리를 잡고 한바탕 웃게 하려는 거요. 아마 이것을 읽는다면 입안에 든 밥알이 벌처럼 날아갈 것이며 튼튼한 갓끈이라도 썩은 새끼처럼 끊어질 것이라오.

연암은 소설 〈호질〉이 '허리를 잡고 한바탕 웃게' 하려는 것이라고 한다. 그러나 〈호질〉의 내용은 썩은 선비인 '부유腐儒'들을 비판하는 글이다. 단순히 웃고 넘어갈 글이 아니다. 연암은 이렇듯 자신의 속내를 웃음으로 가려 놓은 글이 많다. 연암이 스스로 '껄껄선생'이라는 호를 쓰는 이유와 연관이 있다. 증오처럼 강경하게, 때론 연민처럼 온건하게, 상대를 대한 연암이다. 웃음의 표면만 훑는 소박한 독서로는 연암의 글을 따라잡지 못 한다. 농으로 데데하게 자신의 호를 '골계선생'이라 자처하였다 함은 곡해다. 연암의 글에는 넌지시 둘러서 말하여 잘못을 고쳐 깨치게 하는 풍간諷諫, 현실에 대한 부정적·비평적 태도를 취하여 날카롭고 노골적인 공격 의도를 지닌 풍자가 넘쳐난다. 골계선생의 글은 정신을 여미고 잘 새겨 미독해야만 한다.

이것이 주인의 예일세

오늘날 우리 조선의 문사들은 연암의 글을 독설로만 여겨서는 안 된다. 때로는 바른 소리를, 때로는 에둘러서, 그러다 안 되면 웃음을—. 그렇지만 연암의 글은 늘 정곡을 찔러 옳고 그르고 판정을 내버린다. 한 마디 말로 판정을 내리는 자로子路의 저 편언절옥片言折獄(한 마디 말로 송사의 시비를 가름)이 따로 없다. 연암이 깨어있어서다. 그렇게 연암은 깨어서 이 조선의 서글픈 이들의 존재성과 조선의 현실을 써내려 갔다.

연암은 결코 세상물정을 모르는 '맹문이'가 아니다. 그의 글 맷집이 여간 아닌 것은 그의 성벽性癖 때문이 아니라, 사물의 참모습을 제대로 분별하려는 '마음눈'으로 이 흔들리는 조선을 바라봐서다. 그러니 연암의 정직한 삶과 골계, 풍자니 하는 언어의 비대칭을 '조선에 대한 사랑'으로 읽어내면 된다.

연암은 기유년(1789)에 평시서주부平市署主簿로 옮겼다. 평시서주부는 시전에서 쓰는 자·말·저울 따위와 물건 값을 검사하는 일을 맡아보던 종6품 벼슬로 연암은 각 아문의 문서와 부적을 주관하였다. 이후 의금부도사를 지냈고, 쉰다섯에 한성부판관으로 승진하였다. 한성부판관은 한성부의 정5품 벼슬로 제법 괜찮은 벼슬자리였으나 불과 몇 달 만에 강등되어, 그해 12월 종6품인 안의현감으로 내려갔다.

유한준이 연암의 품계가 원칙이 없이 올라간다고 소를 올린 때문이었다. 이 유한준은 나와는 한 집안이지만 연암과 꽤 악연인 인물이다. 젊었을 때 연암이 그의 글을 비평한 일로 옥생각을 갖고 있는 듯하다. 유한준의 성품이 그리 못된 배알머리로 몽니를 부리는 사람이 아닌

데, 유독 연암에게만은 심사가 모과나무 아들처럼 대하니 참으로 딱하다. 내 그 심사를 모르는 바 아니나, 어디 한준의 글이 연암의 글을 넘겨다볼 만하던가. 연암의 글이 절품絶品이라면 한준의 글은 그 서너 발짝 아래인 묘품妙品에 지나지 않는다. 한준은 눈 먼 송아지 워낭소리 따라가듯 진한秦漢고문을 숭상하는 상고주의尙古主義자다. 고문의 법도에 얽매이는 규구준승規矩準繩(목수가 쓰는 그림쇠, 자, 수준기, 먹줄로 규범)과 의양호로依樣葫蘆('본을 따서 조롱박을 그린다' 라는 뜻으로, 독창성이라고는 전혀 없이 남의 것을 그대로 모방하는 것)를 몸받지만, 연암은 법고창신法古創新(옛것을 본받아 새로운 것을 창조한다는 뜻)을 새기며 옛것에 토대를 두되 그것을 변화시킬 줄 알고 새것을 만들되 근본을 잃지 않으려 했기 때문이다.

문체뿐 아니라 사내다운 기개도 사람살이 면에서도 한준은 결코 연암의 인품과 요량에 미치지 못한다. 이르다 뿐인가. 하는 말마다 반씩이나 연암을 씹어야 객쩍은 짓일 뿐이다.

비록 큰 벼슬살이는 아니었지만 연암은 이 시기에 자신의 기량을 마음껏 펼친다. 연암은 관직 생활을 그의 조부처럼 청렴결백하게 하였으며 실용정신과 애민정신으로 백성들에게 선정을 베풀었다. 당시 연암의 큰아들이 성균관 시험에 응시하려 하자 이를 제지한 일도 있다. 제자 이서구가 성균관 대사성으로 있어서다. 남들은 오히려 줄도 댈 판인데 연암은 있는 줄마저 저렇게 아예 잘랐다.

연암이 한성부판관으로 있을 때 흉년이 들었다. 곡상들이 쌀을 매점매석하자 조정에서는 이를 금지하려 했다. 연암은 실무 책임자로서 이를 강력히 반대하였다. 조정에서는 연암의 견해를 채택하였고 결과적으로 그 후년의 기근에도 피해가 없었다. 연암이 지은 〈허생전〉의 허생이 장사치가 된 이유는 모두 상업에 대한 그의 열린 사고방식에 연유한다.

연암이 안의현감 시절인 계축년(1793) 일이다. 그때는 흉년이 심하였고 백성들은 그야말로 초근목피로 연명을 하였다. 그러자 연암은 자신의 봉록을 덜어 사진私賑을 실시하였다. 사진이란 개인이 사사로이 백성을 구휼하는 일일진대, 국가가 있거늘 굳이 연암이 그러할 이유는 없다. 이를 조정에서 알고 연암에게 초피貂皮와 공명첩을 내렸지만 모두 돌려보낸다. 공명첩이 무엇인가. 허연 백지에 이름 석 자만 적으면 벼슬은 따논 당상인 장부다. 권문세가에 인정人情돈(뇌물)을 디밀고 관직을 얻으려는 '엽관운동'과 이렇게 하여 얻은 벼슬인 '빠꿈벼슬'이라도 하려는 자들이 여간 많지 않을 때 일이기에 연암의 처신에 숙연해진다.

죽을 끓여 기민을 구휼할 때란다. 연암은 관아에서 굶주린 백성들에게 죽을 나누어 주고는, 자신도 동헌東軒에 나와 그들과 함께 죽을 먹었다. 죽 그릇도 소반을 받치지 않은 것도 백성들과 똑같았다.

"이것은 주인의 예다."

연암이 이때 한 말이다. 구휼을 받는 백성들을 손님으로 맞이했다는 소리다. 후일 들은 소리지만 호조판서가 안의에 비축해 둔 관곡을 팔아 국가의 경비로 쓰고 그 이득을 연암에게 주려 한 적이 있었다. 연암의 성정으로 차디차게 거절했음은 물론이다. 연암이 안의에서 임기를 마치고 떠날 때 고을 백성들이 길가에 도열하여 눈물로 이별하였음은 장안에 왁자할 정도였다.

연암의 벼슬살이에서 두 가지 더 짚어보아야 할 것은 아전 문제와 학교 문제다. 연암은 상하귀천을 따지지 않는 사람이지만 이 아전 문제만은 녹록치 않다. 아전은 우리 조선의 가장 큰 두통거리 중 하나이다. 따라서 관장官長으로 부임하는 사람에게는 인사 삼아 '아전들은 젖은 땔나무를 묶듯이 단속해야 합니다'라고들 한다. 연암은 아전을 마소에 비유한 격이라며 이를 단호히 반대한다. '아전을 마소로 보고 도적으로 다스린다면, 마소나 도적에게 어찌 절의와 충신을 요구하겠는가?'라는 것이 그의 반문이다. 연암은 안의현에 부임하여 아전을 단속하기를 과연 예의와 염치로 하였다. 안의현에서 들려오는 좋은 소식들에는 이 아전들이 연암을 잘 보필한다는 말도 끼어 있다.

군현의 수령이 해야 할 일곱 가지 일, 수령칠사守令七事가 있다. 수령에 임명되면 임금에게 하직인사를 올릴 때 이 수령칠사를 외우니, '농상이 성하다[農桑盛]', '호구가 늘다[戶口增]', '학교가 흥하다[學校興]', '군정이 닦이다[軍政修]', '부역이 고르다[賦役均]', '소송이 드물어지다[詞訟簡]', '간활이 사라지다[奸猾息]' 등 일곱이다. 연암은 이중 급히 할 것은 세 가지요, 그 세 가지 중에도 먼저 할 것은 하나라고 한다. 세 가지는 농상과 부역과 호구로 농상이 성하지 못하면 학교를 일으킬 수 없고, 부역이 고르지 못하면 호구를 늘릴 수 없고, 호구가 늘지 않으면 군정을 닦을 수 없다고 한다. 연암은 이 세 가지 중 가장 먼저 학교를 꼽았다. 학교는 아무 것도 없이 할 수 있어서란다.

나의 죽음 이후에도 연암은 여러 차례 벼슬길에 나갔을 듯하나 그의 삶이 달라졌으리라고는 생각지 않는다. 연암은 확고한 선비정신을 지녔기 때문이다.

못내 섭섭한 것은 연암협에다 목축을 한다던 연암의 계획이 아직까지 이루어지지 않아서다. 아마 내 생전에는 보기 어려울 듯싶다.

IV.

미래, 《연암집》이
갑신정변을 일으켰지

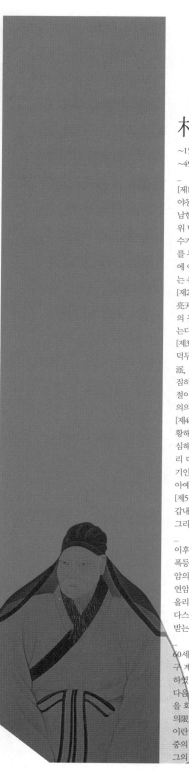

朴趾源, 1737~1805

연암의 삶은 크게 [제1기] 준비기(1세 ~15세), [제2기] 회의기(16세~31세), [제3기] 는 백탑결사기(32세~40세), [제4기] 실의기(41세 ~49세), [제5기] 출사기(50세~69세) 등 5기로 나뉜다.

―
[제1기] 는 준비기다. 연암은 2남 2녀 중 막내로 2월 5일(양력, 3월 5일) 축시에 한양 서쪽 반송방 야동冶洞(풀무골)에서 태어났다. 야동은 지금의 서울시 서대문구 아현동쯤이다. 고려 고종 때 반남현潘南縣(나주시 반남면) 박응주朴應珠가 시조이며, 선조 때의 명신이요 선조의 부마인 금성위 박소朴紹가 5대조이고 조부 박필균은 기개 있는 꼬장꼬장한 선비였다. 연암은 막내이기에 형수가 돌보았다. 연암의 형수에 대한 극진한 정은 이때부터다. 옛 사람의 선침온피扇枕溫被(베개를 부채질하고 이불을 따뜻하게 한다) 같은 것을 흉내 낸 것으로 미루어 효성은 타고 난 듯하며, 5세에 이사 갈 집을 보고 와서 대청과 사랑이 어떤 방향이며 집의 칸수를 정확히 말했다는 기록에서는 총명함을 읽을 수 있다.
[제2기] 는 회의기로 1752년 16세에 혼인하고 장인 이보천李輔天에게《맹자》를, 처숙 이양천李亮天에게《사기》의〈신릉군열전〉을 배우며 본격적으로 학업의 길에 들어선다. 과거에 대한 회의 등으로 우울증에 시달리며 이 시기에〈광문자전〉,〈민옹전〉등《방경각외전》소재 9전을 짓는다. 생계를 책임졌던 조부의 사망 후 곤궁한 생활은 더욱 심해졌다.
[제3기] 는 백탑결사기로 백탑白塔(지금의 서울시 종로구 종로 탑골공원) 부근으로 이사하며, 이덕무, 서상수, 유득공, 유금, 박제가, 이희경, 이서구 등이 제자로 입문한다. 이른바 북학파北學派, 혹은 백탑파의 형성시기이며 연암의 사유가 널리 펼쳐졌다. 35세에 과거에 응시 않기로 다짐하고 이때부터 술을 마시기 시작한다. 연암골을 발견하여 '연암燕巖'을 호로 삼은 것도 이 시절이다. 큰 누이가 사망하여〈백자증정부인박씨묘지명〉을 지었는데, 연암은 이 글을 자신의 득의의 작품으로 꼽았다.
[제4기] 실의기로 존경하는 장인 이보천이 사망, 형수의 사망이 이어진다. 홍국영의 화를 피해 황해도 금천 연암협으로 이주한 것도 이 시절이다. 유언호가 연암의 생계를 살필 정도로 가난도 심해진다. 44세에 연암은 삼종형 박명원과 청 고종 70수연壽宴에 동행한다. 이 기록이 2,000여리 대장정의 여행기인《열하일기》26편이니, 연암으로서는 실의기이나 우리문학사로서는 황금기인 셈이다. 연암의 문명은 온 조선 안에 퍼진다. 연암은 벗 담헌 홍대용이 죽자, 그 충격으로 아예 음악을 끊는다.
[제5기] 출사기로 50세에 벗 유언호의 천거로 종9품 벼슬인 선공감 감역에 임명된다. 51세에 동갑내기 부인인 전주이씨가 사망한다. 연암은 시집와서부터 혹독한 가난 속에서 살다간 부인을 그리며, 종신토록 독신으로 지냈었다. 부인을 애도한 절구 20수를 지었다 하나 전하지 않는다.

―
이후 평시서주부, 제릉 영을 거쳐 종5품 한성부판관으로 전보된다. 이 시절 흉년이 들어 곡가가 폭등하지만 연암은 이를 인위적으로 통제해서는 안 된다고 주장하여 관철시킨다. 유한준이 연암의 품계가 원칙 없이 올라간다고 소를 올려, 종6품으로 강등되어 안의현감으로 좌천되지만 연암은 이곳에서 자신의 이용후생정학을 마음껏 펼친다. 문체반정을 단행한 정조가 자송문을 올리면 문임을 준다 하나 이를 거절하여 위기를 초래한다. 여기에 오랑캐 복장을 하고서 백성을 다스린다는 '호복임민'과《열하일기》에 오랑캐의 연호를 쓴 원고라는 '노호지고'로 시비까지 받는다.

―
60세에 임기가 만료되어 귀경한 연암은 장차 저술 활동에 전념할 생각으로 지금의 서울시 종로구 계동에 중국의 건축제도를 모방한 다락 얹은 집을 햇볕에 말린 흙벽돌로 짓고 총계서숙이라 하였다. 사람들은 이 집을 당대唐宅으로 불렀고 아들 종채가 물려받아 손자 박규수까지 살았다. 다음해 다시 정조의 부름을 받은 연암은 지금의 충청남도 당진군 면천군수가 되어 천주교도들을 회유시켜 개종케 한다. 이후 정조의 어명에 따라《과농소초課農小抄》와 부록격인〈한민명전의限民名田議〉를 짓고 정조와 여러 신하들에게 칭송을 받는다. 64세에 양양부사가 된다. 거관이란 중과 궁속의 결탁을 감사에게 알렸으나 감사가 다스리기를 꺼리자, "관장으로서 궁속과 중의 무리에게 제어당하며 백성을 어찌 다스리겠느냐"라며 병을 빙자하여 사직하였다. 이것이 그의 마지막 관직 생활이 되었다.

10.
'나는 조선의 삼류선비다'
... 연암

연암은 유한준과 산송山訟을 하며 병세가 더욱 심해져 69세인 1805년 10월 20일(양력, 12월 10일) 아침 8시경에 지금의 서울시 종로구 재동에서 "깨끗하게 목욕해 달라"라는 유명만을 남긴 채 이승을 하직했다. 염습할 때 몹시 몸이 희었으며 평생에 가장 싫어한 말은 '구차苟且'였다. 경기도 장단 송서면 대세현 남향받이에 자리한 아내 이씨 부인 묘에 합장되었다. 그날 분백粉白의 눈꽃이 훨훨 날렸을지도 모른다. 이 글에서 연암은 죽음이 임박한 어느날, 자신이 글을 쓴 이유와 조선에 대한 사랑과 벗, 그리고 선비로서 고뇌의 길을 자전적으로 회고한다.

요동은 본시 조선의 땅이다

까부라진 몸을 추슬러 먹을 갈고 붓을 잡는다. 꽤 여러 날 만이어선지 설면하다. 붓대를 쥔 손아귀에 안간힘을 주지만 중지에 힘이 없다. 가만 보니 오른손 중지 첫마디엔 먹물 스며든 굳은살이 따개비처럼 얹혔다. 한 때는 자가품이 일도록 먹물을 찍어 나를 썼고 조선을 써댔던 손이다. 무명실처럼 얼기설기 얽힌 늙은 손금들을 따라 파란 핏줄을 따라선 예순아홉 해의 삶이 선연히 흐른다. 내 삶의 시시비비야 내 죽은 뒤 남은 이들의 몫, 내가 내 삶의 밀어들을 옴니암니 말한들 무슨 의미가 있으랴만 그래도 단상 몇을 유언 삼아 적바림한다.

　나는 조선인 선비 박지원이다. 조선이 있어 내가 있기에 이 조선의 영토부터 짚어야겠다. 우리 조선의 선비들은 지금 조선의 땅만을 조선의 영토로 여긴다. 내가 열하를 갈 때 요동에 있는 봉황성을 지나칠 때였다. 때마침 봉황성鳳凰城을 새로 쌓는데 어떤 사람이, "이 성이 바로 안시성安市城이다"라고 하였다. 고구려의 옛 방언에 큰 새를 '안시安市'라 하였으니 안시가 바로 봉황이다. 우리 시골말에도 봉황鳳凰을 '황새'로 부르고 사蛇를 '배암白巖'이라 하니, 나는 이 말이 꽤 근거 있다고 생각한다.

수나라, 당나라 때, 중국말을 좇아 봉황성을 안시성으로, 사성蛇城을 백암성白巖城으로 고쳤다는 이야기가 자못 그럴싸하다. 안시성을 지킨 양만춘楊萬春이 당 태종唐太宗의 눈을 꿰뚫어 놓은 일만 하여도 그렇다. 이 일이 얼마나 쾌사인지 내가 존경하는 삼연 김창흡金昌翕 선생은 이를 두고 "천추에 크신 담략 지닌 양만춘千秋大膽楊萬春 용수염 범 눈동자 한 화살에 떨어졌네箭射虯髥落眸子"라고 읊으셨고, 목은牧隱 이색李穡 선생도 "주머니 속에 든 하잘것없는 것처럼 여기더니爲是囊中一物爾 검은 꽃이 흰 날개에 떨어질 줄 어이 알았으랴那知玄花落白羽"라 하였다. '검은 꽃'은 당 태종의 눈알이요, '흰 날개'는 양만춘의 화살이다.

이 두 분이 읊은 시는 전해 내려오는 이야기다. 물론 이 사실이 의심되는 바 없지 않지만, 예로부터 전해 오는 말임은 분명하다. 그런데 김부식金富軾은 우리 삼한의 역사를 정리한 《삼국사기三國史記》에서 당 태종이 포위되었던 사실을 입증까지 하면서 이 양만춘 장군의 쾌사만은 일절 언급치 않았다. 《당서》와 《자치통감》에도 기록이 보이지 않아 그랬다고는 하나, 이는 저들이 저들의 수치를 숨기기 위해 그런 것 아닌가. 그 사실이 미덥든 아니든 간에 제 나라에서 예로부터 전해 오는 사실은 감히 단 한 마디도 쓰지 못하면서 남의 역사서만 주워섬긴다면 우리의 역사는 저 이의 손끝에서 속절없이 사라지고 만다. 이는 분명 사대주의 역사관이니 올바른 역사를 정립해야 할 사관史官으로서 이런 옥생각을 한 김부식의 자질을 의심치 않을 수 없다.

나 역시 당시 당 태종이 안시성에서 눈을 잃었는지 상고할 길은 없지만 이 성을 '안시'라 함은 분명 잘못인 듯싶다. 《당서》에 보면 안시성은 평양에서 5백 리요 봉황성은 왕검성王儉城이라 하였고, 《지지地志》에는 봉황성을 평양이라 부르기도 한다고 하였다. 또 《지지》에 옛날 안시성은 개평현蓋平縣의 동북 70리에 있다 하였으니, 대개 개평현에서 동으로 수암하秀巖河까지가 3백 리요, 수암하에서 다시 동으로 2백 리를 가면 봉황성이다. 이 봉황성을 옛 평양이라 한다면, 《당서》에서 말하는 5백 리란 말과 딱 맞아떨어진다. 그렇다면 이 봉황성이 바로 평양인 셈이니 지금의 이 요동 땅이 바로 우리 선조들의 옛 터전임에 두말할 나위 없다.

우리의 옛 영토가 이러하거늘 지금 우리 조선의 사대부들은 한낱 평안도의 평양만이 평양인 줄 안다. 기자箕子가 평양에 도읍했다 하면 이를 믿고, 평양에 정전井田이 있다 하면 이를 믿으며, 평양에 기자묘가 있다 하면 이를 꼭 믿으면서도 '중국의 요동에 있는 봉황성이 곧 평양이다'라고 하면 크게 놀라 손사래를 쳐대며 해괴한 말이라며 나무란다.

잘못이다. 요동은 본시 우리 조선의 땅이었다. 숙신肅愼·예穢·맥貊 등 동이東夷의 여러 나라가 모두 위만衛滿의 조선에 예속되었고, 또 오라烏剌·영고탑寧古塔·후춘後春 등지가 본시 고구려의 옛 땅이다.

역사의 사실이 이토록 엄연한데도 사대사상에 얽매인 조선의 선비들은 이러한 내력을 밝히지 않고 함부로 한사군漢四郡을 죄다 압록강 안쪽에 몰아넣고는 억지로 사실을 이끌어 구구히 펼쳐 놓으며 다시 패수浿水를 그 속에서 찾는다. 어떤 이는 압록강을 '패수'라 하고, 어떤 이는 청천강淸川江을 '패수'라 하며, 어떤 이는 대동강大同江을 '패수'라 한다. 이렇게 되니 조선의 강토는 싸우지도 못하고 저절로 줄어들게 되었다. 이러한 까닭은 모두 평양을 조선 땅의 평양으로만 굳게 믿어서다.

나는 더욱이 한사군의 땅은 요동에만 있는 것이 아니고 마땅히 여진女眞까지 깊숙이 넣어야 한다고 생각한다. 그 까닭은《한서漢書》〈지리지〉에 현도玄菟나 낙랑樂浪은 있으나, 진번眞蕃과 임둔臨屯은 보이지 않기 때문이다.

대체 한 소제漢昭帝 5년(B.C. 82)에 사군을 합하여 2부府로 나누고, 원봉元鳳 원년(B.C. 76)에 다시 2부를 2군郡으로 고쳤다. 현도 세 고을 가운데에 고구려현高句麗縣이 있고, 낙랑 스물다섯 고을 중에 조선현朝鮮縣이 있으며, 요동 열여덟 고을 중에 안시현安市縣이 있다. 다만 진번은 장안長安에서 7천 리, 임둔은 장안에서 6천 1백 리 거리다.

김윤金崙(조선 세조 때의 학자)은 이를 지적하여 "우리나라 지경 안에서 이 고을들은 찾을 수 없으니, 틀림없이 지금 영고탑寧古塔(만주 길림성 관내의 지역) 등지에 있었으리라"라고 하였으니 매우 옳은 말이다. 이로 본다면 진번·임둔은 한나라 말에 바로 부여扶餘·읍루挹婁·옥저沃沮에 들어간 것이니, 부여는 다섯이고 옥저는 넷이던 것이 혹 변하여 물길勿吉이 되고, 혹 변하여 말갈靺鞨이 되며, 혹 변하여 발해渤海가 되고, 혹 변하여 여진女眞으로 된 것이 분명하다. 발해의 무왕武王이 일본의 성무왕聖武王에게 보낸 글월 중에, "고구려의 옛터를 회복하고, 부여의 옛 풍속을 물려받았다"라는 글귀를 잘 살펴야 한다.

이러한 여러 사실들로 미루어 보면 한사군의 절반은 요동에, 절반은 여진에 걸쳐 서로 겹쳐 있으니 이것이 본래 우리 조선의 영토임이

명확하지 않은가. 그런데 어찌된 셈인지 한나라 이후로 중국에서는 패수가 어딘지 일정치 못하고, 또 우리 조선의 선비들조차 반드시 지금의 평양으로 표준을 삼고서는 이러쿵저러쿵 패수의 자리를 찾는다. 이는 다름아니다. 옛날 중국 사람들은 무릇 요동 이쪽의 강을 죄다 '패수'라 하였으므로, 그 거리가 서로 맞지 않아 사실이 어긋나버린 때문이다.

그러므로 옛 조선과 고구려의 영토를 알려면 먼저 여진을 우리 국경으로 치고 다음에 패수를 요동에 가서 찾아야 마땅하다. 이렇게 패수의 위치가 명확해져야만 우리의 영토가 밝혀지고, 영토가 밝혀져야만 고금의 사실이 딱 들어맞게 된다. 그렇다면 봉황성은 틀림없는 평양이요, 기자 조선·위만 조선·고구려 등이 도읍한 곳으로 이 역시 하나의 평양이다.

사실 평양은 이외에도 여럿이다. 《수서隋書》〈배구전裵矩傳〉에 "고려는 본시 고죽국孤竹國인데, 주周가 여기에 기자를 봉하였고 한나라에 이르러서 사군으로 나누었다"라고 하였다. 여기서 고죽국은 지금 영평부永平府에 있으며, 또 광녕현廣寧縣에는 전에 기자묘가 있어서 은나라의 갓인 우관冔冠을 쓴 진흙으로 빚은 소상을 앉혔는데 명나라 세종世宗 때 병화에 불탔다. 이 광녕현을 어떤 이들은 '평양'이라 부른다. 《금사金史》와 《문헌통고文獻通考》에도 "광녕과 함평咸平은 모두 기자가 봉함을 받은 땅이다"라고 하였으니, 이로 미루어 본다면, 영평과 광녕의 사이가 또 하나의 평양일 것이다.

원元의 탁극탁托克托이 쓴 《요사遼史》에는 "발해의 현덕부顯德府는 본래 조선 땅으로 기자를 봉한 평양성이던 것을, 요나라가 발해를 치고 '동경東京'이라 고쳤으니 이는 곧 지금의 요양현遼陽縣이다"라고 하였다. 이로 미루어 본다면, 요양현도 또한 하나의 평양이 된다. 이는 기자가 애초에 영평과 광녕 사이에 머물다가 후일 연나라의 장군 진개秦開에게 쫓기어 땅 2천 리를 잃고 차츰 동쪽으로 옮아 간 사실은 중국의 진나라와 송나라가 남으로 옮겨감과 같다. 그리하여 머무는 곳마다 평양이라 부른 것이니, 지금 우리 대동강 기슭에 있는 평양도 그중의 하나임에 분명하다.

저 패수도 역시 이와 같다. 고구려의 영토도 때론 늘기도 하고 줄기도 하였을 터다. 그러니 '패수'란 이름도 이에 따라 이리저리 옮김이 중국의 남북조 시절에 주州와 군郡의 이름이 서로 뒤바뀜과 다를 바 없다. 사실이 이렇듯 번연하거늘 지금 평양만을 평양이라 하는 이는 오로지 대동강만을 가리켜, "이 물이 패수다"라 하고 평양과 함경의 사이에 있는 산만을 "이 산은 개마대산蓋馬大山이다"라고 한다. 또 요양으로 평양을 삼는 이는 헌우낙수軒芋濼水를 가리켜, "이 물은 패수다"라 하고, 개평현에 있는 산만을 "이 산은 개마대산이다"라고 한다. 그 어느 것이 옳은지 딱히 말할 수는 없는 일이지만 반드시 지금 대동강만을 '패수'라 하는 이는 우리 조선의 영토를 제 스스로 줄여서 말함이니 데생각이라 볼 수밖에 없다.

당나라 고종 2년(677)에 고구려가 멸망하였다. 당은 항복한 임금 보장왕寶藏王을 요동주遼東州 도독으로 조선왕朝鮮王에 봉해 요동으로 돌려보냈다. 고구려의 영토가 요동에 있던 것을 당이 비록 정복하기는 했으나 이를 지니지 못하고 고구려 보장왕에게 도로 돌려준 것이나 다를 바 없다. 결국 평양은 본래 요동에 있었거나 혹은 이곳에다 잠시 평양이란 이름을 빌려 썼기에 패수와 함께 수시로 들쭉날쭉하였을 뿐이다. 이로 미루어 보면 낙랑군 관아가 평양에 있었다 하나 이는 지금의 평양이 아니요, 곧 요동의 평양을 말함이다. 그 뒤 고려 때에 이르러서는, 요동과 발해의 일부분이 모두 거란에 들어간 것이다.

사실이 이러한데도 우리 조선은 겨우 자비령과 철령의 경계만을 지키며 선춘령과 압록강마저 버리고 돌보지 않으니, 하물며 그밖이야 한 발자국인들 내디딜 수 있겠는가. 고려는 비록 안으로 후삼국後三國(신라, 후백제, 태봉)을 합병하였으나, 그 강토와 무력이 고구려의 강성함에 결코 미치지 못하였다. 이런 명확한 사실을 버리고 후세의 옹졸한 선비들은 부질없이 평양의 옛 이름을 그리워하며 다만 중국의 문헌만을 믿고 수나라와 당나라의 옛 자취만을 궁시렁대며 "여기가 패수요, 여기가 평양이오"라고들 뒷공론을 해댄다. 모두 중국을 섬기는 모화니 사대사상에서 빚어진 참혹한 조선 역사의 괴리이니 참으로 한스러운 일이다.

나는 《열하일기》〈도강록渡江錄〉 6월 28일자 기록에 이와 같은 말을 써 놓았다.

나는 조선의 삼류선비

지금 이 글을 쓰는 나! 여든 한 가지의 고난과 사백 네 가지의 병을 흰 말이 문틈 지나듯 순식간에 겪은 나는 누구인가? 냄새나는 똥주머니로 이 땅에서 예순아홉 해를 산 조선의 삼류선비다. 삼류는 뭐고 이류는 뭐고 일류는 또 무엇인가? 일류는 상사上士요, 이류는 중사中士요, 삼류는 하사下士다. 상사, 중사, 하사가 중국을 여행하니 이런 차이점이 있다.

상사는 청나라를 오랑캐 되놈으로 보고 '도무지 볼 것이 없다' 라는 이다. 중사는 《춘추春秋》를 잘 읽고 대의명분을 중시하는 이다. 중화를 높이고 오랑캐들을 낮추어 보고 중원中原을 소탕한 다음이라야 비로소 장관을 이야기한다고 말한다.

나는 하사다. 하사는 겨우 청나라의 기와조각과 똥부스러기 쌓아 놓은 것을 보고는 "장관이다!"라고 소리 높여 외친다. 나는 조선의 하사로서 상사를 부러워하지 않는다. 내 이야기는 여기서부터 시작하는 것이 옳다.

"쇠똥구리는 스스로 쇠똥을 사랑해 여룡驪龍(몸빛이 검은 용)의 구슬을 부러워하지 않는다. 여룡 역시 그 구슬을 가지고 저 쇠똥구리의 쇠똥을 비웃지 않는다."〈낭환집서蜋丸集序〉에 써 놓은 말이다. 쇠똥구리가 여룡의 구슬을 얻은들 어디에 쓰며 여룡 역시 쇠똥을 얻어 무엇하겠는가? 나는 쇠똥구리로서 쇠똥을 사랑할 뿐, 여룡의 구슬은 관심이 없다.

나는 조선의 하사로서 글쓰기에 뜻을 두고 배움에 뜻을 두었다. 조선 하사의 글쓰기라 함은 조선이 내 삶의 시작이요 끝이며, 조선이 내 글쓰기의 원인이요 종결이라는 뜻이다. 배움은 사적인 행위로되 공적인 가치를 지향한다. 공적인 가치란 인륜을 돈독히 하고 염치와 도의를 바탕으로 불편부당不偏不黨을 몸에 다져 넣으며 심결을 잡도리해야만 한다. 어디 배움 심긴 사연이, 벽제 소리 요란한 '예라끼놈!' 이나 '고대광실'에 두는 것이던가. 나는 고대광실을 쭉정이로 여기고 공적인 가치를 낟알로 여긴다.

내 삶의 시종여일이 이곳이고, 내 글쓰기의 시종이 또한 여기다. 선비는 하늘에서 준 작위다. 내 비록 삼류선비이나 벼루로 밭을 삼고 붓으로 밭을 가는 마음가짐으로 글을 쓴 이유도 선비이기 때문이다.

내 글쓰기는 선비로서 나를 찾아가는 여정이다. 그래 글쓰기는 내 삶의 맞잡이요, 현실이요, 미래다. 내 글쓰기는 전쟁이요, 극한이다.

내가 살아간 이 조선의 삶은 팍팍하다. 살아내자면 이마에 내 천川 자 서넛은 그려야 한다. 나는 현실을 이해하지 못하였고 그 현실에 끼어들 수도 없었다. 나는 글을 쓸 수밖에 없었고 글을 통하여 나는 살아냈다. "누가 씀바귀를 쓰다고 했나, 내게는 냉이처럼 달구나"라는 《시경》〈패풍北風〉'곡풍谷風')의 말이 있다. 내 삶의 고통이 씀바귀보다 더 쓰지만 내 이렇듯 글을 쓰며 선비로 살았기에 어떤 고생이라도 감내할 수 있었다.

나는 선비의 길을 가겠다고 나에게 몇 번이나 다짐장을 놓았는지 모른다. 짧은 베잠방이에 폐포파립의 백도白徒일망정 선비는 선비라는 꼬장한 기개를 지켜야 한다. 내 선비로서 이러한 삶은 유교적 사상을 본밑으로 하였기에 상사람들과 떨어질 수 없었다.

나는 오늘도 그렇고 내일도 조선의 선비이고 싶다. 나는 〈방경각외전 자서放璚閣外傳 自序〉에서 선비를 이렇게 정의하였다.

선비란 곧 하늘이 내린 벼슬이요, 선비의 마음이 곧 내가 글을 쓰는 뜻이다. 그 뜻이란 무엇인가? 권세와 잇속을 꾀하지 말고 현달해도 선비의 도리를 떠나지 않고 곤궁해도 선비의 도리를 잃지 않아야 한다. 명예와 절개를 닦지 않고 한갓 문벌을 상품으로 삼아 대대로 내려온 아름다운 덕을 판다면 장사치와 무엇이 다를 것인가?

나는 이 글에서 "선비는 곧 하늘이 내린 벼슬"이라는 단언으로 시작해서 "현달해도 선비의 도리를 떠나지 않고 곤궁해도 선비의 도리를 잃지 않아야 한다"라고 다짐장을 놓았다. 문벌을 상품으로 삼아 아름다운 덕을 판다면 장사치와 무엇이 다른가? 나에게는 '뿔 없는 숫양을 내놓으라'는 말과 같다. 선비로서 이러한 자각은 유교적 사상을 본밑으로 했지만, 글쓰기는 조선 백성들을 보고 썼다. 내 글에 석가의 말을 빌리고 장자의 생각을 꿔왔을지라도 유학하는 선비로서의 뜻을 부쳤다. 나는 이러한 글쓰기가 선비로서 책선責善이라 여긴다.

나는 〈제가총론諸家總論〉에서 선비의 책무를 이렇게 적어 놓았다.

그런데 선비의 학문은 실상 농업·공업·상업의 이치도 포함되어서, 세 가지 업이 반드시 선비를 기다린 다음이라야 이룩되었습니다. 이른바, 농사를 밝히고 상거래를 통하고 공업을 좋게 한다는 것인데 그 밝히고 통하고 좋게 하는 것은 선비의 일이 아니고 누구이겠습니까. 그러므로 신은 그윽이 이르기를 "후세에 농·공·고가 생업을 잃게 된 것은 곧 선비가 실학實學이 없는 탓이다." ……그런데 풍성한 날이 오래되자 겉치레가 차츰차츰 본질을 없애고 말단이 근본을 무너뜨렸습니다. 선비들이 혹 고상하게 성명性命을 말하면서 경제는 잊어버리고 혹 헛되게 화려하게 꾸민 말만 숭상하면서 정사政事는 베풀지 않습니다. ……오직 그 선비 된 자가 그 잃어버린 것을 구해서 솔선하여 그 방법을 깨치는 데에 있습니다.

'못된 일가가 항렬만 높은 법'이다. 나는 조선에서 가장 높은 못된 일가붙이 양반들의 명경明鏡을 이렇게 적어 놓았다. 선비가 독서를 하면 사士요, 벼슬을 하면 대부大夫라 부른다. 선비란, 백성들에게 끊임없이 베풀어 주려는 의식과 바른 사회를 지향하려는 당위성을 지닌 존재여야 한다. 겉치레가 차츰차츰 본질을 없애고 화려하게 말만 꾸미는 짓은 변소에 단청하는 격이요, 쓸데없이 무용한 지식만 수다스럽게 나열하는 주소가註疏家와 다를 바 없다. 모두 선비로서 실학이 없는 탓이다.

이용·후생·정덕의 글쓰기

이제 내 글쓰기에 대해 좀 더 깊이 말하련다. 나는 평생 글쓰기를 업으로 삼았고 곤때 묻은 붓으로 사람을 썼다. 글이 내가 경영하는 사업이요, 내 삶이다.

많은 이들은 나에게 왜? 그리고, 어떻게 글을 썼느냐고 묻는다. 나는 "닭 울음소리는 한 선비가 홀로 불쑥 나서 바른말 하는 것을 자기 소임으로 삼는 것이라네"라고 답한다. 〈취답운종교기醉踏雲從橋記〉에 넣어 둔 말이다. 나에게 글쓰기는 모두 잠든 고요한 새벽녘에 새날을 알리는 첫닭 울음소리이다. 나는 전쟁 같은 마음으로 짙은 암흑이 드리운 내 조선을 깨우고자 글쓰기에 임했다.

나는 우리 조선 선비들의 학업에 농업·공업·상업이 배제됨을 안타깝게 여긴다. 세 가지 업은 반드시 선비들의 연구를 기다린 다음에야 이룩되기 때문이다. 농사꾼과 공장이, 장사꾼 제 스스로 문제를 해결하지 못한다. 농사를 밝히고, 상거래를 통하고, 공업을 좋게 함은 온전히 우리 조선 선비의 아람치로 여겨야 한다. 나는 이것을 조선 선비의 실학實學이라고 부른다. 나는 선왕先王(정조)께 올린 《과농소초課農小抄》〈제가총론諸家總論〉에서도 "후세에 농사꾼과 공장이, 장사꾼이 제 업을 이루지 못하는 까닭은 곧 선비에게 실학이 없기 때문이옵니다"라고 하였다. 실학을 수행하는 양반과 이를 받아들이는 농공상은 서로 배타적인 지위도 자식과 어미의 관계도 아니다. 서로 힘입어서 산다는 상생이다.

이렇듯 선비의 학문과 백성의 삶을 연결한 것이 실학이다. 이 실학이 이용후생利用厚生으로 나아가 바르고 떳떳한 도덕인 정덕正德이 됨은 당위이다. 나는 청나라의 문물을 적극 수용하자는 북학北學 논자가 될 수밖에 없었다. "진실로 백성들에게 이롭고 나라에 보탬이 된다면 비록 그 법이 오랑캐에게서 나왔으면 어떤가. 참으로 이를 취하여 법칙으로 삼아야 한다"라고《열하일기》〈일신수필〉에 적바림도 해 놓았다. 〈한민명전의〉나《과농소초》,《면양잡록》같은 책은 우리 조선 백성들의 윤택한 삶을 가꿔 주려는 의도에서 나왔다. 그 바탕은 농업이지만 '한 해 농사를 지어도 소금 값이 남지 않는다' 는 속담이 생길 정도로 열악하기만 하다.

〈한민명전의限民名田議〉에 자세히 기록해 놓았지만, 내가 벼슬살이 하였던 면천군의 경우 평균적으로 다섯 명 식구 한 호당 39섬 12말 5되의 곡식을 거둔다. 그 중에서 조세로 72말, 곡식 종자로 49말 7되를 떼 놓으면 33섬 10말 8되지만, 도지세로 반절을 떼면 10분의 6이 나가는 셈이다. 15섬 조금 넘는 곡식으로 소를 키우고, 소금을 사고, 옷감을 마련하고, 시집장가 보내고,…… 자연재해 등을 만나면 그야말로 소금 값조차 남지 않는다. '죽도록 한 해 농사를 지어도 소금 값도 안 남는다' 라는 속담은 이래서 나왔다. 그러니 무엇으로 부모와 처자를 양육할 것인가? 빚을 지다 끝내는 가진 땅을 싸게 팔 수 밖에 없고 끝내 유리걸식하다 굶어 죽을 수밖에 없는 운명이 우리 조선의 농투성이들이다.

나는 이 원인을 겸병兼倂에서 찾는다. 조선의 세제는 공물을 미곡으로 통일하여 바치게 하는 대동법大同法이다. 이 조세제도는 무신년

(1608, 광해군 즉위) 경기도에서 처음 시행되어 지금은 전국적으로 이를 집행한다. 문제는 대동법에서 허용하는 겸병이다. 지금 시행되는 겸병 제도는 남의 토지를 빼앗아 차지하는 것을 얼마든 허용한다. 따라서 빼앗지 않고는 만족 못하는 그야말로 귀척貴戚의 두목과 겸병兼倂의 괴수들을 만들어 댄다. 부익부 빈익빈은 겸병을 방임하는 법의 결함에서 찾아야 한다. 지금 조정에서 여러 자잘한 방법을 강구하나 그 환부를 도려내지 않으면 미봉책이나 인순고식에 지나지 않는다. 방법은 동중서董仲舒가 무제에게 건의한 백성들의 토지를 제한하는 한민명전限民名田에서 찾으면 된다. 한민명전은 백성들 모두 명전을 30경頃 이상 소유하지 못하고 기한을 3년으로 제한하여 이를 어길 시 재산을 몰수하는 법이다. 시행은 어느 해, 어느 날을 기점으로 법령을 공표하면 된다.

토지 소유를 제한한 후라야 겸병한 자가 없어지고, 겸병한 자가 없어진 후라야 산업이 균등하게 되고, 산업이 균등하게 된 후라야 백성들의 삶이 안정되어 각기 제 토지를 경작하게 되고, 근면한 사람과 나태한 사람의 구별이 드러나게 된다. 근면한 사람과 나태한 사람의 구별이 드러나게 된 후라야 농사를 권면할 수가 있고 백성들을 가르칠 수가 있다. 비유하자면, 그림을 그리는 사람이 물감이 갖추어져 있고 그림 솜씨도 뛰어나다 하더라도 종이나 깁과 같은 바탕이 되는 것이 없으면 붓을 댈 곳이 없는 것과 같다. 이 법을 실행할 수 있는 법적 근거는 천하의 땅이 모두 왕의 땅이 아닌 것이 없기 때문이다.

내가 이러한 〈한민명전의〉를 지어 금상께 바친 것은 이 나라 선비로서의 마땅한 책무이다. 선비에게 주어진 임무는 실천적 학문을 통해 '백성을 이롭게 하고 만물에게 혜택을 입히도록 하는 것[利民澤物]'이기 때문이다. 응당 선비가 추구해야 될 지식은 지배의 지식이 아니라 백성을 억압과 궁핍으로부터 벗어나게 하는 인간적인 지식이어야 한다. 맹자께서도 말씀하셨듯이 일정한 생업이 없으면서도 일정한 마음을 지니는 것은 선비뿐이다. 일반 백성은 그렇지 못하기에 백성들에게 생업을 찾아주는 것이 선비로서 정사를 펴 인을 베푸는 근본이다.

지금 우리 조선의 풍속이 사나워지고 예법이 무너지는 것도 이와 관련이 깊다. 《서경》〈홍범〉 '황극조'에도 "부유하게 살아야 착하게 행동한다[旣富方穀]"라고 하였다. 《서경》에 '벼슬아치'라는 한정사가 붙었지만, 나는 일반 백성들이 이에 해당한다고 생각한다. 선비의 글이 백성을 이롭게 하고 만물에게 혜택을 주면 백성들의 생활은 부유하게 되고, 이 부유함이 선함으로 이어지게 되는 것이 정녕이라 믿는다. 내가 안의安義에 부임하여 눈썰미와 재주 있는 자들을 선발하여 양선颺扇(키), 용골차龍骨車(논에 물을 대는 수차) 등 농기구를 만들고 벽돌을 굽는 가마설립법 등을 만든 것은 모두 이러한 생각에서이다.

이것이 바로 내가 갖고자 하는 인간적인 지식이다. 〈원사原士〉에서 나는 인간적인 지식을 이렇게 써놓았다. "한 선비가 제대로 독서를 하면 은택이 사해에 미치고 공이 만세에 드리워진다. 《주역》에 '나타난 용이 밭에 있다'라는 말은 선비가 나타나서 세상에 은택을 입힌다는 뜻이다. 천하의 문명은 바로 독서하는 선비의 책임을 말함이다"라고.

선비의 독서하는 목적은 강학講學이나 하고 도道를 논하는 데 있지 않다. 부모에 대한 도리와 형제에 대한 우애, 충신은 학문을 닦고 연구한 열매이고 예절, 음악, 형벌, 정치는 학문을 닦고 연구한 쓰임이어야 한다. 독서를 하나 실용을 알지 못한다면 학문이 아니고, 실용을 모르는 독서는 학문을 닦고 연구하는 강학이 아니다. 선비의 독서와 글쓰기가 개인의 입신양명이나 수신만으로 그쳐서는 독서도 글쓰기도 아니다.

이러한 문제의식을 담은 인간적인 지식의 함양, 즉 실학과 글쓰기야말로 내가 나에게 내린 평생의 과업이다. 지금도 나는 '벼루로 밭을 삼고 붓으로 밭을 가는 마음가짐으로 백짓장을 마주한다'는 '필경연전筆耕硯田' 넉 자를 내 글쓰기의 주장으로 삼는다. 내 글쓰기는 임자 없는 글자 줄 세우기가 아님을 다시 한 번 짚고 싶다.

내 글은 닭 울음이며 바람이고 싶었다. 바람은 본시 실체가 없지만 나무에 부딪침으로써 저를 알리고 나무를 흔들어 댄다. 시절을 근심하고 세속을 마음 아파한 초나라 충신 굴원屈原의 글은 몇 백 년이 지난 오늘까지 거센 바람을 의기 있는 자들의 가슴에 불어댄다. '시대와 불화'에서 빚어진 굴원의 글쓰기는 내 글쓰기와 별다르지 않다. 나도 사회의 병리가 만연한 이 조선의 시절을 근심하고 세속을 마음 아파하여 전심치지 글쓰기를 평생의 사업으로 삼았다. 이는 상감에게 윤허 받을 일도 아니요, 과거로 따낼 사업도 아니다. 그저 내가 살아가는 이 조선과 조선의 백성을 생각했기에 누구의 눈치를 볼 필요도 이유도 없었다.

내 안의와 면천 군수 시절은 이러한 실학적 글쓰기의 실제 경험 기간이었다. 나는 나라를 경영하고 백성을 구제하려는 생각으로 균전법均田法, 사창법社倉法, 화폐법, 촌락의 조직법, 관리등용법, 관리평가법, 군사제도법, 해양방위법 등에 대해 조목을 세우고 바른 해법을 강구하였다. 균역법을 반대하고 호포법戶布法과 구전법口錢法 시행과 관청에 딸린 시노비寺奴婢 해방도 건의했다.

또 중국과 외국의 문헌 중에 우리나라와 관련된 사실을 취합하여 《삼한총서三韓叢書》도 엮었다. 《삼한총서》에는 여기저기 책을 취합한 것도 있지마는 이름만 전해오는 책에 내 견해를 첨부하여 후인들의 검토를 기다린 것도 있다. 끝내 시간을 얻지 못해 서적으로 만들지 못한 것이 아쉽다. 이 모든 것이 내 실학적 글쓰기다.

우울증과 불면의 나날들

나는 조선의 삼류선비요 병쟁이로, 남들은 나를 문둥병환자라거나 파락호, 술미치광이로 부른다. 나는 지금 우울증과 불면증, 까닭 없는 두려움과 공포로 놀란 듯 가슴이 울렁거리는 정충증怔忡證과 명정酩酊으로 반생을 보낸 데서 얻은 듯한 소갈증消渴症(당뇨병)에 울화병, 치질까지 앓고 있다. 술 권하는 과거科擧의 나라, 이 조선에서 태어난 나는 열일고여덟부터 우울증과 불면증에 시달렸다. 스무 살 무렵부터는 더욱 심해져 속으로 볶다가 열화가 나 사나흘씩이나 잠 못 이루는 경우도 태반이었다. 서화, 골동품, 기타 잡물 모으는 것을 취미 삼고 객을 초대하여 해학과 고담도 즐겨 보았지만 모두 허사였다. 음악이 다소 위로가 되었으나 그나마 벗들과 함께할 때뿐이었다. 그것은 과거 때문이었고, 그 연유를 굳이 짚자면 내 혼인에서부터 비롯되었다.

　나는 열여섯에 장가를 들며 장인과 처숙에게 비로소 글공부를 하게 되었다. 할아버지 장간공께서는 정치 참예를 극히 꺼리셔서 아버지 형제 분은 물론이고 나에게도 글공부를 시키지 않으셨다. 나는 장인과 처숙에게서 본격적인 학업을 닦으며 이 조선과 과거를 생각하였고 깊은 우울증에 빠져들었고 불면의 나날을 보내야만 했다. 그리고 서른넷에 과거를 포기하는 대신, 술과 벗, 글쓰기와 제자들을 얻었다. 이 술, 벗, 글쓰기, 제자는 내 병든 삶을 치유해 준 소중한 만남들이다.

　많은 이들은 이렇게 말한다.

"여보게 연암. 거, 자네 꽤 불만이 많나 본대. 과거를 보면 바로잡을 기회가 오지 않겠는가?"

내가 과거를 보지 않는 것에 대해 많은 이들이 궁금해 한다. 과거 날이 닥치면 푸른 두루마기에 유건을 쓰고 필묵과 커다란 해를 가리는 일산, 서너 명은 들어앉을 돗자리, 어둠을 대비한 등롱을 들고 입장하는데, 시험은 경복궁 후원, 성균관의 명륜당이나 비천당, 예조 등에서 치렀다. 전날 예비소집에서 자리를 잡아 두는데, 이때 좋은 자리를 차지하고자 각다귀패가 동원되고 벼슬깨나 하는 자는 권력을 행사한다.

과거에 응시한 사람은 줄잡아 수만 명이나 되니 시험장에 들어갈 때 서로 밟는 놈에 밟히는 놈, 죽고 다치고 하는 자들이 수도 없다. 형제끼리 시험 보러 와서는 서로 외치고 부르며 뒤지고 찾다가는 급기야 서로 만나게 되면 손을 잡고 마치 죽었다 살아난 사람이나 만난 듯 정중껑충 뛰어댄다. 이쯤이면 죽을 확률이 십 분의 구라 이를 만하다. 더욱이 창명唱名(급제자 발표)은 겨우 스무 명밖에 안 되니, 요행을 말할 때 '만의 하나'란 말이 바로 이를 두고 하는 말 아닌가.

난장판이란 말이 여기서 나왔다. 난장판이 된 과거장은 급기야 벼슬 환전장이요, 벼슬 노느매기장이 되었다. 똑똑한 선비 이옥李鈺(1760~1812)이 지은 〈유광억전柳光億傳〉이라는 글에도 당대의 과거 폐단이 여실히 드러난다. 매문매필賣文賣筆이라는 과거의 부정도 그렇지만 과시에 합격할 정도의 인재임에도 가난하고 지위가 낮기 때문에 글을 팔아 생활하는 유광억의 심정은 어떠하겠는가. 오죽하였으면 이덕무는 《아정유고雅亭遺稿》에서 '과거는 장사꾼이요 문장은 이단'이라고까지 하였다.

과거의 병폐는 나라의 기강까지 무너뜨린다. 과거의 법도가 어지러워지면 인재가 없고, 인재가 없으면 학문이 일어나지 않고, 학문이 일지 않으면 염치가 없고, 염치가 없으면 풍속이 나빠지고, 풍속이 나빠지면 농토가 개척되지 않고, 농토가 개척되지 않으면 나라의 기강이 서지 않고 예악이 땅에 떨어진다.

그러나 과거는 내 삶을 바꿀 유일한 기회요, 가난을 벗어날 합법적 방법이다. 할아버지와 장인어른까지 탐탁치 않아 하셨지만 사내로서 포부도 없는 바 아니었다. 내 젊은 시절 우울증과 불면증에 시달린 이유 중 한 가지는 분명 여기다. 내 〈방경각외전〉 9전은 이때 쓰였다. 나는 이 시절 처음으로 조선과 조선인을 보았다.

고민을 하면 할수록 사농공상이란 절대적 신분체제 아래 억눌려 살아가는 백성이 보였다. 백성들의 피와 땀으로 몸을 살찌우고 성리학이니 주자 등 한껏 교만과 헛된 지식으로 치장한 향원들도 보였다. 더욱이 주자의 말이라면 수족이 두목頭目을 보호하듯이 끼고돌아 마침내 한 마디의 말도 감히 거수를 수 없으니, 이 또한 학문하는 자들이 가장 피해야 할 묵적墨翟이 성을 지키는 격이다.

그야말로 삼천리 금수강산에 황충들이 들끓었다. 나는 글쓰기와 독서를 내 유학의 대동세계大同世界로 삼았고 내 글 속에 조선의 이상향을 그리기로 하였다. 철골의 가난을 가학으로 삼고 가장 싫어하는 말을 '구차苟且' 두 자로 삼은 것도 이 시절이다.

〈방경각외전〉 9전 중 〈예덕선생전〉은 이러한 연유로 나온 글이다. 나는 그 서두에 "선비가 입과 배 때문에 구차해지면 백 가지 행실이 이지러지고 부유한 생활은 탐욕스러움을 경계하지 못한 때문이다. 엄 행수가 몸소 똥을 쳐서 밥을 먹을지라도 그의 발은 더럽지만 입은 깨끗한 것이다. 이에 〈예덕선생전穢德先生傳〉을 쓴다"라고 하였다.

미국에서 발굴해 국립국악원이 발행하는 '국악누리' 4월호에 실린 그림이다. 일산日傘(햇볕가리개)이 즐비한 속에 두루마기를 입고 검정 유건을 쓴 무리들이 앉아 쑥덕쑥덕 의논하며 답안을 작성한다. 과장에 갖고 들어갈 수 없는 책도 펼쳐 들었는가 하면, 한쪽에서는 잠에 곯아 떨어진 작자도 있다. 난장판이란 말이 나올 법하다. 이런 과거 시험은 정기적인 식년시式年試 이 외에 반시泮試, 절일제節日製, 경과慶科, 별시別試, 도시道試 등 다양했으며 대소과 합격자 열 명 중 아홉 명은 임용되지 않았다. 그림 상단에는 단원의 후원자였던 강세황姜世晃(1713~1791)이 쓴 제발題跋이 별지로 붙어 있다. 글은 '봄날 새벽 과거 시험장에서 만 마리 개미가 전쟁을 벌인다貢院春曉萬蟻戰.'로 시작한다. 연암은 〈하북린과賀北鄰科〉에서 과거장을 "사망률이 십분의 구에 달하는 그 위태로운 장소"라고 희화해 놓았다.

〈예덕선생전〉은 똥으로 풀어 본 못난 양반들에 대한 비판이다. 양반들의 충분한 부조리와 탐욕, 넉넉히 속진俗塵으로 채운 배에서 나온 배설물이 온몸에 묻은 듯 불쾌하다. 진동하는 그 오기를 타고 앉아 똥독이 오를까 봐 깨끗하게 치우는 것이 엄 행수의 생업이다. 엄 행수가 없었던들 양반네들은 똥구더기에서 살며 지독한 제 악취를 맡아야 한다. 가난 때문에 구차하면 행실이 어지러워지고 부유함은 탐욕으로 이어진다. 엽전 꿰미가 관복에 수놓은 이무기가 서린 듯하고, 상자를 열면 베와 비단이요, 쌀과 곡식이 창고에 그득한들 탐욕은 채우지 못한다. 나는 선비다. 선비로서 가난을 구차하게 여기지 않으려는 마음에서 저 엄 행수를 예덕선생이라 불렀다.

스물다섯 무렵 이후, 나는 북한산에서 독서를 하였다. 향원과 황충들을 이 세상에서 없애는 길이 과거밖에 없다는 생각이 들었다. 우습게도 그 무렵부터 수염이 은백으로 변하였다. 산속의 절간이나 강가의 정자를 떠돌며 김이소金履素(1735~1798), 황승원黃昇源(1732~1807), 이희천李羲天(1738~1771), 이홍유李弘儒(1743~1812) 등 10여 명과 과거 공부에 힘쓰는 한편, 단릉 처사 이윤영李胤永(1714~1759) 어른에게 《주역》을 배웠다. 김이소나 황승원 두 분은 모두 나보다 연배였지만 나에게 묻기를 주저하지 않고 잘 어울렸다. 후일 과거에 급제하여 각각 좌의정과 이조판서에 올랐다. 허나, 내 과거에 대한 뜻은 다시 돌아섰다. 과거에 급제한들 조선의 황충과 향원들이 없어질 리 만무하다. 나는 다시 방황을 하였고 차라리 비겁하지 않게 살자고 마음먹었다. 하지만 그것은 미래를 담보하지 않고는 불가능한 일이었다.

황승원은 나에게 대제학 감이라 했던 황경원의 사촌동생이다. 황승원에게 준 〈사황윤지서謝黃允之書〉에서 "나는 북쪽으로 올라가 돌아다니면서 단양丹陽과 영동永同 사이에서 농지나 찾아볼까 합니다"라고 썼다. 과거 공부를 접기로 다짐해서다.

1차 시험인 감시 초·종장에 응시하여 모두 장원을 하였지만, 2차 시험인 회시에선 답안을 내지 않고 나왔다. 1차 방이 붙던 날 선왕先王(영조)께서 나를 불러들여서는 답안을 읽게 하고는 크게 칭찬하였지만 내 마음을 돌이킬 수는 없었다. 나는 다시 성균관 시험을 치러 들어가 고목이나 노송을 그리거나 빈 종이를 제출하였다. 내 뜻을 다짐 짓는 행동들이다.

이때가 경인년(1770) 내 나이 서른넷 된 해다. 이후로 나는 단 한 번도 과거에 마음을 두지 않았다. 장인어른께서는 이러한 내 행동을 기꺼이 받아들여 주셨다. 우울증과 불면의 밤들은 점차 줄어 들었다. 내가 술을 마시기 시작한 것은 이때부터인 듯하다. 이 소문은 온 장안으로 퍼졌다. 사람들은 나를 보고 웃었고 나는 하늘을 보고 웃었다.

인연 그리고 악연

내가 과거 시험을 단념하자 내 집을 그토록 드나들던 패거리들이 일시에 끊겼다. 겨우 석치石癡 정철조鄭喆祚(1730~1781) 등 친한 벗 몇 명과 이덕무, 이서구 등 제자뿐이었다. 사귀고 헤어짐이 이토록 입신출세와 연관하는지 느낀 바 적지 않았다.

3대가 모두 문과에 급제한 명망가의 자손인 정철조는 나보다 일곱 살이나 많았으나 허여하였다. 나와는 서른 즈음에 우의를 다졌으며 대취한 적이 여러 번이다. 당색은 소북이었으나 첫째 매형 박호원朴祜

源은 소론이고 둘째 매형인 이가환李家煥은 성호 이익 어른의 종손으로 남인이요, 담헌 홍대용과 동문수학한 스승 김원행 어른은 나와 같은 노론이었다. 당파에 연연하지 않는 그의 마음 씀씀이를 알 만하다. 정철조는 문예적 교양이 높고 뛰어난 기예를 지녔는데 벼루 만드는 솜씨는 일품이었다. 그림 솜씨 또한 어찌나 깊었는지 선왕先王(정조)의 어진을 그릴 정도였다. 나는 그의 그림을 여럿 소장하고 있다. 특히 내 살림살이를 엿보아 그려 준 〈산장도〉는 걸작이다.

"살아 있는 석치라면, 함께 모여 곡을 하고, 함께 모여 조문하고, 함께 모여 욕도 하고, 함께 모여 웃고, 여러 섬의 술을 마시고 서로 발가숭이가 되어 치고받으면서 꼭지가 돌도록 대취하여 너니 내니도 잊어버리다가, 마구 토악질을 하고 머리가 지끈거리며 위장이 뒤집혀 눈앞이 아찔하여 거의 죽게 되어서야 그만둘 터인데, 지금 석치는 참말로 죽었구나!"

내가 쓴 제문인 〈제정석치문〉의 서두이다. 많은 이들은 그를 술주정꾼으로 오해들 하나 그의 마음속에 들어 있는 큰 그림을 어찌 알랴. 그는 좁디좁은 조선의 현실을 술로써 달랜 사내다. 뒷박만 한 마음으로 말들이 그 마음을 되질하지 말아야 한다. 그의 호방한 기운, 그의 진솔한 모습, 그와 함께 술잔을 잡고 뒹굴며 조선을 걱정하던 그때가 그립다.

이 시절 나는 또 한 사람의 평생지기를 만났으니 그가 담헌 홍대용이다. 홍대용의 본관은 남양南陽으로 자는 덕보德保, 호는 담헌湛軒이다. 담헌은 키가 후리후리하고 인물이 훤칠한 쾌남아로 수염이 아주 보기 좋게 났다. 의기도 강하여 "무능하면 양반의 자제라도 가마채를 메어야 하며 유능하면 농사꾼의 자식이라도 관리가 되어야 한다"라고 서슴없이 말할 정도였다. 담헌은 내 평생의 벗이며, 학문적 동반자였지만 서로 공경하기를 내외같이 하였다. 나는 담헌에게 땅이 돈다는 지전설地轉說을 듣고는 크게 깨달은 바가 있었다. 섭섭하게도 담헌이 술을 한 잔도 못하여 아쉽지만, 나처럼 과거를 일찍이 걷어치운 것도 선공감 감역이란 첫 벼슬을 음직蔭職으로 받은 것도 같기에 더 정 깊다. 벼슬은 영천榮川군수로 마쳤지만 포의지사布衣之士와 다를 바 없었다. 이 담헌과 정철조는 미호 김원행 선생의 제자들이다. 미호 선생은 우암 송시열과 농암 김창협 선생을 잇는 우리 조선의 대학자다. 나 자신도 미호 선생에게 많은 학문적 영향을 받았다.

같은 신세인 담헌과 나를 격려해 주고 운치 있는 삶을 만들어 준 이는 효효재嘐嘐齋 김용겸金用謙(1702~1789) 어른이다. 효효재의 부친이 육창六昌 중 다섯째인 창집이시고 중부가 바로 김창협, 숙부가 삼연 김창흡이시다. 효효재 어른은 신임사화로 백부 창집昌集께서 사사되시고 자신도 유배되는 비운을 겪었다. 결국 효효재 어른은 과거를 단념하고 음서제도로 미관말직을 거친다. 하얗게 센 머리에 단사같이 붉은 뺨, 고상하고 깨끗한 회포, 풍류는 넘치고 끊임없는 담론이 이어지는 노선배였다. 특히 사대부들이 삼가례三加禮(아이들의 성인 의식 · 덕망과 학식이 높은 사람을 빈賓으로 모시고 가례를 행함)를 치를 때면 늘 이 어른을 다투어 모셨다. 조상각朝爽閣은 어른의 서루書樓인데 이곳에서 시회를 연 것도 여러 번이다.

담헌과 나는 이 어른들을 평생의 스승으로 모셨다. 임진년(1772) 유월 어느날, 남산 밑에 있는 담헌의 집 유춘오留春塢에서였다. 고요한 남산에 여름밤이 들고 달빛이 넉넉하게 암리문暗里門 동리에 있는 '봄이 머무는 언덕' 유춘오를 비출 때였다. 내가 흥이 나 양금을 연주하자 거문고를 대단히 잘 켜는 풍무자風舞子 김억金億이 대들고, 담헌은

〈중국 항주의 선비 엄성嚴誠이 그린 홍대용 초상〉

연암과 함께 북학파의 선구자인 홍대용의 본관은 남양南陽이며 자는 덕보德保, 호는 담헌湛軒·홍지弘之이다. 1731년(영조 7) 음력 3월 1일 충청도 천원군 수신면 장산리 수촌 마을에서 태어났다. 아버지는 목사를 지낸 홍역洪櫟이며, 어머니는 군수를 지낸 청풍 김씨 김방金枋의 딸이다. 담헌은 그의 《담헌서湛軒書》 외집 1권 손용주에게 주는 〈여손용주서與孫蓉洲書〉에서 연암의 사람됨을 "그 문장의 품위를 이 아우가 존경하는 벗입니다. 역경에 빠지고 알아줌을 만나지 못하였으나 기개와 도량이 높고 맑으며 활달합니다文章品望 弟之畏友 落拓不遇 氣宇軒豁"라고 써 놓았다. 손용주는 홍대용이 연행을 가서 사귄 항주의 선비로 이름은 손유의孫有義다. 담헌이 김원행의 석실서원石室書院 출신으로 함께 수학한 박윤원朴胤源(1734~1799)은 연암에게 족형族兄인 일가붙이이다. 박윤원은 그의 〈미호선생어록〉에서 미호渼湖 김원행金元行이 연암을 '기걸한 인물이로다' 라 했다는 평을 써 놓았다. 이 외에 이윤영李胤永, 황경원黃景源, 홍상한洪象漢 같은 저명한 문인들이 연암의 재질을 인정했다. 윤원의 동생 박준원朴準源(1739~1807)의 셋째 딸이 정조의 후궁인 수빈박씨로 순조임금의 생모이다.

생황을 불어댔다. 세 악기에 나온 세 가락이 조선 한양 하늘로 하나 되어 오를 때, 달빛을 타고 효효재 어른이 문간을 들어섰다. 효효공은 서안에 구리쟁반을 올려 놓고 두드리며 《시경》 〈벌목〉장을 읊었다. 효효공이 돌아가신 뒤 어느날, 내가 이서구의 집에서 효효공의 초상을 그렸더니, 사람들은 생전의 모습 그대로라고 놀라워하였다.

　나는 담헌이 이승을 하직한 뒤 모든 악기를 남에게 주었다. 담헌은 나와 평생에 걸쳐 이택麗澤(벗끼리 서로 도와 학문을 닦고 수양에 힘쓰는 것)의 보익補益을 주었다. 〈홍덕보묘지명〉에서 나는 담헌을 이렇게 기록하였다. "통달하고 민첩하며, 겸손하고 아담하며, 식견이 원대하고 이해가 정미하며, 더욱 율력律曆에 장기가 있어 혼의渾儀 같은 여러 기구를 만들었으며, 사려가 깊고 한 가지 일에 정신을 집중하여, 남다른 독창적인 기지가 있었다."

나에게 주역을 가르쳐 준 이윤영 어른과는 참 슬픈 일이 있다. 인연이 악연이 된 경우이니 지금도 그때 일을 생각하면 마음이 아려온다. 그해가 그러니까 신묘년(1771, 영조47) 5월 하순, 한여름으로 막 접어드는 때였다. 온 조선의 책쾌冊儈(책거간꾼·책주릅·책주름)들이 죽음과 고문, 유배를 당한 《명기집략明紀輯略》 사건이 한양을 뒤흔들었다. 이 사건으로 책쾌 수십여 명이 죽고 유배를 갔으며, 이희천도 효수되어 한강변에 머리를 달아 두는 처참한 형벌을 받았다.

《명기집략》은 명나라 주린이 지은 책인데 우리 태조의 종계를 오기하여 모독한 내용이 들어 있었다. 성상께서 이를 아시고 크게 노하여 《명기집략》과 주린이 지은 다른 책인 《강감회찬》에 관계된 이들을 잡아들이라 하셨다. 석루石樓 이희천은 문제가 된 이 책을 책쾌에게 사들여 처참한 화를 당하였다. 이 이희천의 부친이 바로 내 주역 선생인 이윤영 어른이시다. 《주역》을 배우는 것을 계기로 나는 자연스레 희천과 어울렸고 그렇게 내 젊은 시절을 함께했다.

그런 인연이 악연이 되었으니, 이희천이 서른네 살이란 한창 나이에 죽음을 맞게 한 상소를 올린 박필순朴弼淳이 바로 나에게는 할아버지뻘 되는 이였기 때문이다. 이희천이 "비록 《명기집략》을 사서 두기는 하였습니다만 실제로 자세히 살펴보지는 못하였으며, 박필순의 상소 내용을 대략 들은 뒤에 그대로 즉시 불태웠습니다"라고 범죄 사실을 진술하였으나 받아들여지지 않았다. 그가 갖고 있던 《강감회찬》도

연암 글씨(단국대 도서관 소장)
'함영지출含英之出(꽃봉오리를 입에 머금어 나타낸다)'

뭉툭한 붓에 먹을 듬뿍 찍어 쓴 글씨로 묵중한 힘이 실렸다. 한유韓愈(768~824)의 〈진학해進學解(학자들을 나오게 하여 해명한 글)〉의 "함영저화 작위문장含英咀華 作爲文章(꽃봉오리를 입에 머금고 꽃을 씹어 맛보듯 문장의 진미를 알며 문장을 짓는다)"이라는 글귀를 차용하여 쓴 글이다.

연암 글씨(단국대 도서관 소장)
'저실기측咀實其測(열매를 씹어 그 맛을 헤아린다)'

종채는 "아버지의 글씨는 필획이 굳세고 기골이 우뚝한 안진경의 서체, 조맹부의 짙고 두터운 서체, 미불의 강하고 가파른 서체를 보탠 듯하다"라고 하였다.

나의 팔촌형으로 부마인 박명원朴明源의 집에서 빌린 것이기 때문이다. 그런데 부마 박명원은 이에 대해 아무런 조사도 받지 않았고 이희천만 효수라는 극단의 죽음을 맞았다. 나는 이 사건으로 큰 충격을 받았다. 경조사도 끊고 마치 폐인처럼 지냈으니, 절친한 친구인 유언호와 황승원이 유배를 가 거의 죽게 되었어도 한 글자 안부조차 물을 수 없었다. 이희천이 효수를 당한 지 3년 뒤에 쓴 〈이몽직애사李夢直哀辭〉라는 글에는 그때 내 심정이 잘 나타나 있다.

〈이몽직애사〉는 내 제자 박제가의 청으로 지었는데 이 또한 인연이기에 이희천과 가슴 아픈 만남을 넣었다. 몽직의 아비는 절도사를 지낸 이관상李觀祥으로 충무공 이순신의 5세손이다. 이 이관상은 나의 자형인 서중수徐重修에게 외숙이 되신다. 이런 인연으로 몽직은 어릴 적부터 내게서 글을 배웠다. 여기에 몽직의 매부가 바로 내 제자인 초정 박제가다. 몽직은 대대로 무반이면서도 글하는 선비를 좋아해 항상 초정을 따라나와 노닐었다. 내가 글을 배워 쓴 첫 작품인 〈이충무공전〉에는 이러저러한 인연의 실타래가 이렇게 얽혀 있다. 이충무공의 삶이 컸기에 내 글쓰기 또한 그러하자고 한 이유도 있다.

언급하기도 싫지만 유한준, 윤광석과 만남 또한 인연이 악연이 된 경우다. 과거를 버렸다지만 세상살이가 만만찮기는 마찬가지다.

튼튼한 벽돌집

"마님 설수 어른께서 오셨습니다."

누릇누릇 익은 낙엽 지는 바람을 뚫고 오복의 살 내린 쉰 목소리가 문틈으로 힘겹게 들어온다. 엊그제부터 몸이 불편하다고 하더니 그에 더친 듯싶다. 나도 심신이 피로하여 수저가 천 근이나 되는 듯 무겁고, 혀는 백 근인 양 움직이기조차 거북살스러운 게 베개만 이끈다. '인간 한 세상 덧없기가 먼 길 가는 나그네로다' 라는 옛 시구가 괜한 헛말이 아니다. 겨우 일어나 앉아서 이를 부딪으며 머리를 퉁기고 정신을 가다듬으니, 그제야 제법 상쾌해진다.

"설수 왔는가. 어서 들어오라 하게. 그런데 오복이! 중존도 온다고 했던가?"

"예, 오늘 일찍이 오신다고 했는뎁쇼."

사람 좋은 오복은 그제나 이제나 내 옆을 직수굿이 지키는 게 한결같다. 벌써 나이 오십이 다 되었건만 후사를 두지 못해 안타깝다. 설수는 내 제자 이희경李喜經(1745~?)으로 스물네다섯부터 나에게 배웠다. 당시 나는 백탑의 북쪽에 거주하고 이희경의 집도 인근이었다. 그는 한미한 가문의 서얼 출신으로 벌써 서른다섯 해를 내 곁에 머무는 신실한 사람이다. 나를 따라 백탑시사도 결성했고, 무려 다섯 차례나 중국을 여행하여 북학에 관해 나보다도 지식이 많다. 그가 쓴《설수외사雪岫外史》는 박제가의 《북학의》에 비견될 만한 저술이다. 저런 사람이 서얼이라는 단 한 이유로 쓰이지 못하는 것이 안타깝다. 어서, 갖바치에서 생불이 나고 쇠백정에서 영웅이 나는 세상이 오기를 바란다.

무엇보다도 우리는 벽돌 굽는 법을 함께 공들였다. 와서瓦署에서 벽돌을 구워 궁궐 보수와 수원의 화성華城을 축성할 때 설수는 좋은 의견을 많이 내었다. 그리곤 온 조선 사람들이 튼튼한 벽돌집에 살았으면 한다고 몇 번이나 나에게 의기를 토로했다. 우리 조선은 현재 돌을 이용하여 건축을 하니 운반하기도 어렵거니와 쌓으려면 돌을 또 다듬는 수고를 거쳐야 한다. 더욱이 성벽에 돌을 쌓고 그 틈바구니에 흙을 채워 넣으니 장마가 들면 창자가 비고 배가 부른 것처럼 흙은 빠지고 돌은 튕겨져 돌 하나가 만 개의 돌을 무너뜨린다. 그러나 벽돌은 한 모양으로 구워내니 다시 다듬는 품이 들지 않고 가벼우니 운반하기에도 편리하고 쌓기도 쉬우며, 벽돌끼리 엉겨 붙어 장마가 들어도 견고하기가 이를 데 없다. 하기야, 어디 이뿐인가. 조선의 가옥이나 부엌의 가마 따위도 한시바삐 바꾸어야 하지만 이제 나에게는 시간이 없다.

설수가 들어오며 문을 여니 늦가을의 한기가 성큼 들어서고 남령초 (담배) 연기는 냅다 빠져 나간다.

"선생님, 또 남령초를 태우셨나 보군요. 소갈증(당뇨병)도 있으신데요. 그리고, 이것 약탕인데, 제가 집에서 달여 왔습니다."

"아, 괜찮아. 얼마나 더 산다고 그러나. 내 그래서 종채에게 단단히 일러 이러지 말라 했거늘, 자네가 약탕기를 들고 왔구먼. 알았네. 알았어. 얼굴을 찡그리니 자네 눈썹이 개介 자가 되었네 그려. 어서 이리 놓고 아랫목으로 내려앉게나. 그리고 저, 오복이! 자네는 밖에 나다니지 말라 일렀거늘 그새 또 나갔나. 원 사람도, 참, 말을 안 들어. 어이 들어가 쉬어. 그러다 병 나겠어."

약탕기를 기울여 사발에 따르니 그 작은 종발에 거품에 거품이 인다. 그래 〈주공탑명麈公塔銘〉이었지. 내 나이 서른을 갓 넘어섰던가? 주공 스님이 입적하자 장차 부도浮圖(사리탑)를 세우려고 나를 찾아와 명銘을 청해 왔다. 그때 나는 이렇게 써 주었다.

내 예전에 병이 나서 지황탕地黃湯을 마시려고 약을 짜서 그릇에 부었더니 가는 거품들이 뽀글뽀글 일어나 마치 황금빛 좁쌀 같기도 하고, 은빛 별

같기도 하고, 물고기 입에서 뻐끔뻐끔 물방울이 이는 것도 같고, 벌집 모양과도 같더군. 이 거품 방울에 나의 살과 털이 박혀, 마치 눈동자에 부처가 든 것처럼 거품 하나하나마다 내 모습이 비치고 거품마다 똑같이 참모습을 머금었지. 열기가 식고 거품이 가라앉아 다 마셔 버렸더니 그릇이 텅비었다. 예전에 분명히 있었다 한들 누가 그 스님이 자네의 스승임을 증명하랴?

그리고 이러한 시를 덧붙였다

네 눈에도 응당 나무가 보였을 터 爾目應生木
쳐다보고서 없어진 줄 알았을진대 爾旣失之仰
굽어보고 주울 줄은 어찌 모르나 不知俯而拾
열매가 떨어지면 필시 땅에 있어 果落必在地
발 아래에 응당 밟힐 터인데도 脚底應踐踏
하필이면 허공에서 찾으려드나 何必求諸空
실리란 보존된 씨[核]와 같나니 實理猶存核
씨를 인仁과 자子라 하는 것은 謂核仁與子
낳고 낳아 그치지 않아서라네 爲生生不息
마음으로 마음을 전할 양이면 以心若傳心
주공의 사리탑을 증거로 삼게 去證塵公塔

많은 이들이 이 글을 해석하려 했지. 이를 두고 이덕무는 "불교의 말을 빌려 유교의 뜻을 부쳤다"라 하였지만……. 그래서 나는 덕무의 평어에 아무 말도 붙이지 않았다. 내 사리탑은 누구의 손에 쓰이려나?

11.
'백지에 조선의 달빛 같은 글이 떨어진다'
... 간호윤

현재 우리 사회는 끊임없이 제기되는 사회현상, 즉 물화物化의 폭력 속에 무방비로 놓여 있다. 이것은 현대적인 지식과 교육만으로는 해결할 수 없는 문제다. 간호윤의 전공은 고전문학, 즉 인문학이다. 그는 인문학적 소양 중, 특히 '현대와 고전을 아우르는 독서'에서 한 방법을 찾을 수 있다고 생각한다. 이 장에서 간호윤은 현재 인문학을 공부하는 사람의 입장에서 왜 이 시절 연암 정신과 연암학이 필요한지, 소설을 중심으로 따라잡고 갑신정변으로 이어진 연암학의 미래를 살핀다.

簡鎬允, 1961~

경기 화성, 물이 많아 이름한 '홍천興 泉' 생이다. 두메산골 예닐곱 먹은 그는 《명심보감》을 끼고 논둑을 걸어 큰할아버지게 갔 다. 큰할아버지처럼 한자를 줄줄 읽는 꿈을 꾸었다. 열두 살에 서울로 올라왔을 때 품은 국어선생이었고 대학을 졸업하고 고등학교 국어선생으로 10년을 꿈속에서 보냈다. 그 는 37살에 다시 꿈같이 박사과정에 진학했다. 그는 현재 국어국문학, 그것도 고전문학 선생으로 대학 강단에 선다.

고전의 현대화, 그의 저서들은 이러한 생각에 잇대고 있다. 《억눌려 온 자들의 존재증명》, 《읽고 쓰는 즐거움—작문대세》, 《기인기사》, 《아름다운 우리 고소설》, 《다산처럼 읽고 연 암처럼 써라》와 이 외 10여 권의 저서들 모두 직간접적으로 고전을 이용하여 현대 글쓰기 와 합주를 꾀한 글들이다.

그는 학부 졸업논문으로 연암과 만나 지금까지 인연의 끈을 놓지 않고 있다. 그의 석사학 위 논문은 《연암소설에 나타난 참여의식》이고, 《개를 키우지 마라(연암 박지원 소설 찐 책)》와 《종로를 메운 게 모조리 황충일세(연암 박지원 소설집)》도 연암 관계 저서다. 그는 요즘도 연암을 만나는 꿈을 꾼다. 연암선생처럼 사이비 향원鄕愿은 아니 되겠다는 것이 그의 소망이다.

해학으로 그 감분을 분출

"미네르바의 부엉이는 황혼이 저물어야 그 날개를 편다."

헤겔이 《법철학》에서 한 말이다. 미네르바의 부엉이는 지혜 또는 철학을 뜻한다. 이 부엉이는 낮이 지나고 밤이 되어야만 그 날개를 편다. 철학은 앞날을 미리 예측하는 것이 아니라, 이미 이루어진 역사적 조건이 지난 후에야 그 뜻이 분명해진다는 의미다. 연암이 그렇다. 이미 연암의 시대는 2백 년 전이지만 오늘에서야 제 뜻을 찾는다.

연암은 식물화되어 가는 조선, 과거 급제가 주는 안락과 풍진 세상에서 정박을 마다하였다. 그의 글결[文絞]에서 '조선 후기의 공분公憤, 공명共鳴과 줄곧 맞닥뜨리는 이유는 여기서 출발한다. 공분과 공명이란 조선 현실에 대한 분노요, 변화의 외침이다. 아놀드 토인비는 21개의 멸망한 문명권을 꼼꼼히 살폈다. 결과는 '중앙집권화된 소유권'과

'변화하는 상황에 대한 부적응' 딱 두 가지였다. 연암이 2백 년 전 인물임에도 우리에게 존재하는 이유를 여기서도 찾는다.

21세기, 연암의 글은 조선에서 대한민국으로 문패만 바꾼 이 땅에서 화려한 부활을 하고 있다. 그의 〈허생〉은 교과서에도 실려 있고, 학생들은 줄기차게 연암소설에 밑줄을 그으며, 각종 시험 문제의 지문으로도 자주 등장한다. 연암에 관한 글과 책이 어찌나 많은지 모은 책만도 내 책장의 서너 칸을 채우고도 남는다. 이유는 무엇일까? 그의 글이 현재성을 띠고 있어서다. 그의 글이 현재성을 띠는 다섯 가지 이유를 대본다.

언행일치를 제1로 치고, 목숨 걸고 쓴 글을 제2로 치고, 선비정신을 제3으로 치고, 낮은 삶을 볼 줄 아는 인간성을 제4로 치고, 우리나라 제일의 문호임을 제5로 친다.

연암, 18~19세기의 교량을 만들었던 그가 오늘날 그 이름을 드날리고 있는 이유다. 연암은 조선이라는 봉건사회의 병폐와 새로운 사상이 실타래 엉키는 듯한 18세기를 불꽃처럼 살다간 치열한 사의식士意識의 소유자였다. 타고난 선비 기질에, 빈곤을 가학으로 여긴 그는 글쓰기를 평생의 업으로 삼았다. 연암에게 글쓰기는 숙명이었다. 연암은 글의 품격을 내세우거나, 뒤집어 한담 혹은 여기적 취미로 여기지도 않았다. 그는 글쓰기를 전쟁에 비유할 만큼 치열한 의식을 갖고 임했으니, 연암에게 필묵지연筆墨紙硯이란 한낱 유자儒者의 구색 갖추기가 아니었다.

연암은 그 시절, 풍자와 해학으로 점철된 글쓰기를 하였다. 이제 '해학과 풍자의 시대'는 사라졌다. 글 쓰는 이들 그 누구도 정치와 현실을 에둘러 말하지 않고 정권에 보비위하지 않아도 된다. 하지만 그

땐, 그랬다. 18세기의 조선, 연암 박지원의 시대에는 왕궁의 여닫이 속에 글의 열쇠가 있었다. 정공법으로 사회에 대한 불만을 토로할 수 없었기에 가슴에 생채기 하나는 깊숙이 그어야 했다. 하지만 연암에게 있어 '문학'이란 유일한 현실 참여 방법이며 자신의 포부를 펼치는 장이었다. 연암에게 글쓰기는 고뇌 그 자체였다.

마음을 도스르고 먹을 갈아 역설, 반어, 속담, 다양한 예증, 치밀한 사물 묘사 등을 두루 휘감은 그의 글은 당시 사대부들의 관념적 유형의 문체와는 현저히 다르다. 순정문학자들은 연암의 글이 잡스럽다며 '패설체稗說體'라고 사악시하였다. 패설체란, 풍자와 해학이란 문체로 가려 놓은 연암 글의 외연에 지나지 않는다. 이 외연을 두고 설왕설래에 왈가왈부를 한들 연암이 글 쓴 뜻을 알아채긴 난망한 일이다. 연암은 뜻을 풍자와 해학 저 밑에 묻었다. 연암의 '뜻'과 '글' 사이를 해석하는 것이 여간 어렵지 않은 이유다. 어지간한 안목으로는 그의 잡도리한 마음을 온전히 볼 수 없다.

연암의 아들 종채는 《과정록》에 "아! 만일 작품을 쓴 뜻을 연구하지 않고 다만 장난삼아 지은 글로만 여긴다면 어찌 나의 아버지를 알겠는가? 이 못난 자식 남몰래 애통히 여깁니다!"라고 적어 놓았다. 한말의 문호 택당 김택영은 〈박연암선생전〉에서 《열하일기》를 "해학으로 그 감분感憤을 분출하였다"라고 하였으니 종채의 글에 대한 화답인 셈이다. 몇 쪽 뒤에서 자세히 언급하겠지만 감분이란 '비통한 근심과 분한 마음'이란 비평어다. 사마천이 성기를 잘리고 《사기》를 지었다는 발분저서發憤著書와도 너나들이하는 용어이기에 택당이 말하는 해학의 의미를 넉넉히 짐작케 한다.

이제 연암에 대한 많은 연구서들에서 연암의 글이 '장난삼아 지은 해학'이 아니라는 것쯤은 기왕에 밝혀진 일이기에, 이 자리에서 새삼 췌언을 덧붙이지 않는다. 다만 독자와 연암의 공명共鳴이 석연치 않다는 점은 반드시 주목해야 한다. 도대체 '연암이 작품을 쓴 뜻'을 어디서 어떻게 찾아 읽어야 하나?

백지에 조선의 달빛 같은 글

글은 눈이 아니라 마음으로 보고 글자가 아니라 뜻으로 읽어야 한다. "말은 다함이 있지만 뜻은 다함이 없는 법이다." 마음을 가다듬어 먹을 갈며 묵향 속에 넣어 둔 마음은 말이 없다. 연암의 작품들을 제대로 보려면 행간을 짚어 가며 따지면서 읽고 이의역지以意逆志 독서법으로써 헤아려려 한다. 연암이 종종 사용하는 수사적 기술 뒤에 독자에게 건네는 시사점은, 우리가 '고매한 글들'에서 가끔씩 발견하는 '인식되지 않은 불확실한 경계선'을 넘어야 만난다.

글은 달빛 같은 글이라야만 한다. 은은한 달빛의 품은 넉넉하다. 고개만 들면 누구나 달을 본다. 달은 보고 또 보아도 정겹다. 같은 빛이라도 쏘아대는 햇빛과는 그래 다르다. 백지白紙를 백지百紙라고 한다. 백百은 백지를 만드는 공인바치의 마음이다. 잠자리 날개 같은 하르르한 한지가 천 년을 간다는 '지천년紙千年'은 여기서 나온다. 연암은 마음을 도스르고 붓을 잡아, 천금 같은 마음으로 먹물을 찍었다. 백지에 조선의 달빛 같은 글자가 떨어진다. 글자글자마다 조선의 숨결이 흐르고, 이내 비천한 조선의 사내들과 삶을 저당잡힌 여인들이 전설이 되어 살아난다. 이것이 바로 연암의 글이다.

그렇지 않은 세상이 없겠지만 우리는 예의 치매증후군에 걸린 이들에 의한 도덕과 양심의 종언을 종종 목도한다. 그렇다고 저 거친 세상에 대고 '검다 쓰다' 맘대로 뱉을 용기도 없다. 모두 저네들과 뒤섞여 그렇고 그렇게 '이 망할 놈의 세상!' 을 잇새로만 내보내고, 세상에 종주먹질을 해대면서 '맑은 세상이 오면 내 소리를 내겠다' 고 속으로만 다짐장을 놓는다.

허나, 모든 부정의 진공 속에만 순수가치를 지향하는 삶이 있는 것만은 아니다. 연암은 조선의 달빛 같은 글로 순수를 지향했다. 연암 당대 조선의 지배이념인 유학, 다시 말하면 성리학은 이미 4백여 살이 된 노회한 학술學術이니, 세상을 홀리는 혹술惑術에 불과할 뿐이었다. 과거장은 전략적 거점을 출세와 가문의 영달에 둔 양반 세도가 2세들의 난장亂場으로 전락하였다. 중세의 조선, 과거와 유학은 이미 만개한 저승꽃으로 뒤덮여 조선의 병인病因이 되었으면서도 모든 글의 환원점이었다. 유학과 과거가 야합하여 출산한 환원주의 글들은 충신연주지사로 포장하여 비리와 위선, 출세와 파당과 떼를 지어 다니며 교배에 교배를 거듭했다.

저 시절, 연암은 글쓰기를 업으로 삼고 유학에 붙은 저승꽃을 하나씩 떼어내며 턱없는 진실에 대한 믿음을 허연 백지에 심어댔다. 연암 자신이 말했듯 적당히 비겁하면 살아가는 데 문제 없는 화주현벌華冑顯閥임에도 정박을 마다하고 풍파에 몸을 맡겼다. 연암의 글은 태양이 제 길을 가듯, 달이 제 길을 가듯, 선비로서 양심에 따라 쓴 글이기에 현학적으로 가볍게 던지는 방담放談도 일락逸樂도 아니다.

연암의 글들은 그렇게 저들의 소란스런 반향을 감내하고 쓴 글들이다. 비극성의 소진이 희화로 이어짐을 챙기고 유희의 변두리에서 시선을 거두어야 연암이 건네는 '웃음'의 진정성을 찾는다. 보통 화가는 있는 대로 그리고 못난 화가는 있는 것도 못 그리며, 뛰어난 화가는 있었으면 좋도록 그려낸다고 한다. 화성畵聖이 화의畵意를 담아 그려낸 그림은 여느 안목으론 볼 수가 없듯이 글쓰기에 관한 한 최고수인 연암 글 또한 그러하다.

연암의 글을 보려면 '글자 밖에 스며져 있는 연암의 마음눈'을 보아야 한다. 마음눈을 제대로 보면 연암이란 글쓰기의 고수가 '조선이라는 미망한 사회'에 던지는 한바탕의 훈수를 듣게 된다. 조선 후기라는 닫힌 시대와 기꺼이 불편한 관계를 달갑게 받아들이겠다는 강기는 우수리로 챙긴다.

연암의 글은 연암의 삶이 그만큼 정직하다는 반증이다. 그 시절이나 지금이나 누구든 하루에 2만 3,000번의 숨쉬기와 10만 3,000번의 심장박동과 12입방미터의 공기를 흡입하지만, 누구나 맑은 정신으로 올바른 길을 마음껏 걷는 것은 아니다. 연암은 조선 후기를 배경으로 몽롱한 단꿈에 젖은 적이 없다. 풀 먹인 안동포처럼 빳빳하게 정신을 곧추세워서는 세상의 눈치만 보며 말귀를 알아듣지 못하는 저들에게 당연한 것들에 대한 환기를 촉구했다.

따라서 연암은 조선 후기 관념의 가부좌를 틀고 앉은 저들과 마찰을 피하려고 종종 글을 익살맞게 썼다. 자신의 진의를 에두른 표현이다. 연암소설이 극히 간명하면서도 강렬한 희화성을 보이는 것은 이 때문이다. 그러니 연암소설을 경우 없는 양반들에 대한 야료나 신소리쯤으로 읽는다는 것은 못된 독서다.

더욱이 연암의 언행은 각 노는 적이 없다. 그의 소설에 보이는 이른바 상쾌한 우수, 시원한 역설, 따뜻한 인간애는 그의 삶이자, 조선의 풍광이요, 진단서요, 처방전이다.

조선의 미래를 연 마중글

연암 당시 유자들은 눈만 떴다 하면 "아침에 도를 들으면 저녁에 죽어
도 좋다"라고 했다. 《논어》〈이인里仁〉에 보이는 공자의 이 말은 당시
유자들의 입에만 살아 맴돌이했다. 연암은 〈형언도필첩서炯言桃筆帖
序〉에서 최흥효崔興孝와 이징李澄, 학산수鶴山守에게서 저 문장을 설득
력 있게 찾는다. 최흥효는 과거에 응시하여 시권試卷을 쓰다가 글자
하나가 왕희지王羲之의 서체와 비슷하여 시권을 품에 안고 돌아왔다.
이해득실 따위를 마음속에 두지 않아서다.

　이징이 어릴 때 다락에 올라가 그림을 익히니 사흘 동안이나 못 찾
았다. 부친이 노하여 종아리를 때리니 떨어진 눈물로 새를 그린다. 그
림에 빠져 영욕을 잊어서다.

　학산수는 산에서 소리를 익힐 때 한 가락을 마치면 모래를 주워 나
막신에 넣었다. 모래가 나막신에 가득 차야만 돌아왔다. 한번은 도적
을 만나 죽게 되자 바람결에 노래를 부르니 뭇도적들이 모두 감격하
여 눈물을 흘렸다. 죽고 사는 것을 마음속에 두지 않아서다.

　연암은 '도道'가 꼭 커야 할 이유가 없다고 한다. 이들은 비록 작은
기예지만 전심하여 매달려 도를 이뤘다. 기예를 위해서라면 자기의
목숨마저도 바꿀 수 있는 이들이야말로 아침에 도를 듣고 저녁에 죽
어도 좋다는 이들이라는 말이다.

　이러한 작은 기예에서 도를 찾은 연암이었기에, 대설大說이 아닌 소

설小說에 마음을 실었다. 연암의 소설은 연암문학을 이해하는 '마중글'이요, 조선의 미래를 여는 '마중글'이다. 우선 '현재의 소설'과 '저 시절의 소설'은 동음同音이되, 동의어同義語는 아니라는 분명한 사실을 표해 놓고 이야기를 시작해 본다.

조선의 영·정조시대, 중국은 청나라의 왕조 문화가 최고조로 발달한 건륭시대乾隆時代(청나라 고종 때의 연호(1735~1795))였다. 따라서 영·정조시대는 중국의 외부적 영향이 급속하게 들어왔으며 서학이라 불리는 천주학을 받아들이는 데서 오는 가치관의 혼란 등이 가중되는 속에서도 세종조 이후 찬란한 문화의 시대가 도래하였다. 여기에 중국에서 유입된 소설의 영향 및 세책가의 등장으로 인한 독자층의 확대를 가져왔으니 소설은 '소설의 흥성시대'라는 명칭을 부여할 수 있을 만큼 되었다. 하지만 양반에게 있어 '소설의 공간'은 좁디좁았다.

조선 후기, 시객詩客은 풍월을 읊고 묵객墨客은 산수를 그렸다. 연암은 긴장된 시선으로 사회를 써내려 갔다. 시대적 배경을 예의 주시한 연암은 진실과 허구를 교묘히 섞어내는 '소설'이라는 장르를 택했다. 조선 후기의 낡은 사고나 보수적 체제에 대한 비판과 시대의식을 담기에 맞춤이어서였다. 출발점은 그의 또렷한 일지逸志, 즉 그의 사상으로 하였다. 연암의 글 갈피에서 우리는 당시의 사회현실에 대해서 비판의 칼날을 수도 없이 찾을 수 있는 것도, 변죽을 울리거나 딴전을 피우지 않는 것도, 소설에 보이는 허무와 절망, 분노에 가득 찬 인물들도 연암의 뚜렷한 일지와 사상에서 비롯된 것들이다. 연암에게 '설화지雪花牋(빛깔이 흰 종이)는 도덕의 시험장'이었고, '양반이란 우상의 동굴'을 해체하기 시작한 것은 바로 여기였다.

연암의 소설을 읽으면 조선 후기의 세습적인 피해자와 가해자들인

그네들을 만난다. 연암의 소설 속 세습적 피해자들은 '어떻게 세상을 살아내느냐' 가, 가해자들은 '어떻게 세상을 살아가느냐' 가 삶이었다. '세상을 어떻게 살아내느냐' 는 자에게 선택이란 없으나 '세상을 어떻게 살아가느냐' 는 자에게는 살 만한 조선이다. 〈마장전〉의 세 천인이, 〈예덕선생전〉의 예덕선생이, 〈허생〉의 허생이 …… '세상을 어떻게 살아내느냐' 는 자들이다.

연암은 그의 글 속에 거지, 역관, 기생, 과부 ……를 목침돌림하듯 불러내었다. 그의 소설 속에 등장하는 조선의 백성들은 모양새가 다를망정 한결같이 '세상을 어떻게 살아내느냐' 하는 자들이지만 냉소적이지는 않다. 그들은 시종일관 뜨겁다. 연암소설에서 우정을 찾고, 신선이 되고, 세상을 조롱하는 몸짓들은, 모두 뜨거운 가슴이 있기 때문이다. 그것은 절망이 아니라 '희망' 이다. 아주 오래전부터 보이지 않던 희망이 연암 글의 자궁 속에서 그렇게 잉태되었다.

그 시절의 팍팍했던 삶도 두루 짐작한다. 연암의 소설의 소재원은 모두 연암의 주변에 화석처럼 남아 있는 것들이어서다. 잠시 전에 붓을 두고 간 듯한 묵향은 선명한 필선으로 그린 조선 후기 삶의 진정성 때문이다.

연암의 소설을 좇다 보면 그의 사유를 구현하려는 통로를 만난다. 18세기를 살았던 양반네의 글로서는 매우 '낯설다' 라는 말은 연암 사유의 구현과 관계 깊다. 지금도 '낯익다' 를 미덕으로 추앙하는 우리네이기에 '낯설다' 라는 의미 속에서 당대에 대한 비판의식과 치열한 작가의식의 내재를 되짚어야 한다.

연암소설을 우리 소설사의 계보로 따지자 치면 꽤나 독특한 이유가 여기에 있다. 사회소설이니, 풍자소설이니, 참여소설이니, 인정소설이니, 도교소설이니, 한문단편, 전傳을 빙자한 소설 등으로 부르는 명 칭들이 그 반증이다. 연암소설은 당대에도 많은 논란의 중심에 섰지 만 그 반향은 사실 지금이 더 크다. 까닭은 고소설임에도 독서인들의 추체험追體驗(흔히, 문학 작품의 주인공이나 수기를 쓴 사람의 체험을 자기 의 체험인 듯이 느끼는 따위)이 지금도 만만치 않기 때문이다.

연암은 벼슬도 명예도 곁눈질한 적이 없다. 연암의 삶을 보면 벼슬 한 수년간에도 그는 의연불변하게 글쓰기를 평생의 업으로 꾸렸다. 연암소설의 독자라면 현실의 사단과 맹랑한 허구적 문맥만으로 점철 된 여느 소설과 다르다는 점을 명백히 보아야 한다. 연암 소설에서 담 대심소膽大心小도 챙겨야 한다. 담대심소란 문장을 지을 때의 마음가 짐이다. 담력은 크게 가지되 주의는 세심해야 한다는 뜻이다.

연암소설은 중세 조선의 사회학이요, 숨비소리

"연암은 세상 돌아가는 꼴이 미워 소설을 지었다". 방점을 찍어야만 할 이 문장에는 저 시대와 작가의 팽팽한 긴장이 흐른다. 연암은 한양 을 기반으로 하는 노론 명문가 출신이다. 토착세력으로서 용렬한 상 사람들을 생각한다는 적당한 마음씨만 보이고, 뒷전으로 당파와 손을 잡는 두길마보기만 했더라면 연암은 조선 후기를 편안히 보낼 인물이 다. 그는 이를 단호하게 거절하고 양반과 낮은 백성의 계층을 넘나들 며 자기 소리를 내었다. 최말단인 참봉조차 돈으로 사서는 벼슬이랍 시고 거드름을 피우던 '개다리 참봉' 들이 여간 많던 시대가 아닌가.

연암은 〈방경각외전자서〉에서 소설 쓰는 이유를 분명히 했다. 그의 소설을 방담放談 혹은 방일放逸로 보는 것을 미연에 차단하기 위해서다. 사대부 양반들과 대립각이 몹시 가파름도 부인치 않았다. 이른바 '작가정신'이다. 작가정신은 현실에 대한 뚜렷한 역사의식과 이를 문학이라는 예술적 구조로 형상화하고 날카로운 비판의식을 담아내려는 의지다.

종채의 기록을 빌려 연암소설에 다가선다. 종채는 《과정록》에서 분명 아래와 같이 말하였다. 연암이 소설을 지은 뜻은 '세상 돌아가는 꼴이 미워서'라고.

아버지께서는 젊으셨을 때부터 세상 사람들이 친구를 사귐에 오로지 권세와 이익에 따라 아첨하여 좇거나 푸대접하는 모습을 보이는 세태를 미워하여 일찍이 9전九傳(〈마장전〉·〈예덕선생전〉·〈민옹전〉·〈양반전〉·〈김신선전〉·〈광문자전〉·〈우상전〉·〈역학대도전〉·〈봉산학자전〉 9편)을 지어 기롱譏弄하며 세상 사람들을 왕왕 놀려 주고 비웃어 주었다.

저 물설고 낯설은 프랑스의 소설사회학자 루시앙 골드만Lucien Goldmann의 "소설이란 타락한 사회에서 타락한 형태로 진정한 가치를 추구하는 이야기"라는 정의의 복사다. 양반들에게는 악의적으로 읽힐 글 마디가 보이는 것도, 턱없는 정의와 진실에 대한 믿음이라는 연암소설의 자양분 제공도 바로 여기임을 종채는 분명히 한다. 그렇게 연암소설은 중병을 앓고 있는 봉건 왕조 조선이 토해내는 숨비소리(해녀들이 물질할 때 숨이 턱까지 차오르면 물 밖으로 나오면서 가쁘게 내쉬는 숨소리)요, 18세기에 형성된 조선의 소설사회학이다.

현대 과학의 모듬체라 부르는 자동차라는 물건은 우습게도 '두 개의 페달' 밖에는 없다. 빨리 달리게 하는 가속 페달과 속도를 줄이는 브레이크다. 잘 보면 가속 페달보다는 브레이크 페달이 넓다. 브레이크가 더 넓은 것은, '가속의 위험성'에 대한 상대적 보완이다. 연암소설은 자신의 안녕만을 위해 질주하는 양반들의 질탕한 유교놀음에 제동을 걸었다. 오늘날이라고 다를 바 없다.

곰곰이 따지자면 글로 세상을 건지려는 광제일세匡濟一世나 이 책에서 그렇게도 혐오한 문이재도라는 말도 딱히 중세의 표본실에 박제되어 안치될 용어로만 볼 것은 아니다. 사람 사는 세상이기에 그제나 이제나 늘 악다구니판이다. 앙버티던 도덕과 정의, 인간다운 인간이 온새미로 실종된 자리에는 부도덕과 부조리와 비인간성만이 차고 앉았다. 이기는 자가 정의요, 도덕이다. 보태어 생게망게 돈이란 천하 말종까지 경제 운운하며 한몫 끼자고 덤비는 것이 일상이다. 그래 몇 몇 잘난 자들의 그들만의 천국이 되어 버렸기에, '착한 사마리아 법'이라도 제정하여 도덕적인 의무를 법으로 규정해야 할 판이다. 이런 세상이기에 글에서나마 인간의 보루로서 문이재도와 광제일세를 추구했다면, 우리가 지향해야 하는 문학과 상호모순이라 할 수 없다. 글쓰기가 단순히 오락과 실용이어야 할 이유는 전연 없다. 오히려 오늘을 살아내는 우리들로서는 용어에 구애됨 없이 시대와 공간을 극복하는 글쓰기로서 나아갈 바를 찾는 것이 더욱 바람직하지 않을까?

부끄러운 듯하면서도 성난 듯한 경지

언급한 바 '작가의식'이란 한 작가가 지닌 대사회의식의 치열성이다.

'조선 후기라는 공간'을 염두에 두고 생각의 폭을 좁힌다. 꼬투리를 잡자면 모두 시비가 되던 시절이다. 저들과 감정을 낸다는 것이 어떠한지 연암이 모를 턱이 없다. 사회에 대한 비판과 관찰, 그리고 그것을 문학작품으로 형상화하는 과정은 작가가 사회와 맞서는 치열한 한판 승부다. 뒷갈망을 생각한다면 작가의식은 엄두도 못 낸다.

연암이 과거를 포기한 이유는 여기다. 연암은 〈염재기念齋記〉에서 자신을 송욱에 이렇게 빗대고 있다.

송욱은 자신이 과거에 급제한다는 말에 크게 기뻤다. 그런데 매번 과거가 열리면 유건儒巾을 갖추어 쓰고 응시를 하였는데, 그때마다 제 시권試券에다 비점批點을 여러 곳 치고 나서 큰 글씨로 높은 등수를 매겨 놓았다. 한양의 속담에 반드시 이뤄질 수 없는 일을 두고 '송욱의 과거 보기'라고들 하는 이유가 여기에 있다. 그래 식자들이 이 말을 듣고 "미치긴 미쳤으나 역시 선비답구나. 이러한 행동은 과거에 응시하면서도 과거에 뜻을 두지 않은 것이로다"라고들 말했다.

'송욱의 과거 보기'는 '연암의 과거 보기'와 다를 바 없다. 연암 또한 과거 보러가서는 답안을 내고 오지 않거나 시권에 잔뜩 그림만 그려 놓고 나왔기 때문이다. 그는 글품팔이꾼으로 조선을 살아가고 싶지 않았다.

연암은 문학을 '사회적 산물'이라고 생각했다. 문학은 언어라는 사회적 의사소통과 저자와 독자라는 사회적 관계망에서 이루어진다는 뜻이다. 연암은 사회성을 지닌 작품이 생화生花라면 그렇지 못한 작품은 가화假花라고 여겼다. 천조각으로 주렁주렁 꾸며 놓은 서낭의 거짓

꽃에는 향내가 없고 충신연주지사를 뽐내는 글에선 썩은 악취만 진동한다고 여겼다.

"천하가 이미 썩어 문드러진 지 오래다"라고 정약용도 토혈하던 저 시절이다. 연암소설은 이런 막돼먹은 세상의 방부서防腐書였다. 연암은 당대의 곤욕스런 현실에 발 개고 나앉지 않으려 애썼다. 조선의 현실을 잔뜩 뼈물고 썼다. 그렇기에 연암은 참다운 문학이 이루어질 수 있는 동기는 득의得意가 아니라, 세상에 대한 '불만'이라고 한다.

세상의 허위, 위선과 싸우는 것이 문학의 사명이라 자각한 연암은 자신이 양반이면서도 곧장 사대부에게 칼날을 겨눈다. 연암은 자신이 글 쓰는 심정을 사마천의 《사기》를 예로 들었다. 연암의 학업은 장인 이보천에게 《맹자》를, 처삼촌인 이양천李亮天에게 《사기》를 배우고서야 비로소 시작되었다. 이양천은 홍문관 교리를 지냈으나 학덕은 높고 인품은 매서운 이다. 〈제영목당이공문祭榮木堂李公文〉을 보면 연암은 영목당에게 4년을 수학했고(영목당의 귀양으로 실질적인 학습 기간은 2년), 학업을 닦을 때는 사사로움이 없이 엄하였음을 알 수 있다. 연암소설에 보이는 부조리한 사회에 대한 매서운 일침의 시원은 바로 《사기》와 《맹자》였다. 그래서인지 연암은 글쓰는 이의 심정을 사마천에게서 찾았다.

사마천은 궁형宮刑(궁형은 중국에서 유래하는 사형 다음가는 중형으로 남녀의 생식기능을 상실하도록 만드는 형벌이다. 남자는 생식기를 거세하고 여자는 질을 폐쇄하여 자손의 생산을 불가능하게 하였다)이라는 극단적 형을 받았다. 사마천은 비분강개한 발분의 마음으로 시야비야是也非也(옳으냐! 그르냐!)를 외치면서 《사기》를 썼다. '시야비야'를 외친 것은 도대체 무엇이 옳고 그른 것인지를 확연히 하려 함이다. 사마천의 '발분發憤' 과《사기》라는 '저서著書' 의 만남이다. 연암의 모든 글 역시 이 '발분저서' 의 심정을 글쓰기의 동기로 끌어왔다.

연암은 심리의 미묘한 국면을 설명하면서 사마천이 글 지은 동기를 〈답경지삼〉에서 이렇게 적는다.

아이들이 나비를 잡는 것을 보면 사마천의 마음을 알 수 있다. 앞다리는 반쯤 꿇고 뒷발은 비스듬히 들고 손가락을 벌리고 앞으로 가서 손이 닿을 동말 동할 때, 나비는 날아가고 만다. 사방을 돌아보면 아무도 없다. 겸연쩍게 웃고 부끄러운 듯 성난 듯한 이 경지가 바로 사마천이 글 지을 때다.

나비를 잡았으면 글은 이루어지지 않는다. 잡힐 듯 잡히지 않는 세상. 마음을 도스르고 온 힘을 다하여, 이제는 득의의 웃음을 지으려는 순간 물거품이 된다. 글재주를 통한 조선 후기의 '권력과 환전' 은 그렇게 사라졌다.

사마천이《사기》를 저술했던 동기를 자신의 글 속에다 밝힌 연암의 속뜻은 무엇일까? 그것은 자신의 심경과 등치를 나타내고자 함이다. 나라를 다스리는 자들의 횡포와 허위를 용납하지 않겠다는 분명한 의식이다. 사마천과 연암, 모두 나비를 잡지 못했으므로 '부끄러운 듯하면서도 성난 듯한 경지' 에서 글을 쓴 것이다.

연암의 소설은 이처럼 뜻을 펴지 못하고 억눌린 사람이, 글을 통해서 자기의 세계를 이룩하고자 한 고민의 결정체다. 이렇듯 가슴으로 쓴 소설이었기에 연암소설은 18세기의 위기담론이요, 연암 사후 꼭 2백 년이 되는 오늘날까지 빛나는 이유다.

당대의 진실을 본밑으로 하여 그림

이제 '소설' 이라는 장르를 보자.

분명, 소설의 시대가 문학사에서는 흥성거렸지만, 연암의 시대 양반들은 아직도 당판唐板 서적과 유학의 경전이나 읊조렸다. 조선 후기라는 시간, 많은 이들은 연암에게 "잊어버리게! 여기는 조선일세"라고 충고한다. 연암은 꽤 괴로웠다. 병난 연암은 자신을 치료하기 위해, 살아남기 위해 군색스럽지만 전략적으로 소설을 택한다.

연암소설들을 보면 사회적으로 낮은 계층의 백성들을 주인공으로 설정하였다. 이는 개인과 사회의 구체적 관계를 객관적으로 조명하여, 그 속에서 숨은 갈등의 요인을 찾아내려는 것이다. 다시 말하면 연암의 소설은 현실의 부조리와 위선, 그것과 대립하는 하층민의 진정성을 볼 수 있는 발광체다. 연암이 정통적인 시문의 형식보다는 이른바 패관소품에 속하는 한문소설을 적합한 문학형식으로 택한 이유다.

작품 속에 작가의식을 최대한 반영하기 위한 전략적 의도였음은 어렵지 않게 추론된다. 장르의 경계에는 문체적 특징과 사회적 인식이 내재해 있다. 작가의 의식세계가 다르면 그 문체 또한 달라진다.

연암의 글에 보이는, 양반으로서 어울리지 않는 소설 문체, 소설 속의 하층민들, 신선, 역관, 몰락양반, 거지, 열녀는 그 자체의 언어망으로 읽어서는 안 된다. 때론 단순하게 사는 것이 더 힘들다. 연암이 그린 인물들의 형상화는 단순, 명쾌하지만, 소설 속 낱말 하나하나는 조선 후기의 관습과 제도적 모순을 소설이란 정으로 다듬어 낸 조각들이요, 조선의 축도이기 때문이다. 시시콜콜하지만 입으로만 내뱉는 나부랭이보다 훨씬 더 가치 있는 이야기들이다. 기록과 시대의 아부

사이를 오고가는 관습화된 글쓰기가 만들어 낸 '도덕 수양서'와는 아예 거리가 멀찍하다.

조선이 '글'의 나라임에는 틀림없으나 소설은 '글'이 아니었고 연암은 소설을 썼다. 소설은 양반으로서 삶의 편익을 멀찍이 비켜선, 악성 이데올로기, 이념적 언어일 뿐이었다. 연암은 여느 소설처럼 재자가인을 주인공으로 내세워 '선인필복善人必福이나 악인필망惡人必亡'을 그리지도 않았다. 심지가 약동하고 조선 후기를 똑바로 치어다 보는 눈자위가 있어서다.

연암의 소설은 때론 열정적으로, 때론 위험하게, 권력의 임계를 넘나들며 당대의 진실을 본밑으로 썼다. 중세 관성의 법칙에서 멀찍이 물러선 연암이, 글을 배워 첫 서슬에 지은 〈이충무공전李忠武公傳〉은 생각할 여지가 많다. 당시, 충무공 이순신은 지금과 같은 역사적 자리매김 인물이 아니다. 이순신에 대한 전기를 밝은 세상에 내놓기에는 꺼리는 게 많았다.

연암은 글을 앓히고 뜸 들이는 데 고민하지 않는다. 연암의 소설에서 다소 과장과 희화화된 몸짓을 찾을지라도 헛 글줄은 없다. 문을 닫아걸고 헛기침이나 해대며 읊조리는 글, 혹은 한갓진 시골의 봉건 찬가, 그저 산천 구경에 지나지 않는 연행록이 글인 시대다. 조선조 문학의 대표적 장르로 소소한 즐거움을 주는 시조와 가사는 바로 님(왕)을 그리는 짜깁기한 노래였다.

조선 후기의 현실을 외면하고 관습적 글쓰기로 일관한 '청맹과니형 문장가'들이 조선에 넘쳐났다. 그만큼 '청맹과니형 독서가'도 잇따랐다. 백성들은 저들의 글에 충분히 마취되었다. 관습이란 누구나 그러하듯 너무나 낯익어서 느끼지 못하고 종종 지나친다.

연암의 글은 사회에 초점을 맞춘다. 양반들의 부조리와 모순을 소설이란 형식을 끌어와 풍자적으로 그렸다. 풍자의 대칭은 단순한 '웃음'이 아닌 '비판'이듯이 조선과 연암의 시선은 비대칭이었다. 양반에 적대적인 연암소설의 불경성, 저들에겐 분명 시빗거리이기 때문이다. 딴전을 붙여 만든 방어기제란 의미다.

연암소설은 한문으로 쓰였다. 독자층이 양반이란 뜻이다. 일본 천리대도서관에 소장되어 있는 《속제해지續齊諧志》는 연암소설이 어느 계층의 사람들에게 읽혀진 것인가에 대해 주목할 만한 자료를 제공한다. 이 책은 조선조의 유명한 문인·학자의 '전기傳記'와 '일문逸聞(세상에 알려지지 않은 소문이나 이야기)', 그리고 '전기傳奇'류에서 두루 뽑아 수록했다. 연암의 작품은 〈호질〉, 〈민옹전〉, 〈발승암기〉, 〈양반전〉 등 4편이다. 편자가 후세에 전할 만한 가치가 있다고 생각해서이거나, 혹은 연암의 사상과 풍자 및 그의 비판에 공감해서이기 때문으로 어림짐작된다. 4편 중 〈발승암기髮僧庵記〉를 제외하면 모두 소설이다.

발승암이란 '머리를 기른 중'이란 뜻으로 김홍연金弘淵이란 사람을 말한다. 이 작품은 소재는 시정市井에서 취하였으되 나와의 문답 등 허구성을 적절히 끌어들인다. 따라서 단순한 '—기記'라고 보기에는 소설적 색채가 짙어 논자에 따라서는 단편소설로 볼 여지도 많다. 이재성은 "붓이 춤을 추고 먹방울이 뛰노니 《시경》의 이른바 '북소리 두둥둥 울리거늘 이리 뛰고 저리 뛰며 창을 겨룬다'라는 것이 아마 이를 두고 이름이다!"라고 비평해 놓았다.

발승암 김홍연은 〈민옹전〉의 민옹과 유사한데 내용의 일부를 보면 다음과 같다.

김은 활자濶者다. 대개 마을에 부랑하고 호협하다는 말인데 소위 검사劍士·협객俠客 따위와 같다. 그가 한창 소년일 적에 말타기와 활쏘기를 잘해서 무과武科에 합격했다. 힘이 능히 범을 움켜잡았으며 기생을 끼고 두어 길이나 하는 담벼락을 뛰어 넘기도 했다. 녹녹하게 벼슬길에 나가기를 즐겨하지 않았고 집이 본디 부자여서 재물을 똥같이 여겼다. …… (박지원, 《연암집》, 권1,《연상각선본》, 〈발승암기〉).

모든 '독자는 이미 작가가 저술하려는 구상 속에 있다' 라는 말을 유념한다면, 연암소설은 이미 양반 독자와의 불화가 약정된 셈이다. 연암의 시대에는 모름지기 따라야 할 보편적인 법칙이 있었으니 바로 유교였다. '계층적 층위' 로서 연암의 신분과 '문화적 층위' 로서 소설을 견준다면 왕청된 그 낙차는 그대로 당대의 양반과 연암소설의 거리다. 유교의 면전에서 등을 돌리지는 않았다 해도, 부조리한 현실을 응시하며 소설을 쓴 연암은 간접적 유죄인 셈이다.

누차 언급하지만 당대 소설을 쓴다는 것은 그 시절 제도화된 글쓰기 관습에서 일탈이요, 결별을 고하는 행위기에 끊임없는 시빗거리다. 소설은 그렇다손 쳐도 양반네들에 대한 명시적 공격도 생각해 보아야 한다. 그래, 널리 읽혔다는 것에 깔끔하게 주석을 붙이는 것이 여간 어렵지 않다. 혹 연암의 소설에서 유교라는 오라Aura가 흘러서 아닐까? 연암의 글들에서는 진한 유교의 냄새를 맡을 수 있는 것은 분명한 사실이기 때문이다. 혹은 포만 뒤의 느긋거림처럼, 조선 후기를 포식하는 자의 낯선 배려와 겸연쩍음 때문은 아닐까? 더러는 '세습적 가해자' 임을 깨달은 양반독자가 있어 연암의 글이야말로 '참으로 읽을 만한 글' 이라고 인정하는 이가 몇 있었기 때문이다.

그 시절, 몇몇이나 연암의 소설을 보고 '고전古典'이라 하였을까만, 21세기를 사는 우리는 그의 작품에 고전이란 수식어를 붙이는 데 주저하지 않는다. 고전의 '고古'는 '열十'과 '입口'으로 '10대를 전함직한 말'이요, '전典'은 '책冊'과 '책상兀'으로 '책을 얹는 책상'이니, 고전이란, '10대를 전함직한 글이기에 책상에 올려 놓고 소중하게 다룬다'는 의미다. '오랫동안 많은 사람에게 널리 읽히고 모범이 될 만한 문학이요, 예술 작품'이라는 긴 정의항을 놓아도 '세상 돌아가는 꼴이 미워 지었다'는 연암소설은 오늘날 '고전'임에 틀림없다.

연암의 실학이 가학家學

연암의 글은 아들 종채를 거쳐 박규수에 가학家學으로 이어졌다. 연암의 손자 박규수朴珪壽는 《환재총서桓齋叢書》에서 이런 말을 한다.

걸핏하면 '예의의 나라'라고 하는데 나는 이 말을 본디부터 추하게 여겼다. 천하만고에 어찌 국가가 되어서 예의가 없겠는가? 이는 중국인이 오랑캐들 가운데 바로 예의가 있음을 가상히 여겨 '예의의 나라'라고 부른 것에 불과하다. 본래 수치스런 말이니 스스로 천하에 뽐내기에 부족하다. 차츰 지체와 문벌이 생기며 번번이 '양반양반'하는데 이것은 가장 감당키 어려운 수치스런 말이요, 가장 무식한 말이다. 지금도 걸핏하면 자칭 '예의의 나라'라지만, 이는 예의가 무엇을 말하는지도 모르면서 떠들어대는 지껄임이다.

이 글을 두고 박영효는 선생의 글이 할아버지《연암집》에서 얻은 것이라고 한다. 또 박규수의 선비론을 보고 이정관李正觀은 연암의 〈원사原士〉를 떠 올린다. 연암은 〈원사〉에서 "무릇 선비란 아래로 농사꾼이나 공장이와 같은 부류에 속하나, 위로는 왕과 공의 벗이다. 지위로 따지면 농공과 차등이 없고 덕으로 따지면 왕공이 섬긴다. 한 선비가 독서를 하면 은택이 온 세상에 미치고 공이 대대손손 드리워진다"라고 하였다. 선비란 아래로 공장이와 차등이 없지만 위로 왕공까지 벗하는 존재라 한다. 물론 연암은 유일한 선비의 조건을 빠뜨리지 않는다. 바로 독서다.

박규수 만년의 일이다. 김옥균 등이 모인 자리에서 박규수는 자신이 손수 제작한 지구의를 꺼내 보이며 "오늘에 중국이 어디 있는가. 저리 돌리면 미국이 중국이 되고, 이리 돌리면 조선이 중국이 되어, 어느 나라든지 중앙에 오도록 돌리면 중국이니 금일 중국이 어디 따로 있는가"라고 말한다.

박규수는 연암의 사상을 개화사상으로 잇는다. 연암의 조선정신과 상대주의와 박규수의 저 말이 다를 바 없다. 여기서 연암의 사상을 구체적으로 밝히자면 바로 실학사상이다. 실학사상은 조선 중기의 유형원을 비조로 이익-박지원, 홍대용-이덕무, 박제가-정약용, 김정희 등을 거쳐, 박규수, 오경석吳慶錫(1831~1879), 유홍기劉鴻基(1831~1884)에 이르는 계보를 형성한다.

조선 후기의 키워드 중 하나인 실학사상을 외친 자들은 비판정신과 실용정신을 공유하였다. 이들은 남들과는 다른 생각을 지녔기에 당시 문화의 헤게모니를 틀어 쥔 유교 경전을 상대로 하여 힘든 싸움을 치른다. 유형원의 《반계수록》, 이익의 《성호사설》, 연암의 《연암집》, 정약용의《여유당전서》등의 굵직한 저술은 저러한 상황 속에서 나왔다.

연암은 그와 교우했던 홍대용, 이덕무, 박제가와 함께 '북학파', 혹은 백탑파를 대표한다. 백탑파 구성원인 서상수, 이덕무, 이희경, 유득공, 박제가, 이서구 등은 상업의 발달 및 생활기구, 일반기술 등에 관심을 두었다. 이용후생정덕학파라 함은 이에 연유한다. 연암은 〈홍범우익서洪範羽翼序〉에서 "'이용'이 있은 후에라야 '후생' 할 수 있고, '후생' 한 후에라야 '정덕' 할 수 있다"라고 명확히 이용후생정덕의 정의를 내린다. 이용은 백성의 생활을 편리하게 하는 것, 후생은 백성의 삶을 풍요롭게 함이고 정덕은 백성의 바른 덕을 바로잡는 것이다. 연암의 사상은 단순한 '이용후생'에 그치는 것이 아니다. 백성의 바른 덕을 바로잡아 주는 정덕까지 나아가야만 한다.《서경》〈대우모大禹謨〉에서 우임금이 순임금에게, "덕으로써만 선정을 베풀 수 있으며 정치의 근본은 백성을 양육하는 데에 있습니다. 물, 불, 쇠, 나무, 흙, 곡식을 잘 가꾸시고 정덕, 이용, 후생을 조화롭게 이루도록 하소서"라는 말에 근원을 둔다. 이용, 후생, 정덕은 연암을 위시한 백탑파의 논리적 토대다.

이들은 영·정조 때에 이미 공리공론과 절대복종의 사회로부터 현실적이요, 자각적인 시대로 발전을 꾀했다. 수신제가修身齊家와 치심양성治心養性이란 공리공론을 떠나서 정확한 고증을 바탕으로 하는 과학적이고 객관적이며 실용적인 학문 태도였다. 이것은 연암을 위시한 백탑파들이 사회 자체적 성숙과 북학을 통해 받아들인 서구 문물을 적극 수용한 데 기반을 둔 변화의 기운이었다. 이러한 사회적 기운은 양반의 무능과 낮은 백성들의 자아 각성과 반성으로 이어졌다. 조선 후기로 가며 선각자들은 그럴듯한 허울로 위장한 윤리도덕의 가면을 벗고 현실적 생활에 더욱 관심을 보였으며 학문도 실질적인 삶의 문제로 옮아가게 되었다. 사서오경을 연구하는 경학이나 교조적 관념에서 벗어나려는 이도 생겼고, 형세나 세상의 형편 또한 객관적 역사인식으로 보려는 이도 생겼다. 이것은 분명 조선의 몰락을 예견하는 일이었다.

갑신정변을 일으킨《연암집》

1860년 여름,《연암집》을 간행하려던 박규수의 계획은 수포로 돌아갔다. 박규수의 동생 선수瑄壽(1821~1899) 역시 1864년(고종 1) 증광별시 문과에 장원급제한 이후 관직에 오르지만 이렇다 할 학문적 세계를 갖지 못했다. 그는 사간원 대사간, 암행어사, 이조참의, 성균관 대사성을 거쳐, 갑신정변 직후에는 공조판서, 형조판서 등을 지냈으나 그뿐이었다.《연암집》간행은 이후 연암가에서도 박규수의 문하에서 찾을 수 없었지만 연암의 글은 갑신정변의 싹을 틔우고 있었다.

박규수는 1869년경에 박영효, 김옥균 등, 조선을 이끌 인재를 선별하여 문하에 두고《연암집》을 강독하기 시작한다. 김평묵金平黙(1819~1891)은 "박규수 재상은 그의 조부 지원 이래로 외국의 학문 연구를 깊이 하였다. 늘 말할 때 외국의 사정에 이르면 반드시 정신이 편안해지는 듯하였다. 서인西人 후배들 중에 조금이라도 재주가 있어 그의 문하를 출입한 자면 모두 그의 의논을 계승하였는데, 그들 대개가 나랏일에 참여하였다"라고 적바림했다.

박규수의《연암집》강의 여운은 10여 년을 넘긴 1884년 갑신정변으로 현실화된다. 1884년 12월 4일, 조선 역사상 왕권을 무너뜨리고 국민주권국가 건설을 지향한 최초의 정치개혁운동이 일어난다. 김옥균·박영교·박영효·홍영식·서광범·김윤식 등 개화당이 청나라에 의존하려는 척족 중심의 수구당을 몰아내고 개화정권을 수립하려 한 갑신정변甲申政變이다. 이 갑신정변이란 우리 민족의 자주독립과 근대화를 목표로 일대 혁신을 꾀한 정변으로 바로 연암의 글에서 비롯한 것이다.

> 그 신사상은 내 일가 박규수 집 사랑에서 나왔소. 김옥균, 홍영식, 서광범, 그리고 내 백형(박영교) 하고 재동 박규수 집 사랑에 모였지요. ……박규수는 연암 박지원의 손자로서 재동집에 있었는데 김옥균 등 영준한 청년 등을 모아 놓고 《연암집》을 강의하였소. ……《연암집》에 귀족을 공격하는 글에서 평등사상을 얻었지요.

이 글은 이광수가 갑신정변을 "조선을 구미식 신정치사상, 자유민권론, 오늘날 말로 봉건에서 부르주아로 이행하려는 신사상으로 혁신하려던 대운동"으로 정의 내리고 혁신사상이 유래한 경로를 물은 데 대한 박영효의 답변이다.

이 짧은 대담은 시사점이 꽤 많다. 우선 연암의 글이 갑신정변의 동인이 될 만큼 혁신사상임은 두말할 필요도 없다. 박규수의 사랑방에서 연암의 글을 강론하였다는 반증에선, 갑신정변의 주역들이 박규수의 문하로 연암주의자들임을 읽는다. 귀족을 공격하는 글은 〈양반전〉·〈호질〉 따위의 연암 소설 일체다. 결국 연암의 글이 한 세기 만에 조선 최대의 정치사를 만들었다는 중차대한 의미다.

다만 박규수 문하의 제자들은 조선으로서, 또 연암학을 공부한 제자로서, 공과 실이라는 측면에서 살필 필요가 있다. 박규수의 제자들 모두 조선의 개화를 이끈 선각자들이라는 긍정적인 면과 그들 중 상당수는 친일 행위를 한 부정적인 면 때문이다.

김옥균은 박영효의 친형인 박영교의 소개로 박규수의 문인이 되었다. 박영교는 갑신정변 실패 후 피살된다. 갑신정변에는 불참하였지만 개화사상가인 김홍집이 박규수의 제자이며, 또 다른 개화론자 어윤중에게도 많은 영향을 주었다. 특히 어윤중은 연암과는 고종사촌이자 동갑내기로 평생 벗처럼 지낸 어용빈의 현손玄孫이다.

박규수의 제자로서 친일행위자 중 대표적인 이로는 박영효, 김윤식이다. 〈서유견문〉으로 유명한 유길준兪吉濬도 박규수의 제자로 친일파이다. 연암 집안과 유한준 집안의 화해는 1871년 홍문관 대제학인 연암의 손자 박규수가 향시에서 장원한 15세 소년 유길준을 집으로 불러들여서야 풀린다. 유길준은 바로 연암을 그렇게도 미워한 창애 유한준의 5대손이다. 박규수는 "너희 집과 우리 집이 지난날 사소한 문제로 불화했구나. 이제 다시 화목하게 지낸다면 어른들이 풀지 못한 원한을 우리가 풀어드리는 셈이 아니겠느냐"라며 격려했다. 이 자리에서 유길준은 박규수를 선생으로 섬기고 개화에 눈을 뜨게 된다.

그렇게 박규수가 죽고 소년 유길준이 조선의 기틀이 되었다. 유길준은 한일합방에 반대하고 일제가 준 남작을 거절하는 강개한 행동을 보이나 합방 기념으로 내린 은사금은 받는 묘한 행동을 보인다. 그의 손자는 광복 후에 연세대 총장을 역임한다. 유길준은 갑신정변 때 미국에 유학 중이었다.

중추원 고문과 귀족원 의원, 동아일보 초대사장을 지낸 박영효는 반남박씨 일가붙이로 그의 9대조인 박미朴瀰(1592~1645)는 박규수에게는 6대조다. 박영효는 철종의 사위이기도 하다. 철종의 무남독녀인 영혜옹주永惠翁主(1859~1872)와 혼인은 박규수가 주선했는데, 석 달 만에 사별하고 만다. 박영효 나이 겨우 12살이었다. 이 박영효가 1882년 일본에 수신사로 가며 만든 것이 현재 우리의 태극기다. 박영효의 묘는 후손에 의해 파헤쳐져 화장되었다.

　매우 흥미로운 제자는 김윤식金允植이다. 그는 박규수의 수제자이며 인척이다. 인척이란 김윤식을 길러 준 숙모가 바로 연암의 장남인 종의의 딸이기 때문이다. 이 종의의 딸은 부모를 일찍 여의었기에 박규수의 집에서 자랐고 시집가서 역시 같은 처지인 조카 김윤식을 아홉 살부터 맡아 길렀다. 이 박씨 부인의 아들이 김만식金晩植으로 1883년 10월 30일 한국 최초의 근대 신문인 한성순보漢城旬報를 만든 이다.

　박규수는 이러한 김윤식을 제자로 삼고, 시관試官으로 있을 때 김윤식을 등용하여 구설수에 오르기도 하였으니 《매천야록》에 기록이 남아 있다. 후일 박규수의 문집인 《환재집》을 발간할 때 이 김윤식이 그 서문을 썼다. 연암가와 이런 인척이요 제자이기에, 김윤식이 일본에 의해 국권이 잠식당하는 굴욕적인 조약과 조처에 순응하였다는 점이 안타까울 뿐이다. 더욱이 '한일합병'이 선포되기 열흘 전인 1910년 8월 19일의 어전회의 때, 대제학으로 참석해 '불가불가不可 不可'라고 하였다는데, 이 말이 참 고약하기 짝이 없다. 언뜻 합병을 강하게 부인한 듯하지만 구두만 바꾸면 문맥은 전혀 다르다. 즉 '어쩔 수 없이 찬성한다不可不 可'나 '가히 불가하다고 할 수 없다不 可不可'로 되기 때문이다. 한학을 한 대유학자가 구두점을 몰랐을 리 없기에 의심의 눈길을 받는다. 물론 그는 1908년 중추원 의장, 1910년 자작 작위와 은 사금 5만 원을 받는다. 1915년 조선인 최초로 일본 학사원에 가입하고 1916년 경학원 대제학이란 매우 수상쩍은 행적도 보인다. 그래서인지 그의 사후 동아일보 계열에서 사회장을 주장하자 서울청년회에서 국적國賊이라며 극렬히 반대했다. 연암학 전수자들의 친일행위를 보며 연암 선생은 하늘에서 무어라 하실까?

박규수 제자들의《연암집》강의 파문이 남긴 갑신정변은 3일천하로 끝났다. 그로부터 두 세기가 더 해졌다. 연암학은 일제를 거쳐, 해방 공간을 지나 지금 새로운 기회를 맞고 있다. 연암은 '연암학燕巖學'으로 '대동세계大同世界'를 지향했다. 오늘 연암학이 지향하는 새로운 세계는 무엇인가?

연암이 좋다

연암을 사모했던 19세기의 대표적 문장가인 홍길주는 〈독연암집〉에서 연암을 "기운은 족히 천지를 가로지를 만하고 재주는 족히 천고를 오를 만하고 문장은 족히 온갖 부류를 거꾸러뜨릴 만하다"라고 우러렀다. 김택영은《중편 연암집》에서 연암의 글을 두고 "평소 저작을 하는 데 천근의 쇠뇌를 함부로 발사하지 않는 듯했다." "조선 5백 년 역사에 퇴계, 율곡의 도학과 충무공의 용병술과 연암의 문장, 이 세 가지가 나란히 특기할 만하다"라고 하였다. 〈문승상사당기文丞相祠堂記〉는 연암의 작품인지 의심스러워 싣지 않으려 하였는데 꿈에 연암이 나타나 자신의 작품임을 알려주었다고도 한다. 연암에 대한 애정으로 찾은 글이다.

홍길주와 김택영의 문장을 되새김하며, 아래 글로 휘갑 삼는다.

그래 나는 연암이 좋다.

연암이 좋다.

그 약관 때부터 매서운 지조를 지녀 좋고, 가슴에 찰랑이는 바른 마음결과 자잘한 예법에 구애 받지 않는 호협성이 좋다.

꿈에서 서까래만 한 붓대 다섯을 얻었는데 붓대롱에 '붓으로 오악을 누르리라'라는 글귀가 써 있어 좋고, 나이 들어 병풍에 낡은 관습이나 폐단을 벗어나지 못하고 당장의 편안함만을 취한다는 '인순고식因循姑息'과 잘못된 일을 임시변통으로 이리저리 구차스럽게 꾸며 맞춘다는 '구차미봉苟且彌縫'을 써 놓고 '천하의 모든 일이 이 여덟 글자에서 잘못되었다'는 말씀이 좋고, '개는 주인을 따르는 동물이다. 그렇지만 기르면 잡아먹지 않을 수 없으니 처음부터 기르지 않느니만 못하다'라는 말씀이 좋다.

'연암체'로 문체반정을 일으켜 좋고, 갑신정변을 일으켜 좋고, 위선적인 무리와 소인배, 썩은 선비들을 나무라 좋고, 한골 나가는 양반이면서도 가난 내림하며 청빈한 생활이 좋고, 자신을 겸손히 삼류라 한 손(을) 접혀 좋다.

벗이 적어 좋고, 나라 안의 명산을 두루 다녀 호연지기를 키워 좋고, 홍국영에 쫓기어 연암협으로 몸을 숨겨 좋고, '연암'이란 호가 좋고, 연암협에서 목축을 구상한 것이 좋고, 양금洋琴을 세상에 알려 좋고, 안의 사또 시절 관아의 낡은 창고를 헐어버리고 중국의 제도를 모방하여 벽돌을 구워 백척오동각·하풍죽로당·연상각 등의 정자와 누각을 올려 좋다.

첫 작품으로 〈이충무공전〉을 지어 좋고, 금강산을 유람하고 지은 〈총석정관일출〉이란 시가 좋고, 이서구가 지은 《녹천관집》에 써준 〈녹천관집서〉와 박제가의 《북학의》에 붙인 〈북학의서〉가 좋고, 처남 이재성이 과거 우수답안을 묶은 《소단적치》에 여며 둔 〈소단적치인〉이 좋고, 농업 장려를 위한 《과농소초》가 좋고, 연행록의 새로운 경지를 개척한 《열하일기》가 좋다.

초시의 초장과 종장에 모두 장원하였으나 회시에 응시해 답안을 내고 오지 않아 좋고, 중년에 한문를 착실히 공부한 과거를 단념해 좋고, 자식들에게 '구차하게 벼슬길에 오르지 마라'는 가르침이 좋고, 안의현감·면천군수·양양부사 벼슬살이가 좋고, 안의현감 시절 저들도 손님이라며 구휼먹이는 백성들과 똑 같은 밥상을 받아 좋고, 관리로서 궁속과 중의 무리를 제어하지 못하자 병을 칭하여 사직해 좋고, "안타깝도다! 벼슬살이 10여 년에 좋은 책 한 권을 잃어 버리고 말았구나"라는 탄식이 좋다.

한계성을 지닌 선비로서 제 스스로 몸을 낮출 줄 아는 인간이기에 좋고, 억지밖에 없는 세상에 칼 같은 비유를 든 뼈진 말도 좋고, 스스로 삶 법을 빠듯하게 꾸리는 정갈한 삶의 긴장이 좋고, 연암의 붓끝에 완전한 사람이 없는 직필直筆도 좋고, 남루한 삶까지 끌어 안으려는 순수성이 좋고, 조국 조선을 사랑해 좋고, 그의 삶과 작품이 각 따로가 아니라는 점이 좋고, 소설을 몸으로 삼아 갈피갈피 낮은 백성들의 삶을 그려내 좋다.

아버지를 위해 손가락을 베어 약주발에 떨어뜨린 효심이 좋고, 형과 형수에 대한 정이 좋고, 큰 누이의 죽음을 슬퍼하며 "누이의 눈썹이 새벽달 같다"라는 글귀로 심금을 울리는 〈백자증정부인박씨묘지명〉이 좋고, 아내를 생각하여 홀아비로 생을 마쳐 좋고, 고추장을 손수 담가 자식에게 보내는 잔잔한 정이 좋고, 며느리의 해산바라지까지 걱정하는 시아버지의 마음이 좋고, 장인을 늘 칭송하는 공경이 좋고, 처남을 아껴 좋고, 청지기 김오복이를 정으로 대해 좋다.

하룻저녁 오십여 잔 술을 자시고도 주정 없어 좋고, 첫 벼슬에 받은 녹봉으로 친구에게 빚 갚을 줄 아는 마음이 좋고, 홍대용이 세상을 뜬 뒤 마음 아파 음악을 끊어 좋고, 스스로 말과 행동을 거리낌 없이 하여 좋고, 우언으로 세상을 꾸짖어 좋고, 우스갯소리로 세상을 조롱해 좋고, 제갈량·한기·왕양명의 위인전을 지으려 해 좋고 조헌·유형원을 존경해 좋고, 김창협과 김창흡을 마음으로 따라 좋고, 마지막 유언 "깨끗이 목욕시켜다오"라서 좋다.

마음을 도스르고 먹을 갈아 역설·반어·속담·예증·우언 등의 수사를 두루 써 좋고, 변증적 사물인식이 좋고, 사물에 대한 치밀한 관찰로 사실을 기술하고 대상을 세밀화한 묘사 솜씨가 좋고, 수평적 질서의 가치관이 좋고, 다치적 사고와 언어 인식이 좋고, 실증적 사고와 열린 사고가 좋고, 당대 의고주의擬古主義 문풍에 반기를 들어 좋고, 진정한 '진'을 얻으려 경험론적 요소와 관념론적 요소의 통합을 꾀해 좋고, 법고와 창신을 통한 변증적 글쓰기가 좋고, "작자가 글을 쓸 때는 전쟁에 임하는 마음으로 써야 한다"는 전략적인 글쓰기가 좋고, "현달해도 선비의 도리를 떠나지 않고 곤궁해도 선비의 도리를 잃지 않아야 한다"는 다짐장이 좋다.

인간들의 아첨하는 태도를 꾸짖는 〈마장전〉이 좋고, 똥을 쳐서 밥을 먹는 천한 역부에게 '선생'이라 부른 〈예덕선생전〉이 좋고, 놀고먹는 양반들을 '황충'이라 부른 〈민옹전〉이 좋고, 진정한 양반을 따진 〈양반전〉이 좋고, 유희 속에 몸을 숨긴 〈김신선전〉이 좋고, 얼굴이 추한 걸인 이야기인 〈광문자전〉이 좋고, 역관의 슬픔을 그린 〈우상전〉이 좋고, 학문을 팔아먹는 큰 도둑놈 이야기 〈역학대도전〉이 좋고, 배우지 못했어도 부부간 예절을 지킬 줄 아는 〈봉산학자전〉이 좋고, 배웠다는 위선자에게 범이 일침을 놓는 〈호질〉이 좋고, 문장이 몹시 비분강개한 〈허생〉이 좋고, "남녀의 정욕은 똑같다"고 외친 〈열녀함양박씨전 병서〉가 좋다.

끝마치는 글

섭씨 233!

화씨451도(섭씨 233도)는 책이 불타는 온도다. 종종 언론통제용 상징
으로 쓰이는 이 말은 진실과 정의의 소멸이라는 지知의 비극적 은유를
내포한다. 연암의 손자뻘인 박남수는 《열하일기》가 못마땅하다며 불
을 붙였다. 레이 브래드버리Ray Bradbury는 《화씨451도》에서 "불태우
는 일은 즐겁다"로 시작하는 디스토피아Dystopia의 세계를 그렸다.

　눈엣가시 같은 진리와 정의를 외면하는 행위는 2012년! 지금도 진
행형이다. 이틀에 한 번꼴은 7옥타브쯤의 고성으로 "개새끼!"를 내뱉
는 세상이기에, 순결한 양심을 간직하고 살아감이 그만큼 고통이다.
글깨나 읽고 쓴다는 자들의 책 따로 나 따로인 '서자서아자아書自書我
自我'는 더욱 그렇다. 그렇기에 저 시절 진실을 외면하려 했던 박남수
의 행위는 지나간 현재와 미래요, 비동시성의 동시성이다. 이 시절 연
암의 삶과 글이 현재성을 띠는 이유요, 연암의 삶과 글이 우리에게 비
수처럼 꽂는 성찰이요, 미래의 예언인 이유다. 구정물 같은 세상, 연

암의 삶과 글로 정수처리 좀 하여 오이 붙듯 달 붙듯 진리, 정의, 양심이 넘실거리는 세상을 기대한다. 연암의 몽당붓조차 감당 못하는 깜냥으로 '연암평전'을 쓴 이유도 여기다.

이규상李奎象(1727~1799)이 지은 《병세재언록幷世才彦錄》이 있다. '재언才彦'이란 재주꾼이라는 소리이니 조선 시대의 재주 있는 사람들을 기록한 책으로 이해하면 됨직하다. 이 책에 연암은 아래와 같이 기록되어 있다.

> 박지원은 자가 미중이요, 호는 연암으로 참판 박사유의 아들이다. 그의 글은 재기가 넘치고 수사와 착상이 뛰어나 한번 붓을 들었다 하면 잠깐 사이에 천 여 행이 도도히 뒤따랐다. 그의 〈허생전〉과 《열하일기》는 때때로 사람의 턱이 빠질 정도로 웃게 만든다. ……《열하일기》 5권을 짓고 5권을 증보하였는데 글을 아주 거침없이 휘갈겨서 자못 연의소설演義小說(역사적 사실을 바탕으로 하되 허구적인 내용을 덧붙여 흥미 본위로 쓴, 중국의 통속소설. 《삼국지연의》, 《초한연의》 따위가 여기에 속한다)의 말투를 지녀 서울에서 사람의 입에 자주 오르내렸다.

연암이 타고난 재주꾼이며, 그의 글이 꽤 우습고 널리 인구에 회자되었다고 한다. 그뿐이었다. 연암이 왜 전쟁하는 마음으로 우스운 글을 썼는지? 널리 읽혔으면서 양반들은 왜 진실과 정의에 대한 고민이 없었는지에 대한 반성은 없다. 저 시절 문둥이는 역병을 돌게 하는 전염성 질환자다. 많은 이들은 연암 박지원의 글과 행동을 저렇게 여겼다.

잘못이다! 연암에게 왜 문둥이라 했는지 따지고 살펴야 한다. 연암을 문둥이라 부른 이들은 하나같이 몸에 선천적으로 각인된 조선의 관습으로 사는 양반들이었다. 연암은 스스로를 '삼류선비' 라 칭하고 '문둥이' 라 부르라 했다. 문둥이 삼류선비 연암이 옮긴 역병을 나는 '인간' 이란 두 글자로 읽는다. 인간 연암은 조선이 인간들이 사는 '인간다운 세상' 이 되기를 꿈꾸었고, 조선의 관습으로 사는 양반들은 양반만이 사는 '양반들의 세상' 이 되기를 꿈꾸었다.

연암은 전쟁하는 마음으로 꾹꾹 눌러 지적 생명체인 글을 썼다. 그의 글에서 글자 마디마디마다 조선의 애달픈 물꽃이 피는 것을 보았다면 이 인간을 찾아서다. 연암은 낮은 백성들에서 미물인 개까지도 인간다운 세상의 한 복판에 살게 했다. 해학과 풍자, 골계로 가려진 그의 글에서 빗줄기처럼 쏟아지는 조선의 신음은 그래서 들어야 한다.

안타까운 것은 지금도 연암을 심드렁하니 해학과 풍자, 혹은 골계로만 읽는 이들이 여간 많지 않다는 사실이다. 제 호구糊口를 책임지거늘 엷은 늦잠에 겨워 반눈만 뜨고 바라보니 연암의 글자만 문안하고 '무양無恙하시냐?' 는 입인사 한 치레뿐이다.

수많은 이가 연암을 책상 한 귀퉁이에 올려놓고 언죽번죽 글을 써대지만 제 삶의 일부라도 연암처럼 사는가? 아니, 살아 보려고는 했는가? 누구에게 개만큼이라도 정을 줘 봤는가?

나 역시 말[馬]들이 자괴감을 되질하며 붓을 놓는다.

2012. 9. 28.
휴휴헌에서

1737년 1세	* 반남 박씨로 이름은 지원趾源 혹은 지원祉源. 자는 중미仲美(친지들은 미중美仲으로 부름)와 미재美齋, 호는 연암燕巖을 주로 썼지만 별호로 연상煙湘, 열상외사洌上外史, 공작관孔雀館, 박유관주인薄遊館主人, 무릉선생武陵先生, 소소선생笑笑先生, 골계선생滑稽先生, 성해星海 등도 사용했다. 부친 사유師愈(1703~1767)와 모친 함평 이씨咸平李氏(1701~1759)의 2남 2녀 중 막내로 2월 5일(양력, 3월 5일) 축시에 한양 서쪽 반송방盤松坊 야동冶洞(풀무골로 지금의 서울시 서대문구 아현동쯤)에서 출생. 조부 필균弼均은 경기도 관찰사, 지돈녕부사를 지냈다. 선조 때의 명신인 박소朴紹 이후 대단한 명문가였다.
1739년 3세	* 형 희원 장가 듦. 형수는 이씨로 16세에 시집와서 연암을 잘 돌보았다. * 옛사람의 선침扇枕 온피溫被 같은 것을 흉내냄(선침온피란, '베개를 부채질하고 이불을 따뜻하게 한다'는 뜻으로 부모를 효로 섬긴다는 의미).
1741년 5세	* 이사 갈 집을 보고 와서 대청과 사랑이 어떤 방향인지, 집의 칸수를 정확히 말함.
1744년 8세	* 사도세자(10세), 혜빈 홍씨를 왕세자 빈으로 맞음. * 둘째 누이가 덕수 이씨 현모顯模에게 출가.

1747년 11세 ― * 얼굴에 온통 쥐젖이 돋침.

1752년 16세 ― * 이보천의 딸과 혼인. 장인 이보천李輔天에게 《맹자》를 배우고, 처숙 이양
천李亮天에게 《사기》의 〈신릉군열전〉을 배웠다. 이 시기에 〈항우본기〉를
모방하여 〈이충무공전〉을 지어 칭찬을 받음.
* 10월 이양천이 올린 상소에 노하여 영조가 귀양 보냄.

1753년 17세 ― * 우울증으로 시달림.

1754년 18세 ― * 우울증으로 시달려 음악과 서화, 골동품, 기타 잡물을 취미 삼고 객을
초대하여 해학과 고담을 즐김. 〈광문자전〉을 짓고 〈민옹전〉의 민옹을
이 무렵 만남.

1755년 19세 ― * 11월 1일 처숙 이양천이 40세로 사망하고 연암의 정신적 방황과
편력이 시작됨.

1756년 20세 ― * 봉원사에서 독서하면서 윤영을 만나 허생 이야기 들음.
〈허생〉의 모티브가 여기서 이루어짐.
* 이 무렵 〈마장전〉과 〈예덕선생전〉을 지음.

1757년 21세 ― * 가을에 〈민옹전〉을 지음. 이 무렵 불면증과 우울증이 깊어짐.

1758년 22세 ― * 12월 14일(양력 1759년 1월 12일) 밤에 〈대은암창수시서〉를 지음. 〈대은
암창수시서〉는 서울 북악北岳 동쪽 기슭의 대은암에서 연암이 벗들과 시를
주고 받은 서문이다. 당시 함께한 사람들은 이희천의 당숙부인 이구영李
耉永(1736~1787), 이희천의 족숙부族叔父인 이서영李舒永(1736~1800), 연암
과 과거 공부를 같이 하던 한문홍韓文洪(1736~1792)이었다(이 사실은 이희천
李羲天(1738~1771)의 《석루유고石樓遺稿》 〈화백록시서和白麓詩序〉에도 기록되어
있다).

1759년 23세 ― * 영조, 정순왕후 간택(영조는 66세, 정순왕후는 15세, 사도세자는 25세, 세손
(정조)은 8세임)
* 모친(59세) 사망. 〈독례통고讀禮通考〉(북학파 인사들의 관심을 모은 책)를 초
초抄함. 장녀(후일 이종목李鍾穆에게 출가) 출생.

1760년 24세 ― * 조부(76세) 필균 사망. 연암의 곤궁한 생활이 이때부터 더욱 심화됨.

1761년 25세 ― * 북한산에서 독서. 수염이 은백이 됨. 산사나 강가, 정자를 떠돌며 김이
소金履素 등 10여 명과 과거 공부에 힘씀. 단릉 처사 이윤영李胤永에게
《주역》 배움. 이 해에 홍대용洪大容을 만남.

* 성균관 시험을 치러 들어가서는 고목이나 노송 등만 그려 놓아
  과거에 뜻이 없음을 보임.

1762년 26세 * 사도세자가 뒤주에 갇혀 죽음(노론 벽파가 정권을 잡음).

* 김신선을 찾음(〈김신선전〉에 보임).

1764년 28세 * 〈초구기〉를 지음. 이 무렵 〈양반전〉과 〈서광문자전후〉를 지음.

1765년 29세 * 벗인 김이중金履中(1736~1793)이 나귀 살 돈 100냥을 보내어 연암에게 금
  강산 구경을 시켜줌. 유언호, 신광온申光蘊(1735~1785) 등과 금강산을 유
  람하며 〈총석정관일출〉을 지음. 백화암白華菴에서 잔 적이 있었는데, 이
  때 준俊이란 중을 만남. 이 무렵 〈김신선전〉도 지음.

* 홍대용, 숙부 홍억의 수행원으로 연행. 12월 27일 북경 도착,
  다음 해 5월 2일 귀국.

* 〈김신선전〉을 지음.

1766년 30세 * 홍대용의 《건정동회우록》에 서문을 씀.

* 장남 종의宗儀 출생.

1767년 31세 * 이 무렵 〈우상전〉, 〈역학대도전〉, 〈봉산학자전〉을 지음.

* 3월 2일, 부친이 위독하자 연암이 손가락을 베어 피를 탕약에 떨어뜨려
  올림. 이 때문인지 부친이 소생.

* 6월 22일, 부친(65세) 사망.

* 삼청동三淸洞, 지금의 서울시 종로구 삼청동 백련봉 셋집
  (이장오의 별장)으로 이사.

1768년 32세 * 백탑白塔, 지금의 서울시 종로구 종로 탑골공원 부근으로 이사(연암은
  이 집을 '공작관孔雀館'이라 부르고 자호自號로 삼았다). 이덕무李德懋, 서상
  수徐常修, 유득공柳得恭, 유금柳琴(유득공의 숙부) 등과 이웃하여 깊은 교
  우를 맺으며 박제가朴齊家, 이서구李書九가 제자로 입문한다. 이른바 북
  학파北學派 혹은 백탑파의 형성 시기이며, 연암의 사유가 널리 펼쳐짐.

1769년 33세 * 이서구가 지은 〈녹천관집〉에 〈녹천관집서〉를 씀.

* 유득공, 이덕무와 함께 개경과 서경을 여행.

* 겨울, 〈공작관집자서〉를 씀.

1770년 34세 * 1차 시험인 감시監試 초·종장에 모두 장원. 감시는 '소과小科'라고도
  불리며 생원과 진사를 뽑던 과거다. 방이 붙던 날 영조임금이 불러들여

서는 답안을 읽게 하고는 크게 칭찬하였다. 그러나 연암은 2차 시험인 회시에 응하지만 답안을 내지 않고 나옴.

1771년 35세

* 다시는 과거에 응시치 않았다. 연암이 술을 마시기 시작한 것은 이 뒤부터였는데 주량이 무척 세었음. 장지 문제 발생하여 이상지李商芝(1729~1799)와 다툼.

* 5월, 이덕무, 이서구, 백동수, 오복 등과 북으로는 송도, 평양, 천마산, 묘향산과 남으로는 속리산, 가야산, 화양, 단양 등지를 여행. 이때 연암 골을 발견하여 '연암燕巖'을 호로 삼음.

* 5월, 연암의 스승 이윤영李胤永(1714~1759)의 아들이자 벗인 이희천이 《명기집략》 사건으로 교수형을 당함. 연암은 이 일로 충격을 받아 경조사 도 끊고 마치 폐인처럼 지냈으니, 이희천이 효수를 당한 지 3년 뒤인 1774 년에 쓴 〈이몽직애사李夢直哀辭〉라는 글에 그의 심정이 잘 나타나 있음.

* 9월 1일 큰 누이가 사망하여 〈백자증정부인박씨묘지명〉을 지음. 연암은 이 글을 자신의 득의의 작품으로 꼽아 열하를 갈 때 가지고 가 글씨를 받으려 했음.

* 10월, 이덕무가 연암의 글 중 〈하야연기〉 등 10편을 뽑아 평점 붙인 《종북소선》을 엮음.

1772년 36세

* 여름철에 남의 집을 세내어 전의감동典醫監洞(지금의 서울시 종로구 낙원동)으로 이사. 광릉 석마향石馬鄕(지금의 경기도 성남시 분당 일대)에 있는 처가로 식구들을 보내고 전의감동에 임시로 거주하는 집을 얻어 놓고 혼자 거처함. 이즈음 연암협에 집을 얻고 홍대용과 자주 만남.

* 6월 18일, 유시酉時(하오 6시)쯤에 홍덕보의 집에서 서양금을 향토 곡조에 맞추어 해득하는 것을 들음.

* 《영대정잉묵》 엮음.

* 박제가의 문집 《초정집》에 〈초정집서〉를 씀.

1773년 37세

* 윤 3월, 이덕무, 유득공과 파주 등을 거쳐 평양 유람.

1774년 38세

* 〈제이당화題李唐畫〉를 지음.

* 이희경이 연암, 이덕무, 박제가의 시문을 묶어 《백탑청연집》을 펴냈으나 현재 남아 있지 않음.

1775년 39세	* 12월, 정조가 대리청정.
1776년 40세	* 3월 5일, 영조 승하(82세) 3월 10일, 정조正祖 즉위, 홍국영 득세.
	6월, 규장각 설치.
	*《겸헌만필謙軒漫筆》건·곤 엮음.
	* 유득공의 작은아버지 유련柳璉이《한객건연집》엮음(중국에서 1777년
	에 출간). 이 책은 조선 후기 북학파 실학자 이덕무, 유득공, 박제가, 이
	서구 등 4명의 시를 모아 엮은 책이다. 중국인 이조원이 '사가지시四家
	之詩'라 하여 '사가시집四家詩集'으로 더 유명함.
1777년 41세	* 6월 하순, 장인 이보천(64세) 사망.
	〈제외구처사유안재이공문祭外舅處士遺安齋李公文〉을 지어 추도함.
1778년 42세	* 3월 17일, 이덕무, 박제가 연행. 박제가《북학의》를 지음.
	* 7월 25일 형수 전주 이씨(형 희원의 아내로 연암의 어린 시절을 돌보았으며
	가난으로 조울증을 앓았다) 사망. 형수를 위하여 〈백수공인이씨묘지명伯嫂
	恭人李氏墓誌銘〉을 지음.
	* 7월, 홍국영의 화를 피해 황해도 금천 연암협으로 이주. 이유인 즉슨
	정조의 비인 효의김씨가 생산을 하지 못하자 홍국영이 자신의 누이를
	후궁으로 배치해 놓고 원자를 얻은 뒤 득세하려 한 데서 비롯되었다. 이
	를 차마 볼 수 없었던 연암이 이에 대한 상소를 올리나 오히려 홍국영의
	손에 들어가고, 이 사건으로 홍국영은 연암을 미워하게 되었다.
	* 개성유수로 부임한 유언호가 생계를 살핌. 일시적으로 개성 금학동 양
	호맹의 별장으로 이주. 이때 유언호가 빌려준 칙수전 1,000민緡을 양호
	맹, 최진관이 대신 갚아 주었다.(후일 안의현감으로 가 받은 첫녹봉을 떼어
	되갚음)
1779년 43세	* 이덕무, 유득공, 박제가, 서이수가 규장각 검서관檢書官으로 등용됨.
1780년 44세	* 2월, 홍국영 실각 후 4월에 사약을 받아 죽자 서울로 돌아와 평계平溪에
	있는 처남집에서 기거.
	* 5월 25일, 삼종형 박명원과 청 고종 70수연壽宴에 자제군관子弟軍官 자
	격으로 동행.
	* 10월 27일 한양에 도착. 연암은《열하일기》〈산장잡기〉'후지後識'에서

"평생토록 괴이함을 봄에 열하에 있을 때를 능가한 적이 없었다"라고 그 놀라움을 적었다.

* 귀국 즉시 박명원의 소유인 삼포三浦(마포)에 있는 세심정洗心亭에 거처를 잡고 처남 이재성의 집과 연암 골짜기를 왕래하며 2,000여 리 장정의 여행기인 《열하일기》 저술 시작. 이 무렵 〈허생〉, 〈호질〉을 지음.

* 차남 종채宗采(宗侃이라고도 함) 출생.

1781년 45세 * 당시 영천 군수로 있던 홍대용은 얼룩소 2마리, 공책 20권, 돈 200민緡 등을 보내면서 연암의 저술을 격려.

* 9월, 박제가의 《북학의》에 〈북학의서〉를 씀.

* 벗 정철조 사망하자 그를 위해 〈제정석치문祭鄭石癡文〉을 지음.

1783년 47세 * 10월 22일, 담헌湛軒(즐거운 집) 홍대용이 노모를 핑계로 낙향하였다가 사망하니 〈홍덕보묘지명洪德保墓誌銘〉을 지음. 홍대용의 염을 하며 반함飯含을 못하게 함. 홍대용 사망의 충격으로 이후 연암은 음악을 끊음.

* 《열하일기》 26편을 완성함.

1784년 48세 * 유득공이 《발해고渤海考》를 탈고함.

1785년 49세 * 박남수가 《열하일기》를 불태우려 함.

* 유한준, 유만주 부자가 《방경각외전》을 읽고 극찬.

1786년 50세 * 7월, 친구인 이조판서 유언호의 천거로 종9품 벼슬인 선공감감역繕工監監役(건축물의 신축과 보수업무를 맡은 감독으로 오늘날의 공사감독관 격임)에 임명됨. 연암이 음보蔭補로 처음 출사하자 노론 벽파의 실력자 심환지沈煥之, 정일환鄭日煥 등이 찾아와 자파로 끌어 들이려 했으나 연암은 그때마다 해학적인 말로 쫓아 낸다. 연암은 노론 벽파계열이면서도 저들의 의견에 동조하지 않음.

1787년 51세 * 1월 5일, 동갑내기 부인인 전주이씨全州李氏(1737~1787)가 51세로 사망. 한 번은 연암이 옷을 해 입으라고 돈을 주니 형님 댁은 끼니를 거른다며 집에 돈을 들일 수 없다고 하였다. 연암은 평소 이러한 부인 이씨의 부덕을 존경했으며 부인 별세 이후 종신토록 독신으로 지내었다. 부인의 상을 당하여 이를 애도한 절구 20수를 지었다 하나 전하지 않음.

* 7월, 형 희원이 향년 66세로 사망하자 〈연암억선형燕巖憶先兄〉을 지음. 형수를 모신 연암협에 형을 안장함.

*《송자대전》편수에 참여하다. 연암은 우암의 편지 중 윤휴의 일을 논한 대목에 전아典雅하지 못한 칭위稱謂가 있어 한두 자를 삭제할 것을 건의했으나 받아들여지지 않아 개탄함.

1788년 52세 *3월, 일가족이 모두 전염병에 걸려 큰며느리가 죽고 장남 종의도 위독한 끝에 간신히 회생. 큰며느리가 죽자 주위에서는 살림할 사람이 없다고 연암에게 재혼을 권했으나 거절함.

*종제 박수원朴綏源이 선산부사로 나아가 집이 비게 되었으므로 연암은 계산동桂山洞(지금의 서울시 종로구 가회동)에 있던 그의 집에서 잠시 머무름.

*12월, 선공감감역 임기 만료됨.

1789년 53세 *6월, 종6품의 평시서 주부平市署主簿(시장 상점의 두량 검사와 물가등락을 관할하던 관청의 관리)로 승진, 가을에 공무의 여가를 얻어 다시 연암 골짜기로 들어감.

1790년 54세 *삼종형 박명원이 사망하자 〈삼종형금성위증시충희공묘지명三從兄錦城尉贈諡忠僖公墓誌銘〉을 지음. 《과정록》에 이 묘지명은 정조의 하교로 지었다고 한다. 박명원은 연암의 재주를 아끼고 인정하였음.

*사헌부 감찰로 옮겼으나 '사헌부司憲府'라는 이름이 중부仲父(중부의 이름은 '사헌師憲')와 같다 하여 사양. 제릉 영齊陵令(태조太祖비妃였던 신의왕후神懿王后의 능으로 경기도 개풍군에 있다)으로 옮김.

1791년 55세 *종5품 한성부 판관漢城府判官으로 전보되다. 당시 흉년이 들어 곡상들이 쌀을 비싸게 팔거나 매점매석을 하여 곡가가 폭등했다. 이때 곡가를 억제하고 매점을 금지하려는 의견들이 지배적이었으나, 연암은 그러한 정책을 쓰면 상인들이 다른 지역으로 쌀을 팔러 가 버릴 것이므로 도리어 쌀 품귀현상이 심해질 것이며 또한 서울에 이미 집적되어 있는 쌀의 방출을 막으면 다른 지역의 백성들이 굶주리게 된다는 이유로 강력히 반대하였다. 이와 같이 곡가의 귀천과 곡물의 집산을 인위적으로 통제해서는 안 된다는 연암의 견해가 채택됨으로써 그 후년의 기근에도 피해가 없었음.

*7월, 규장각의 교서관校書館에서 이덕무, 유득공, 박제가가 왕명으로 교서관에서 병지兵志를 편찬할 때 성대중이 마침 숙직이었다. 연암은 홍원섭洪元燮, 옥류玉流 등과 함께 규장각을 찾아 시를 지으며 노닐다

〈송석도〉를 그려 좌중을 놀라게 함. 박제가는 〈신해칠월 동청장랭암봉명찬집국조병사 개국어비성 이청성적취직태호 연암옥류제공우집〉라는 시에서 "팔뚝 아래 문득 솔과 바위 그려지니, 《열하일기》 문장만이 아니라 그림도 놀라워라"라고 하였다.

* 9월, 정조가 명청 패관소설 수입금지령을 내림.

* 12월, 유한준이 연암의 품계가 원칙 없이 올라간다고 소를 올려, 종6품으로 강등되어 안의현감(지금의 경상남도 함양군 안의면 일대)으로 제수(천거의 절차를 밟지 않고 임금이 직접 벼슬을 임명하는 것).

1792년 56세

* 1월, 임지 안의에 도착. 안의는 거창현과 함양군을 이웃에 두고 있었으며 당시 인구는 5천여 호였다. 연암은 부임 즉시 송사를 엄격히 처리하여 고을 백성들 간에 분쟁을 일삼던 풍조를 바로잡고 아전들의 상습적인 관곡 횡령을 근절했으며 관아에까지 출몰하던 도적들을 퇴치했다. 또한 연암은 함양군의 제방 보수공사에 고을 백성들이 동원되자, 행군 대형을 짜서 일사불란하게 지휘하여 공사를 완벽하게 해 냄으로써 매년 동원하는 폐단을 막음.

* 벗 김이소金履素가 우의정에 임명되자 〈하김우상이소서賀金右相履素書〉를 보냄. 이 편지에서 화폐 유통을 바로잡고 은의 국외 유출을 막는 방안에 대한 의견 피력.

* 문체반정의 바람이 서서히 일기 시작. 이동직李東稷이 부교리副校理로서 《열하일기》의 문체가 저속하다고 논박하는 상소를 올림.

1793년 57세

* 문체반정의 주동자로 지목하는 정조의 말을 담은 글을 남공철이 보내오자 자송문 대신 남공철에게 편지를 씀.

* 1월 25일, 역시 문체반정으로 지목당한 형암 이덕무(53세)가 병중에 자송문을 바치고는 다음날 사망. 이덕무의 자는 무관懋官이며, 형암炯菴·아정雅亭·청장관靑莊館 등의 호를 사용했다. 훗날 연암은 정조의 어명에 따라 〈형암행장炯菴行狀〉을 지음.

* 이덕무의 유고집 출간.

* 유한준이 연암을 '호복임민胡服臨民(오랑캐 복장을 하고서 백성을 다스림)', '노호지고虜號之藁(오랑캐의 연호를 쓴 원고)'라는 말로 모함.

* 봄에 도내에 흉년이 든 가운데 안의 고을이 가장 심하여 응당 공진公賑

을 설치해야 했으나, 연암은 녹미祿米를 떼어 사진私賑을 설치했으며 조정에서 내린 초피貂皮 등속도 받지 않고 공명첩도 돌려보냄.

* 관아의 낡은 층고層庫를 헐어버리고 남과 북에 못을 파고 백척오동각百尺梧桐閣, 공작관孔雀館, 하풍죽로당荷風竹露堂, 연상각烟湘閣 등의 정자와 누각을 지음. 담을 쌓을 때 중국의 제도를 모방하여 벽돌을 구워 썼다. 이에 대해서 유한준이 비방함.
* 〈열녀함양박씨전병서〉를 지음.
* 《영대정집》 엮음.

1794년 58세
* 차원差員으로 상경. 특명으로 입시하여 안의현의 농작 상황과 도내 민정들을 사실대로 보고함.
* 장남 종의가 성균시成均試에 응시하려 하자, 제자 이서구가 성균관장으로 있다고 편지를 보내 응시하지 못하게 함.
* 〈함양군 학사루기〉를 지음. 원문엔 "지금 임금 19년 갑인년(1794)"이라 하였다. 정조 19년은 을묘년(1795)이고 갑인년은 정조 18년이므로 오류임.

1795년 59세
* 7월, 정조가 이가환을 특별히 충주 목사로 보내 천주교를 금하게 하자 연암은 이러한 조치가 지나치게 관대할 뿐 아니라, 천주교의 소굴에 천주교를 비호하는 수령을 임명함으로써 더욱 이를 조장할 것이라고 비판함.
* 9월 20일, 해인사를 구경하고 〈해인사〉라는 장편시와 〈해인사창수시서〉를 지음.
* 가을에 차남 종채 혼인.

1796년 60세
* 3월, 임기가 만료되어 귀경. 서울에 돌아온 연암은 장차 저술 활동에 전념할 생각으로 계산동桂山洞(지금의 서울시 종로구 계동)의 과원 하나를 사들여 중국의 건축제도를 모방한 다락 얹은 집을 햇볕에 말린 흙벽돌로 지었다. 집의 이름은 총계서숙叢桂書塾으로 사람들은 이 집을 당댁唐宅으로 불렀는데, 곧 계산초당桂山草堂이다. 처남 이재성이 이사 와 살았고 그가 이사 간 뒤로는 아들 종채가 물려받아 평생을 보냈다. 겨울에 제용감주부濟用監主簿에 임명. 얼마 후 의금부도사義禁府都事를 거쳐 의릉 영懿陵令(경종景宗과 선의왕후宣懿王后의 능으로 경기도 양주에 있다)으로 옮김. 수 년 동안 당뇨와 풍담風痰(풍증을 일으키는 담), 정충증怔忡症(가슴

이 벌떡이는 중세)을 앓음.

1797년 61세
* 제주 사람 이방익李邦翼이 표류하다가 중국에 닿아 여러 곳을 둘러보고
귀국하였는데, 그는 글을 몰랐다. 정조는 연암에게 그의 견문 내용을 글
로써 바치라고 하였다. 이 글이 〈서이방익사書李邦翼事〉임.
* 7월, 정조가 의도적으로 면천沔川(지금의 충청남도 당진군 면천면) 군수에
임명. 당시 면천에는 천주교도들이 많았다. 연암은 이들을 회유시켜 개
종케 하여 신유사옥 때 면천군은 무사함.

1798년 62세
* 면천군 범천면泛川面(지금의 당진군 우강면)에 사는 천주교도 김필군金必
軍을 선처한 일로 병영兵營과 마찰을 빚자, 당시 충청감사 이태영李泰永
에게 병영의 처사를 항의하며 사의를 표명한 편지를 보냄.

1799년 63세
* 3월 25일, 정조의 어명에 따라 《과농소초課農小抄》와 부록 격인 〈한민명
전의限民名田議〉를 지어 바침. 이 저작으로 정조와 여러 신하들에게 칭
송을 받음.
* 봄에 흉년이 들었으므로 연암은 안의현에서 시행했던 예에 따라 사진
을 설치하여 기민을 구제함.
* 성 밖의 민전을 사서 가난한 백성의 입장을 허용.

1800년 64세
* 6월 28일, 정조 승하. 연암이 몹시 호곡號哭함.
* 8월, 양양襄陽부사로 승진. 양양은 본래 문신을 임명하는 고을로 음관
蔭官이 이에 임명되기는 연암이 처음임.
* 10월 15일, 양양부사 부임.

1801년 65세
* 봄에 신흥사神興寺의 승려 창오昌旿(창오暢悟의 오기인 듯하다. 창오는 1797
년(정조 21) 거관과 함께 신흥사의 명부전을 중수했다)와 거관巨寬이란 중이
궁속宮屬(각 궁에 속한 원역員役 이하의 종)과 결탁하여 내수사內需司(왕실
재정의 관리를 맡아보던 관아. 궁중에서 쓰는 쌀, 베, 잡물雜物, 노비 따위에 관
한 일을 맡아 보았다)의 공문公文이나 궁가宮家(왕실의 일부인 궁실宮室과 왕
실에서 분가하여 독립한 대원군·왕자군·공주·옹주가 살던 집을 통틀어 이르던
말)의 명함을 얻어내어 사람들을 현혹하고 심지어 관속을 구타하여 죽
인 일이 발생했다. 연암이 이를 감사監司(관찰사)에게 알렸으나 감사는
꺼리는 바가 있었던지 흐지부지 하자, "관장으로서 궁속과 중의 무리에
게 제어 당하며 백성을 어찌 다스리겠느냐"라며 병을 빙자하여 사직하

였다. 이것이 그의 마지막 관직 생활이 되었음.

1802년 66세
* 봄에 이광현李光顯(이광현은 처음에 연암을 비방하였으나 인품에 감화를 받아 연암을 지극히 존경한 이로 청안淸安현감을 지낼 때 깨끗한 관직생활을 했다)과 연암 골짜기로 들어가 계곡에 정자를 짓고 수개월을 머물다 돌아오다. 연암 골짜기로 향하던 날은 마침 차남 종채가 정시庭試를 보는 날이었음에도 연암은 개의치 않고 길을 떠났음.

* 겨울에 조부 장간공과 부친의 묘를 포천으로 옮기려다 유한준의 방해로 좌절되는 변을 당하다. 이 사건 이후 연암은 울화병이 생겨 회복하지 못함.

1804년 68세
* 여름 이후 병세가 더욱 심해지자 약 복용을 금하고 장례를 검소하게 치르라 하고 홍대용처럼 반함하지 말 것을 당부. 병중에도 처남 이재성과 이희경을 자주 불러 술상을 차려 놓고 담소함.

1805년 69세
* 4월 25일, 박제가朴齊家 사망. 박제가의 초명은 제운齊雲, 자는 차수次修이며, 정유貞蕤·초정楚亭등의 호를 썼다. 연암은 박제가에게 굶주림을 하소연하며 돈을 꿔 달라고 요청한 편지가 있을 정도로 흉허물 없는 사제관계였다(연암의 사망 소식을 듣고 상심하여 곧 죽었다는 기록과, 1815년 사망 기록은 모두 잘못이다).

* 10월 20일(양력, 12월 10일) 아침 8시경에 가회방 재동齋洞(지금의 서울시 종로구 재동) 자택에서 "깨끗하게 목욕시켜 달라"라는 유명만을 남긴 채 서거하다. 연암이 세상에 머무른 지 예순 아홉 해째였다. 염습할 때 몹시 몸이 희었으며 평생에 가장 싫어한 말은 '구차苟且'였다. '구차'란 흥 없는 삶을 살겠다는 표지였다. 경기도 장단長湍 송서면松西面 대세현大世峴 남향받이에 자리한 그의 아내 묘에 합장되었다. 그날 분백粉白의 눈꽃이 훨훨 날렸을는지도 모른다.

1822년	봄 박종채, 《과정록》 자료수집(1813년 봄이란 본도 있음).
1826년	가을 박종채, 《과정록》 탈고(1816년 초가을이란 본도 있음).
1829년	가을 효명세자(순조의 아들로 4년 간 부왕을 대신해 선정을 함. 후일 익종으로 추존)가 《연암집》을 출간할 생각으로 연암의 모든 원고를 거두어 갔으나 다음해 죽음으로 무위로 돌아 감. 후일 원고를 돌려받음(박종채의 《과정록》에는 1828년 봄으로 되어 있다).
1831년	박종채, 《과정록》 최종수정 완료하고 〈추기〉 씀.
1835년	아들 박종채 별세.
1863년	동지의금부사가 된 박규수의 3대 조상을 추증하라는 전지로, 박사유에게 사복시정을, 박지원에게 이조참의를, 박종채에게 이조참판과 그에 따른 예겸을 추증.
1865년	판윤이 된 박규수의 3대 조상을 추증하라는 전지로, 박사유에게 이조참의를, 박지원에게 이조참판과 그에 따른 예겸을, 박종채에게 이조판서와 그에 따른 예겸을 추증.
1866년	송백옥宋伯玉이 편찬한 《동문집성東文集成》에 연암의 글을 처음으로 선집

1873년	우의정이 된 박규수의 3대 조상을 추증하라는 전지로, 박사유에게 이 조판서와 그에 따른 예겸을, 박지원에게 좌찬성과 그에 따른 예겸을, 박종채에게 영의정과 그에 따른 예겸을 추증.
1876년	손자 박규수 별세.
1900년	김만식金晚植 외 23인에 의하여 서울에서 처음 공간된《연암집》은 연암의 글 중 일부만 초록한 형태임.
1900년	《연암집》 두 책을 김택영이 목판본으로 간행.
1901년	《연암속집》 한 책을 김택영이 목판본으로 간행(1900년에 누락된 작품).
1905년	김택영이 편찬한《여한구가문초麗韓九家文鈔》에 연암의 글을 선집.
1910년	좌찬성左贊成을 추증하고 문도文度라는 시호를 내림.
1911년	《연암외집 열하일기 전》, 조선광문회에서 활판본으로 간행.
1917(6)년	《중편박연암선생문집》을 상해에서 김택영이 3 책으로 간행.
1922년	《연암집》 필사본을 김승열金承烈이 다시 교정(현재 국립중앙도서관(古 3648-文25-110) 소장본).
1932(1)년	《연암집》, 대동인쇄소. 박영철이 돈을 대어 6책으로 간행. 김성칠이《연암집》의 일부를 엮음.
1954년	《박지원작품선집》, 북한의 조선작가동맹출판사에서 간행.
1955년	《열하일기》 상, 북한의 국립출판사. 중은 1956년, 하는 1957년 간행.
1959년	《열하일기》 상, 북한의 국립문학예술서적출판사. 하는 1960년 간행.
1960년	《박지원작품선집1》, 홍기문 옮김, 북한의 국립문학예술서적출판사, 조선고전문학선집25(2004년《나는 껄껄선생이라오》로 남한의 보리출판사에서 다시 펴냄).
1967년	《국역열하일기》, 이가원 옮김, 민족문화추진회에서 간행. 1987년 중판.
1982년	《연암집》, 경인문화사(영인).
1983년	《열하일기》, 윤재영 옮김, 박영사 간행.
1986년	《연암집》, 계명문화사(영인).
1991년	《박지원작품집1》, 이상호 옮김, 북한의 국립문학예술서적출판사, 조선고전문학선집 66(2004년《열하일기》 상·중·하로 남한의 보리출판사에서 다시 펴냄).

1991년	《박지원작품집2》, 이상호 옮김, 북한의 국립문학예술서적출판사, 조선고전문학선집 67(2004년 《열하일기》 상·중·하로 남한의 보리출판사에서 다시 펴냄).
1997년	《열하일기》, 주단서 교점, 상해서적출판사.
2004년	《국역연암집》2, 신호열·김명호 옮김, 민족문화추진회.
2005년	《국역연암집》1, 신호열·김명호 옮김, 민족문화추진회.

(이 외에 《연암집》 이본에 관한 자세한 내용은 김혈조, 〈연암집 이본에 대한 고찰〉, 《한국한문학연구》17, 태학사, 1984 참조.)

연암관계 서적을 모은 것만, 내 책꽂이의 대 여섯 칸을 넘는다. 그중에는 읽을 것도 있고 읽다 지친 것도 있으며, 고백컨대 표지만 본 책도 있다. 따라서 내 깜냥으로 감당치 못한 책들은 후일 다시 보기로 하고 참고문헌에 넣지 않았음을 밝힌다.

〈역서 및 원문〉

《논어》, 《서경》, 《대학》, 《시경》, 《사기》, 《예기》, 《성종실록》

성대중, 《청성잡기》, 국립도서관소장.

남공철, 〈박산여묘지명〉, 《금릉집》 17.

김택영, 〈박연암선생전〉, 《소호당집》 전傳.

강효석, 《대동기문》.

김경선, 〈연원직지서〉.

장재식, 《유교연원》, 회동서관, 1922(아세아문화사에서 1973년에 영인).

김하명, 《연암 박지원》, 북한: 국립출판사평양시, 1955.

김태준, 《증보 조선소설사》, 학예사, 1935.

홍기문 옮김, 《박지원작품선집1》, 북한: 국립문학예술서적출판사, 1960.

《우리나라 고전 작가들의 미학견해 자료집》, 북한: 조선문학예술총동맹출판사, 1964.

이가원 역, 《연암 · 문무자소설정선》, 박영사, 1974.

이덕무, 민족문화추진회 편, 《국역청장관전서》, 솔, 1978(영인).

강만길 외 역, 《한국의 실학사상》, 삼성출판사, 1981.

이익 저, 안정복 편, 《성호사설류선》, 명문당, 1982.

박지원, 《연암집》, 경인문화사, 1982(영인).

유한준, 《저암집》, 여강출판사, 1987(영인).

박제형 저, 이익성 역, 《조선정감》, 한길사, 1992.

박종채, 《과정록》, 《열상고전연구》 제8집, 1995(영인).

박지원 지음, 김혈조 옮김, 《그렇다면 도로 눈을 감고 가시오》, 학고재, 1997.

박종채 저, 김윤조 역주, 《역주 과정록》, 태학사, 1997.

박종채 저, 박희병 옮김, 《나의 아버지 박지원》, 돌베개, 1998.

유만주, 《흠영》, 서울대규장각간행, 1997.

이규상 지음, 민족문화연구소 한문분과 옮김, 《병세재언록》, 창작과비평사, 1997.

박지원 지음, 신호열 · 김명호 옮김, 《국역 연암집》 2 · 1, 민족문화추진회, 2004 · 2005.

박지원 지음, 박희병 옮김, 《고추장 작은 단지를 보내니》, 돌베개, 2005.

유득공 지음, 김윤조 옮김, 《누가 알아주랴》, 태학사, 2005.

홍길주 지음, 박무영 외 역주, 《현수갑고》(상 · 하), 태학사, 2006.

홍길주 지음, 이홍식 편역, 《상상의 정원》, 태학사, 2008.

이덕무 평선, 박희병 외 옮김, 《종북소선》, 돌베개, 2010.

정 민 외 역, 《정유각집》상 · 중 · 하, 돌베개, 2010.

〈논문 및 저서〉

간호윤, 《한국 고소설비평 연구》, 경인문화사, 2002.

_____, 《억눌려 온 자들의 존재증명》, 이회, 2004.

_____, 《개를 키우지 마라―연암소설 산책》, 경인문화사, 2005.

_____, 《종로를 메운 게 모조리 황충일세―연암소설집》, 경인문화사, 2006.

_____, 《아름다운 우리 고소설》, 김영사, 2010.

_____, 《다산처럼 읽고 연암처럼 써라》, 조율, 2012.

강동엽, 《열하일기 연구》, 일지사, 1988.

강명관, 〈한 지식인의 독서체험과 조선후기 문학〉, 《대동한문학》 13집, 대동한문학회, 2000.

_____, 《조선의 뒷골목 풍경》, 푸른역사, 2004

강혜선, 《박지원 산문의 고문 변용 양상》, 태학사, 1999.

고미숙, 《열하일기, 웃음과 역설의 유쾌한 시공간》(개정판), 그린비, 2005.

구교현, 〈공안파와 연암학파의 문학이론 비교—동심론을 중심으로〉, 《중국학논총》 19호, 한국중국문학회, 2005.

금장태, 《유학사상의 이해》, 집문당, 1996.

김길환, 《조선조 유학사상 연구》, 일지사, 1980.

김도련, 〈연암 문학에 대한 소고—古文論을 中心으로—〉, 《한국학논총》 4호, 국민대, 1981.

김도련 편, 《한국 고문의 이론과 전개》, 태학사, 1998.

김명호, 〈박지원과 유한준〉, 《한국학보》 44호, 일지사, 1986.

_____, 《열하일기 연구》, 창작과비평사, 1990.

_____, 《박지원 문학 연구》, 성균관대학교출판부, 2001.

_____, 《환재 박규수 연구》, 창비, 2008.

김병걸, 《리얼리즘 문학론》, 을유문화사, 1981.

김병민, 《조선 중세기 북학파 문학 연구》, 목원대학출판부, 1992.

김붕구, 《작가와 사회》, 일조각, 1982.

김성진, 〈패사·소품의 성격과 실체〉, 《한국한문학연구》 특집호, 태학사, 1996.

김 영, 《조선후기 한문학의 사회적 의미》, 집문당, 1993.

김 영 외, 《연암추모학술회의》, 한강출판사, 2005.

김영동, 《박지원 소설 연구 증보》, 태학사, 1997.

김영진, 〈유만주의 한문단편과 기사문에 대한 일고찰〉, 《대동한문학》 13집, 대동한문학회, 2000.

김영진, 〈박지원의 필사본 소집들과 자편고 《연상각집》 및 그 계열본에 대하여〉, 《동양학》 48집, 단국대학교 동양학연구소, 2010.

김영호, 《조선의 협객 백동수》, 푸른역사, 2002.

김옥균·박영효·서재필 저, 조일문·신복룡 편역, 《갑신정변회고록》, 건국대학교출판부, 2006.

김일근, 〈연암 소설의 근대적 성격〉, 《고전소설연구》, 정음문화사, 1981.

김지용, 《박지원 문학과 사상》, 한양대학교출판원, 1994.

김태준, 《홍대용》, 한길사, 1998.

김혈조, 《박지원의 산문문학》, 성균관대학교출판부, 2002.

노창선, 《연암소설 연구》, 충북대 박사논문, 1996.

르네지라르 저, 김치수·송의경 옮김, 《낭만적 거짓과 소설적 진실》, 한길사, 2001.

문영오, 《연암소설의 도교철학적 연구》, 태학사, 1993.

박경남, 《유한준의 도문분리론과 산문 세계》, 서울대학교대학원(박사논문), 2009.

박기석, 《박지원문학연구》, 삼지원, 1984.

박희병, 〈연암사상에 있어서 언어와 명심〉, 《한국의 경학과 한문학》, 태학사, 1996.

_____, 《연암을 읽는다》, 돌베개, 2006.

배병삼, 〈국제정치사상가로서의 박지원 연구〉, 《한국정치외교사논총》, Vol.29 No.2, 한국정치외교사학회, 2008.

백대웅, 〈18세기의 음악환경과 전문예능인의 음악활동 연구〉, 《한국음악사학보》, Vol.26 No.1, 한국음악사학회, 2001.

백승종, 《정조와 불량선비 강이천》, 푸른역사, 2011.

서울대학교 인문학연구소 편, 《휴머니즘연구》, 서울대학교출판부, 1988.

손형부, 《박규수의 개화사상 연구》, 일조각, 1997.

송재소 외, 《이조 후기의 한문학의 재조명》, 창작과 비평사, 1991.

신동준 지음, 《개화파 열전》, 푸른역사, 2009.

《신채호 전집》, 〈수상〉, 형설출판사, 1977.

심경호, 《한문산문의 내면 풍경》(수정증보), 소명출판, 2002.

오수경, 《연암그룹 연구》, 한빛, 2003.

유동원, 《한국실학개론》, 정음문화사, 1983.

유병용 외 지음, 《박영효 연구》, 한국정신문화연구원, 2004.

유봉학, 《연암 일파 북학사상 연구》, 일지사, 1995.

_____, 《개혁과 갈등의 시대》, 신구문화사, 2009.

유봉학 외, 《풍석 서유구와 임원경제지》, 소와당, 2011.

유승국, 〈한국의 유학사상에 대하여〉, 《한국의 유학 사상》, 삼성출판사, 1989.

윤기홍, 《박지원과 후기 사가의 문학사상 연구》, 연세대대학원(박사논문), 1988.

염무웅, 《민중시대의 문학》, 창작과 비평사, 1979.

이가원, 《연암소설 연구》, 을유문화사, 1980.

_____, 〈수여난필 중에 소개된 연암〉, 《한국한문학연구》 1집, 1976.

이광린 지음, 《개화파와 개화사상 연구》, 일조각, 1989.

이병주, 《고전의 산책》, 민족문화문고간행회, 1985.

이 암, 《연암 미학 사상 연구》, 국학자료원, 1995.

이완재, 《박규수 연구》, 집문당, 1999.

_____, 《한국 근대 초기 개화 사상의 연구》, 한양대학교출판부, 1998.

이우성·임형택 역편, 《이조후기 한문단편집》 중, 일조각, 1978.

이은순, 《조선후기 당쟁사 연구》, 일조각, 1988.

이종주, 《북학파의 인식과 문학》, 태학사, 2001.

이재운, 《소설 연암 박지원》 상·중·하, 인의, 1993.

이현식, 《박지원 산문의 논리와 미학》, 이회, 2002.

임형택, 〈박연암의 윤리의식과 우정론의 성격〉, 《한국한문학연구》 1집, 1976.

_____, 〈박지원의 주체의식과 세계인식〉, 《실사구시의 한국학》, 창작과 비평사, 2000.

조동일, 《한국 문학사상사 시론》, 지식산업사, 1995.

정 민, 《비슷한 것은 가짜다》, 태학사, 2000.

_____, 《조선후기 고문론 연구》, 아세아문화사, 1989.

_____, 《고전문장론과 연암 박지원》, 태학사, 2010.

정성철, 《실학파의 철학사상과 사회정치적 견해》, 북한: 사회과학출판사, 1973.

정옥자, 《조선 후기 문학사상사》, 서울대학교출판부, 1990.

정옥자 외, 《정조시대의 사상과 문화》, 돌베개, 1999.

차용주 편, 《연암연구》, 계명대출판부, 1984.

최웅권, 《북한의 고전소설 연구》, 지식산업사, 2000.

최원식, 《한국 근대문학을 찾아서》, 인하대학교출판부, 1999.

최정동, 《연암 박지원과 열하를 가다》, 푸른역사, 2005.

최철 외, 《조선조 후기문학과 실학사상》, 정음사, 1987.

칸트 저, 전원배 역, 《순수이성비판》, 삼성출판사, 1989.

한국사상연구회 편저, 《인성물성론》, 한길사, 1994.

_____, 《조선 유학의 학파들》, 예문서원, 1996.

한국학연구소 편, 《18세기 조선 지식인의 문화의식》, 한양대학교출판부, 2001.

한국학중앙연구원 편, 《조선의 왕으로 살아가기》, 돌베개, 2001.

한용우 외, 《다시, 실학이란무엇인가》, 푸른역사, 2007.

현상윤, 《조선유학사》, 현암사, 1986.

홍원식 외, 《실학사상과 근대성》, 예문서원, 1998.

〈기타〉

북한영화 〈량반전〉

《한국학—연암특집》 23집, 영신 아카데미 한국학연구소, 1980.

《연민문고 고서의 종합적 검토》, 단국대학교 동양학연구소, 1980.

한국고전번역원http://www.itkc.or.kr/

한국역대인물종합정보시스템http://people.aks.ac.kr/index.aks

*이외에도 여러 문헌과 인터넷 매체, 그리고 많은 분들의 도움을 받았음을 밝힌다.

〈찾아보기〉

ㄱ

당신, 연암

⊙ 2012년 9월 29일 초판 1쇄 발행
⊙ 2016년 1월 4일 초판 2쇄 발행
⊙ 글쓴이   간호윤
⊙ 펴낸이   박혜숙
⊙ 디자인   이보용
⊙ 영업 · 제작   변재원
⊙ 종이   화인페이퍼
⊙ 펴낸곳   도서출판 푸른역사
  우) 03044 서울시 종로구 자하문로8길 13
  전화: 02) 720-8921(편집부) 02) 720-8920(영업부)
  팩스: 02) 720-9887
  전자우편: 2013history@naver.com
  등록: 1997년 2월 14일 제13-483호
ⓒ 간호윤, 2016

ISBN   978-89-94079-68-4   03900